Don Fernando hat bei einem Einkaufsbummel in Nürnberg im Jahre 1512 die Urkunde des kastilischen Königs liegen lassen, in der ihm zehn Prozent Amerikas zugesprochen werden. Solche Dinge kommen vor, und nach so langer Zeit ist sowieso alles vergessen. Außer natürlich, wenn einer der Beteiligten versehentlich Unsterblichkeit erlangt und nach fünfhundert Jahren vergeblicher Bemühungen entnervt den Nürnberger Bürgermeister mitten im Wahlkampf entführt, um endlich an seine Urkunde zu kommen. Und damit geht der Ärger erst los, denn die USA ziehen lieber in den Krieg gegen Franken, als den Erben auszubezahlen. Zum Glück findet Don Fernando einige Mitstreiter, die Amerika und dem Rest der Welt mit anarchischem Humor die Stirn bieten.

ars vivendi

Foto: © Birkefeld

Ewald Arenz' umfangreiches Werk wurde vielfach ausgezeichnet und in mehrere Sprachen übersetzt. Bei ars vivendi erschienen u. a. die hinreißende Erzählung *Der Teezauberer*, der Bestseller *Der Duft von Schokolade*, der Kriminalroman *Das Diamantenmädchen* über das Berlin der Goldenen Zwanzigerjahre, der Familienroman *Ehrlich & Söhne*, der luftig-leichte Sommerroman *Ein Lied über der Stadt*, sein heiter-apokalyptischer Roman *Herr Müller, die verrückte Katze und Gott*, seine Erzählbände *Eine Urlaubsliebe* und *Plötzlich Bescherung* sowie die Familiengeschichten *Meine kleine Welt*.

Ewald Arenz

DON FERNANDO ERBT AMERIKA

FANTASTISCHER ROMAN

Ewald Arenz

ARS VIVENDI

1. Auflage März 2024
Sonderausgabe
der überarbeiteten und behutsam korrigierten Neuausgabe
von 2012

www.arsvivendi.com

Lektorat: Dr. Felicitas Igel
Umschlaggestaltung: finken+bumiller, Stuttgart
Druck und Bindung: Pustet, Regensburg

MIX
Papier aus verantwortungsvollen Quellen
FSC® C014889

Gedruckt auf holzfreiem Werkdruckpapier Munken Premium Cream
der Papierfabrik Arctic Paper
Das eingesetzte Material stammt aus ökologisch und sozial
verantwortungsvoller Forstwirtschaft.
Printed in Germany

ISBN 978-3-7472-0597-6

Don Fernando erbt Amerika

Obgleich Nürnberg im Allgemeinen für eine schöne Stadt gehalten wird, so sind sich doch die Bewohner der richtigen deutschen Großstädte darin einig, dass es eine Strafe ist, in Nürnberg zu wohnen.

Die wenigsten bedenken dabei, wie schlimm es erst sein muss, über siebenhundert Jahre lang in Nürnberg leben zu müssen.

Noch schlimmer allerdings erscheint es, in Nürnberg tot zu sein.

1

»… und wenn wir erst bedenken, meine Damen und Herren, liebe Russen«, sagte der Bürgermeister soeben zu der russischen Delegation, machte eine kleine Pause für den Dolmetscher und sprach weiter: »dass aus Nürnberg seit jeher Waren in alle Welt gehen; nicht umsonst heißt es: ›Nürnberger Tand geht in alle Land‹, wie wir unten am Hauptmarkt auf der Apotheke sehr schön gemalt lesen können; wenn wir das erst bedenken …«

Er verstrickte sich in seiner eigenen Diktion und stockte.

Der Dolmetscher grinste verstohlen. Dieser Spruch mit dem Tand hatte ihm schwer zu schaffen gemacht.

»Hau mi nauf«, flüsterte der Bürgermeister und suchte in seinen Papieren. Die russische Delegation gähnte. Sie hatte am Abend zuvor mit Vertretern der Nürnberger Industrie- und Handelskammer essen müssen. Und weil immer alle glauben, der Russe an sich schütte jeden Abend Unmengen an Wodka in sich hinein, hatten Igor Jenewgij, Pawel Chruschtschow (er konnte nichts für seinen Namen und war die ständigen Anspielungen schon seit Jahren leid) und Pjeta Weiß eben Unmengen an Wodka in sich hineinschütten müssen. Nun stellten alle drei bedauernd fest, dass sie offensichtlich keine Russen an sich waren, denn sie konnten sich kaum noch auf den Beinen halten. Der Bürgermeister hingegen war auf der Höhe seiner Leistungskraft und suchte energisch in seinen Papieren nach der Klimax – seiner Rede, versteht sich.

Kathrin Gottsched hingegen stand an eine Säule gelehnt und hatte ihren Block dankbar sinken lassen. Sie arbeitete mittlerweile seit über drei Jahren bei der Zeitung und musste immer noch diese miesen Jobs machen, weil alle ihre Kollegen sich vor dem Bürgermeister drückten. Ihre körperliche Verfassung bewegte sich in etwa auf dem gleichen Niveau wie die der russischen Delegation. Sie hatte zwar nicht getrunken, aber den halben Abend mit ihrem Freund – jetzt Exfreund – Christoph diskutiert. Genauer gesagt, hatte sie diskutiert und er getrunken. Kathrin mochte Christoph, das stand außer Frage. Was sie definitiv nicht mochte, war seine Art zu leben. Christoph hatte vor einem halben Jahr zum Doktor der Physik promoviert. Selbstverständlich hatte er keinen Job bekommen – die Stellenaussichten für Physiker entsprachen im Augenblick denen von Fünfjährigen auf die Kanzlerschaft. Christoph war nicht unglücklich darüber, hatte ein schäbiges Büro gemietet und an dessen Tür ein Schild gehängt, auf dem »Braintrust – Problemlösungen jeder Art« stand, und behauptete seitdem, sein Beruf sei »Ideenhändler«. Das Problem war nur, dass technische Probleme, die ein arbeitsloser Physiker lösen kann, meistens von den Physikern gelöst werden, die Arbeit haben. Aber das ignorierte Christoph und behauptete, seine Lösungen seien kosmischer Art. Er fand, dass die meisten Lösungen zehn weitere Schwierigkeiten nach sich zögen, und verwies auf die Erfindung von Sex als Lösung des Fortpflanzungsproblems, auf die Atomkraft als Lösung des Energieproblems und generell auf die Einführung des öffentlichen Nahverkehrs. Wenn er nur einmal einen Auftrag bekäme, würde er Kathrin zeigen, dass seine Problemlösungen echte Lösungen wären. Danach wäre alles gut. Wenn er nur ein Problem bekommen würde.

Na gut, dachte Kathrin, das hatte er jetzt. Gestern Abend hatten sie sich getrennt. Und dann war sie nach Hause gegangen, hatte sich Tee gemacht und blöderweise auch noch geheult. Und natürlich hatte sie nicht schlafen können und dann musste sie auch schon wieder zu diesem Termin. Ein absolut mieser Anfang eines miesen Tages. Sie fühlte sich zerschlagen und widmete sich der Pflege ihrer gut genährten Abneigung gegen den Bürgermeister, dessen Reden sie seit Jahren mitstenografierte, nur um in der Redaktion resigniert festzustellen, dass sich ihre Notizen wie ein Ei dem anderen glichen und sich ihre Artikel in den Schubladen stapelten, weil sie sowieso nie gedruckt wurden. Gedruckt wurden die Fotos. Eigentlich hätte sie zu Hause bleiben können. ›Warum erschießen ihn eigentlich die Russen nicht einfach?‹, überlegte sie. ›Es wäre ganz leicht. Da drüben, der Lange mit dem Mantel, er zieht seine Kalaschnikow und – bamm bamm bamm bamm – legt ihn einfach um. Und ich bin mit meinem Bericht auf der Titelseite.‹

»Hau mi nauf!«, sagte der Bürgermeister wieder, diesmal jedoch lauter und überraschter. Denn die Doppeltüren des Saales waren soeben aufgesprengt worden. Ein Mann mit strengem Kinnbart blickte suchend in den Saal, entdeckte den Bürgermeister, stieß die Türen ganz auf und ging hinein. Der Mann klirrte ungewöhnlich laut. Das kam von der Rüstung, die er anhatte, dem Schwert, das an seiner Seite hing, und dem Visier, das offensichtlich dazu neigte, immer wieder herunterzuklappen. Zehn bis zwölf ziemlich große Ritter folgten ihm, ebenso klirrend, sie sagten zu ihrem Anführer irgendetwas, das sich für Kathrins Ohren nur entfernt wie Deutsch anhörte, der erste Ritter nickte und zeigte auf den Bürgermeister. Darauf traten zwei von ihnen vor, nahmen den Bürgermeister in die Mitte und schleppten ihn aus dem Saal. Der Anführer machte eine etwas steife Verbeugung vor Kathrin, winkte den Russen zu und folgte seinen Leuten, die den strampelnden Bürgermeister eben die Treppe hinunterschafften – und zwar, wenn man dem rhythmischen *Bumm Bumm Bumm* trauen konnte, mit dem Kopf nach unten. Die russische Delegation klatschte begeistert, Kathrin schoss ein Foto nach dem anderen und der Dolmetscher hob beide Daumen, um seine Anerkennung auszudrücken, als er durch das offene Fenster sah, wie man den Bürgermeister an den Schweif eines der wartenden Pferde band. Kathrin freute sich. Nun hatte die Stadt sich ausnahmsweise etwas einfallen lassen, und ihr Artikel würde bestimmt erscheinen, wenn auch nur auf der Lokalseite. Zufrieden schaltete sie die Kamera aus und kam mit Igor ins Gespräch, als sie zusammen mit der Delegation den Raum verließ. Die Russen verstanden alle ziemlich gut Deutsch, weswegen der Dolmetscher zunächst beleidigt war, sich aber wieder aufheitern ließ, da sich alle über das gelungene Ende des Empfangs freuten und Igor den Dolmetscher und Kathrin zum Frühstück einlud. ›Doch kein so mieser Tag‹, dachte sie erheitert, als sie in die kalte Januarluft hinaustrat und auf die Stadt hinabsah.

2

Das Adjektiv, das Christoph beim Aufwachen bei noch geschlossenen Augen durch den Kopf schwirrte, war »grauenvoll«. Interessanterweise sah er es gedruckt vor seinem inneren Auge, samt Ausrufezeichen. Das Wort war offensichtlich auf der Suche nach einem Hauptwort. Christoph wollte es nicht aufhalten – er wollte schlafen. Aber es schien, als ob das »grauenvoll« beim Durchsuchen seines Kopfes einen ziemlichen Lärm machte. Es zischte unzufrieden, als es die Worte »Nacht«, »Besäufnis«, »Musik«, »Kneipe« und »körperlicher Zustand« auf ihre Tauglichkeit prüfte. Dann klapperte es mit dem Ausrufezeichen an irgendwelchen Eisenstäben entlang, was einen schrecklichen Lärm ergab. Christoph wollte dem Wort helfen und bot geistesgegenwärtig »Lärm« an. Der Erfolg war, dass sich das »grauenvoll« wütend im Kreis zu drehen begann und Christoph schlecht wurde.

Ziemlich schlecht.

Nahezu – aber nicht ganz – grauenvoll schlecht.

Christoph riss die Augen auf, stand vom Boden auf, wo er offenbar geschlafen hatte, und tastete sich über Bébé hinweg, der auch auf dem Boden lag, zum Klo. Als er es nicht fand, merkte er, dass er nicht in seiner eigenen Wohnung war. Er drückte eine Tür auf und sah eine Frau, die eben Eier und Kaffee kochte und mit einem Schneebesen auf den Töpfen Schlagzeug spielte.

Sie sah Christoph, grinste ihn an und sagte fröhlich: »Guten Morgen! Na, wieder fit?«

Christoph sah sie blicklos an, probierte kurz, ob die Wörter »fit« oder »Morgen« zu »grauenvoll« passten, kam zu einem schmerzhaft negativen Ergebnis und krächzte: »Klo?«

»Hier lang, Junge«, sagte die Frau fröhlich und öffnete die Tür gegenüber. Christoph wankte in ein rosafarbenes Bad, das keine heilende Wirkung auf seine Übelkeit hatte, erwog kurz, sich zu übergeben, entschied sich dagegen und begann, viel Wasser zu trinken. Das schien zu helfen. Als allerdings die Übelkeit nachließ, drängte sich die Erinnerung an den vergangenen Abend in sein Gedächtnis, weigerte sich jedoch beleidigt, ihn darüber aufzuklären, in wessen Wohnung er sich befand und wer die junge Frau in der Küche war. Das sah alles gar nicht gut aus. Dieser Tag begann nicht schön. Christoph sah in den Spiegel und konnte förmlich spüren, wie sich das Wort »grauenvoll« mit befriedigtem Klicken an das Wort »Tag« anhängte. Das sollte offensichtlich eine dauerhafte Beziehung werden.

Und dann übergab er sich doch.

Auf dem Hauptmarkt war der Betrieb zu dieser Vormittagsstunde eher mäßig. Im Januar lassen die Touristenströme immer stark nach – und der Obstmarkt ist nicht von so berauschender Anziehungskraft, dass um zehn Uhr morgens kein Durchkommen mehr wäre. Dennoch fand die kleine Gruppe Ritter zu Pferde einige Aufmerksamkeit, als sie, von der Burg herabkommend, beim Schönen Brunnen auf den Hauptmarkt einbog. Das lag zum einen an den prächtigen Rüstungen, die sie trugen und die sich in der tiefstehenden Januarsonne sehr hübsch ausnahmen – wenngleich hie und da jemand kritisch bemerkte, dass echte Rüstungen nie so silbern glänzen würden –, zum anderen jedoch daran, dass der Bürgermeister an den Schwanz des letzten Pferdes gebunden war und hinterhergeschleift wurde, wobei er jämmerlich um Hilfe schrie.

»Schade«, bemerkte einer der Marktleute, »sie hätten ihm auch was Altes anziehen sollen. So ist es irgendwie unecht. Aber eine schöne Idee!«

Der Anführer der Gruppe war im Vergleich zu seinen Kollegen eher klein gewachsen, aber dafür trug er eine schäbige Pfauenfeder am Helm. Auch hier waren sich Hausfrauen und Marktleute einig, dass man sich mit den Kostümen etwas mehr Mühe hätte geben können. Der Trupp bahnte sich einen Weg am Rathaus entlang, kümmerte sich nicht um die Hochzeitsgesellschaft, die eben vor dem Tor des Rathauses fotografiert werden sollte und ziemlich ungehalten Platz machte, bog an der Frauenkirche ab und zog stadtaufwärts gen Lorenzkirche. Der Bürgermeister im Schlepptau schrie jämmerlich. Einige Punks, die am Eingang zur U-Bahn herumhingen, machten abfällige Bemerkungen über die Wahlkampfstrategien der CSU, aber sie schlossen sich trotzdem an. Unter Protest natürlich.

Als der kleine Trupp mit dem mittlerweile langen Tross auf dem großen freien Platz vor den imposanten Türmen der Lorenzkirche angekommen war, stiegen alle Ritter, bis auf den Anführer, ab. Die Menge hatte den üblichen Kreis gebildet und hie und da flogen auch schon Münzen in einen der achtlos beiseitegestellten Helme. Die Ritter nahmen mit geübten Griffen einige Holzstangen und -klötze aus den Packtaschen und hatten sie im Nu zu Pranger und Richtblock zusammengebaut, die nun genau in der Mitte des Platzes standen. Der Bürgermeister hing in seinen Fesseln und kreischte mit rotem Kopf: »So helft doch, helft doch!« und erhielt einen kleinen Extraapplaus. Einer der Ritter setzte ein Horn an und blies ein Signal. Daraufhin entrollte der Anführer ein Pergament und verlas in einer unverständlichen Sprache einige Sätze. Dann zog er seinen Degen und hielt ihn hoch in die Luft. Ein Raunen ging durch die Menge und es wurde einen Augenblick still. Es war ein außerordentlich schöner Degen – er sah aus, als würde er leuchten. Augenblicklich zerrten zwei Ritter den Bürgermeister zum Richtblock und zwangen seinen Kopf in den Pranger.

Die Menge brüllte vor Lachen, weil das Gesicht des Bürgermeisters so komisch aussah. Der Ritter ließ den Degen in einer komplizierten Figur singend durch die Luft kreisen und dann genau vor dem Gesicht des Bürgermeisters in das Pflaster sinken, wo der Degen schwankend steckenblieb.

Erst klatschte die Menge, aber als der Bürgermeister blau anlief und offenbar einen Herzinfarkt vortäuschte, fanden sie diese Art Wahlkampf nicht mehr lustig, gingen einfach auseinander, taten so, als hätten sie nichts gesehen, und fuhren fort, ihre Einkäufe zu erledigen. Währenddessen packten die Ritter wieder zusammen, hoben den strampelnden und vor Wut kreischenden Bürgermeister auf ein Pferd und verschwanden schnell und leise, wobei einer der Ritter fluchend seinen Helm noch einmal abnahm und diverse Münzen ausschüttete, die darin lagen. Nur die Punks fanden den Auftritt cool und einer von ihnen beschloss sogar, von nun an konservativ zu wählen.

Sie hätten den Auftritt unter Umständen noch cooler gefunden, wenn sie gesehen hätten, dass die Ritter direkt hinter der Kirche von ihren Pferden stiegen, ihnen die Sättel und den Bürgermeister abnahmen und in einen Kleinbus wechselten, der in der Einfahrt zur Parkgarage der Deutschen Bank stand.

Die Pferde – nunmehr im wahrsten Sinne des Wortes ungebunden – begaben sich zu Karstadt und fanden die Feinkostabteilung. Im Gegensatz zum Bürgermeister war der Tag für sie ein voller Erfolg.

Christoph war – für sich betrachtet – nicht das, was ein unbeteiligter Beobachter für den Durchschnitt der menschlichen Rasse gehalten hätte. Zum einen war er dafür zu intelligent und zum anderen teilte er die Verachtung einzelner Individuen für den Rest der Menschheit nicht im gleichen Maße. Er neigte dazu, die Dinge in einem anderen Licht zu sehen. Durch eine ungewöhnliche Kindheit, in der viele Bücher, eigenwillige

Geschwister, ein abgelegenes Juradorf und etwas sonderbare Eltern eine tragende Rolle gespielt hatten, war er zu einem Mann geworden, der weder sich selbst noch die Umwelt wirklich ernst nahm. Er konnte durchaus hervorragend vorgeben, vernünftig und erwachsen und ein vollwertiges Mitglied der Gesellschaft zu sein, aber innerlich amüsierte er sich dabei. Das Problem war: Er sah immer noch einen Sinn im Leben, glaubte, das Ganze würde doch noch zu irgendeinem Ziel führen und hielt die meisten Menschen im Innersten für gut.

Nachdem das aber weder in unserem Jahrhundert noch in überhaupt irgendeinem Zeitraum der bekannten Historie en vogue ist und war (die meisten Leute, die diesen Modetrend zu etablieren versuchten, endeten entweder am Kreuz oder auf dem Scheiterhaufen) und Christoph zudem – wie schon oben angemerkt – intelligent war, sagte er vorsichtshalber das, woran er glaubte, als sei es nicht ernst gemeint. Was ihm den Ruf eines brillanten Zynikers einbrachte.

Im Augenblick allerdings war er sich nicht sicher, ob sich eine dreißig Jahre alte, gut fundierte Weltsicht gegen einen Kater durchsetzen konnte, der gerade erst zehn Minuten alt war. Er verschob dieses Problem auf später. Zuerst musste er herausfinden, wo er war. Das Bad war kein echter Anhaltspunkt, außerdem waren die rosafarbenen Kacheln nicht gut für seinen Magen. Er öffnete das Dachfenster, stellte sich auf die Toilette, wobei ihm gerade noch rechtzeitig einfiel, den Deckel zu schließen, und sah hinaus. Die kalte Luft war ein Schock. Aber sie öffnete ihm wenigstens vollständig die Augen. Über den Rand des Daches hinweg konnte er auf die Straße hinuntersehen. Offensichtlich war er im dritten Stock eines Hauses am Burgberg. ›Aha‹, dachte er, ›Nürnberg. Immerhin.‹

Dann musste links oben die Burg sein. Er verdrehte den Kopf, um nach oben zu sehen. Keine gute Idee, fand sein Magen, aber er kämpfte die Übelkeit nieder. Von unten klangen

Hufschläge herauf. Er sah einen Trupp Ritter den Berg hinabreiten. Na toll! Wenn heute irgendein Fest in der Stadt war, wurde ihm garantiert das Auto abgeschleppt.

Wenn er mit dem Auto gefahren war.

Vielleicht waren sie ja mit Bébés Auto gekommen. Wenn er nur wüsste, wer diese Frau war und ob sie nun Bébé oder ihn abgeschleppt und den jeweils anderen nur in Kauf genommen hatte. In moralischer Hinsicht war das irgendwie wichtig. Denn er war ja nun seit gestern solo, Bébé hingegen …

Christoph wusch sich mit kaltem Wasser, kramte nach Handtüchern und einer Zahnbürste, fand keine neue und benutzte kaltblütig eine der gebrauchten. Diesen schalen Alkoholgeschmack loszuwerden, war ein gewisses Infektionsrisiko wert. Dann verließ er das Bad und ging zurück in das Zimmer, in dem er sich vorhin gefunden hatte. Bébé und die junge Frau saßen beim Frühstück – Bébé mehr am Kaffee, obwohl er ein Hörnchen auf dem Teller hatte. Ein kurzer Augenkontakt genügte und Christoph wusste, dass Bébé genauso wenig ahnte, wie sie hierhergekommen waren. Das konnte ein wirklich fantastisches Frühstück werden!

Christoph setzte sich, goss sich Kaffee ein und lächelte die junge Frau unsicher an: »Äh, sag mal, wann sind wir eigentlich heimgekommen?«

»Ungefähr gegen fünf, würd' ich mal sagen.«

Bébé schaltete sich ein: »Und von wo?«

Die junge Frau lachte ungläubig: »Jetzt habt ihr wahrscheinlich auch vergessen, wie ich heiße, ja?«

»Nö, kein Gedanke …«, beeilte sich Bébé zu antworten und Christoph sagte: »Nie im Leben! Nach so einer Nacht …«

»Eben«, sagte ihre Gastgeberin und lächelte breit.

Christoph hätte sich ohrfeigen können. Da war die Chance gewesen und er hatte sie nicht wahrgenommen. Unter dem Tisch trat er Bébé, gerade, als der ihn auch treten wollte. Als

Physiker, der er war, hätte Christoph genau erklären können, nach welchen Gesetzen zwei Körper im Normalraum nicht zur selben Zeit am selben Platz sein können, weshalb ihrer beider Knie nach oben schießen mussten und den Tisch plötzlich gewaltig beschleunigten. Die Tischkante traf die Frau am Kinn und ließ sie in ihrem Stuhl hintüber kippen. Kaffee und Orangensaft gewannen gegen den Tisch das Rennen, wer zuerst auf der jungen Frau landen würde, die Brötchen flogen in den Gang und der Tee kam zwischen Christoph und Bébé herunter, wobei sich die Designerglaskanne verabschiedete. Das Tischtuch segelte irgendwie verspätet herab und landete elegant auf dem Gastgeberhaufen. Christoph machte einen schwachen Versuch, den Tee aus dem CD-Player zu entfernen, auf dem er zu sitzen gekommen war, schloss ihn dann jedoch einfach. Bébé war in die Marmelade getreten und benutzte einen Stofffetzen zum Säubern, der sich jedoch bedauerlicherweise als Teil einer Seidenbluse erwies. Erschwerend kam hinzu, dass die Frau eben diese Seidenbluse anhatte und ein kurzes, aber erbittertes Ringen um den Stoff einsetzte. Bébé war noch nicht ausreichend nüchtern, um sämtliche Kausalzusammenhänge zu erkennen, aber schon wieder gefestigt genug, um als Sieger im Kampf um die Bluse hervorzugehen. Ein reißendes Geräusch begleitete die teilweise Entkleidung der halb unter dem Tisch begrabenen Frau. Außerdem waren die Spiegeleier in die Bügelwäsche gefallen. Bébé stieß den Korb schnell unter das Sofa. Christoph hob bewundernd den rechten Daumen, was Bébé mit einer bescheidenen Geste zurückwies.

»Sorry«, sagte er dann mit belegter Stimme nach einer kurzen Pause in Richtung des Tisches, der kläglich seine Stahlrohrbeine in die Luft streckte.

»Würdet ihr bitte den Tisch von mir nehmen«, kam eine eisige Stimme vom Boden. Man hatte nicht den Eindruck, als müsse die Besitzerin dieser Stimme ein breites Grinsen unverfälschten Glücks unterdrücken. Um genau zu sein, wäre kein freundschaftliches Gefühl je auf den Gedanken gekommen, sich von dieser Stimme zu jemandem tragen zu lassen. Es wäre vielmehr weinend davongehuscht, hätte sich in einer Ecke verkrochen und beschlossen, sich niemals wieder einer Stimme anzuvertrauen.

»Klar, Gisela«, sagte Christoph, der mittlerweile auf den Namen und die Beine gekommen war, und reichte ihr eine Hand. Gisela stand auf und kämpfte nicht nur um ihr körperliches Gleichgewicht. Sie sah auf Bébé und Christoph, dann wieder auf den Rest des Frühstücks und die zerstörte Wohnung und sagte dann frostig: »Nicola! Der Name ist Nicola!«

Bébé sah Christoph an. Christoph sah Bébé an. *Das* war peinlich. Keinem von beiden fiel auf die Schnelle ein geistreicher Spruch ein. Nicola schien aber auf so etwas zu warten. Bébé stieß Christoph heimlich an.

»Äääh …«, sagte Christoph.

»Vielleicht geht ihr jetzt besser«, sagte Nicola.

Christoph und Bébé rafften ihre restlichen Klamotten zusammen und flohen. Erst, als sie unten auf der Straße standen und sich ansahen, mussten sie lachen.

»Fängt klasse an, der Tag«, sagte Bébé.

»Mhm«, antwortete Christoph, »hat was, der Tag. Ich habe nämlich meinen Tabaksbeutel bei Gisela vergessen. Gehst du noch mal hoch?«

»Ohne Frage, Alter«, sagte Bébé, »ich hoffe nur, dass ich zu besoffen war und nichts mit Gisela angefangen habe.«

»Besser, du kannst dich nicht erinnern. Macht sicher keinen Spaß mit der Frau, wenn ihr schon ein Tisch zu schwer ist.«

Bébé grinste: »Gehen wir Kaffeetrinken, Alter?«

»Immer!«, antwortete Christoph und versuchte auch ein Grinsen. Es klappte ganz gut. War wohl doch kein so grauenvoller Tag.

3

Einer der Gründe, warum die Entdeckung Amerikas durch Erik den Roten kein voller Erfolg war, lag daran, dass in dem Augenblick, als Erik aus seinem Boot sprang und gerade sagen wollte: »Das hier für mich, der Rest für euch!«, ein Raumschiff mittlerer Größe mit einem grauenvollen Kreischen in die Atmosphäre eintrat und über Eriks Kopf hinweg nach Süden schoss. Die Druckwelle zerfetzte den Wikingern die Segel von *Emma*, wie Erik sein Schiff in sentimentaler Erinnerung an seine Jugendliebe getauft hatte. Außerdem wurde Erik mit dem Gesicht in den Strand gepresst, und die Westküste Labradors ist nicht für ihren feinen weißen Sand berühmt. Als Erik sein Gesicht aus der toten Robbe nahm, fragte sein Bruder Leif, der Barde, vom Bugrand herunter:

»Äh, Erik ... Vielleicht möchte Thor nicht, dass wir in dieses Land kommen?«, woraufhin Erik wütend zurückbrüllte:

»Vielleicht ist Thor einfach ein Riesenar...«

BUMMMM!

Das war der Überschallknall, als das Raumschiff zum zweiten Mal die Erde umkreiste, weil es Mexiko nicht gefunden hatte. Die Druckwelle kam nicht ganz hinterher, gab sich aber redliche Mühe und schubste Eriks Kopf zurück auf den Strand.

Erik sah der Robbe tief in die gebrochenen Augen. Hatte keinen Sinn, sich eine andere Robbe zu suchen. Diese hier kannte er schon. Vielleicht würde er sich sogar an sie gewöhnen – wenn der Luftdruck ihm nicht die Trommelfelle platzen ließ.

Diesmal nahm die Druckwelle die Masten und Leif mit, der sich nicht rechtzeitig geduckt und schon immer eine Vorliebe für lose, weite Kleidung gehabt hatte.

Der Rest ist bekannt. Erik besiedelte das Land *nicht* und Leif wurde zunächst Mitglied eines Stammes im Mittleren Westen der späteren USA, die sich – nach einer ihrer bevorzugten Drogen – »Mescaleros« nannten. Aus historischer Sicht macht das keinen Unterschied, außer dass McDonald's heute Eriksen's hieße und Fishburger verkaufen würde. Leifs interessante Karriere begann erst ein paar Jahre später.

Der Pilot an Bord des Raumschiffes fand Südamerika beim zweiten Überflug auf Anhieb und setzte zum Sinkflug an.

»Fantastisch«, sagte er zu Gilead, der neben ihm stand, »sieh dir diese Landebahn an. Da hat sich einiges getan seit dem letzten Mal.«

»Das letzte Mal war nach Ortszeit vor 1336 Jahren«, sagte Gilead düster, »und ich wäre dir dankbar, wenn du mich einfach absetzen würdest, ohne die Architektur zu bewundern.«

»Okay, okay, Gilly-Boy«, sagte Misrah, woraufhin Gilead deutlich zusammenzuckte. »Ich bin ja nur der Pilot und du der große Verbannte. Mexico, hä? Von hier haust du nicht ab, Gilly-Sugar.«

Nach Gileads blutunterlaufenen Augen zu schließen, schätzte er gerade die Chance ab, den Piloten zu töten und trotzdem heil landen zu können. Sie stand extrem schlecht. Gilead konnte nicht einmal einen Scooter anständig landen.

»Mexico ist was anderes als Atlantis, Gilly-Honey, die bauen hier keine Raketen. Und Atlantis ist untergegangen, Gilly-Maus. Keine Raketen für dich.«

»Fesselballons!«, sagte Gilead düster.

»Was?«

»Fesselballons. Sie haben schon Fesselballons entwickelt.«

»Ist nicht wahr?«

Der Pilot war ehrlich erschrocken.

»Doch«, sagte Gilead boshaft, »und sie arbeiten schon an

Düsenantrieben. Große Menschenopfer und so, riesige Flugwerke; unterirdisch. Sind ziemlich schlau, diese Azteken!«

Der Pilot sah ihn zweifelnd an.

»Doch, doch«, bekräftigte Gilead. »Wofür, meinst du, haben sie diese Landebahn angelegt, auf die du gerade runtergehst? In zehn, zwanzig Jahren bin ich wieder draußen.«

»Ich höre überhaupt nicht hin«, sagte der Pilot und sang laut: »Halleluja, halleluja, der Tag ist da, der Tag ist da …«

Er landete auf einer der Bahnen, die von den Azteken auf den südamerikanischen Hochebenen angelegt worden waren. Mit seinen Düsentriebwerken zerstörte er unabsichtlich den geheimen Eingang zu den aztekischen Flugwerken und schloss damit sämtliche hochkarätigen aztekischen Wissenschaftler in ihren Labors für – na ja, fast – immer ein. Da sie gerade dabei waren, ihre ersten Propellermaschinen zu entwickeln, als der Pilot den Granit ihrer Tore verschmolz, hatte Cortés ein paar Jahre später leichtes Spiel mit den restlichen Azteken. Denn die waren nach diesem Erlebnis konsequenterweise dazu übergegangen, ihre Regierung und ihr Wohlergehen nie wieder der Intelligenzija anzuvertrauen. Ganz im Gegenteil hatten sie nun traditionell den jeweils Dümmsten aller Stämme zum König bestimmt. Die moderne Archäologie sucht deshalb vergeblich nach Spuren einer hochstehenden späten Kultur der Azteken. Es gibt keine.

Außer den Flugwerken.

Sie standen neben dem Schiff. Das Metall der Düsen zog sich knisternd zusammen, als es abkühlte. Kein Mensch war zu sehen.

»Also, tschüs!« sagte der Pilot und wollte einsteigen.

»Halt!«, sagte Gilead. »Du kennst doch die Vorschriften, oder?«

Er zitierte aus dem Kopf: »*Der Verbannte ist an einem Teil der*

Erde abzusetzen, wo die örtliche Bevölkerung ihm freundlich gesonnen ist und sein Überleben gesichert ist. Urteil 26773 des Sironischen Gerichtshofs zur Verbannungsgesetzgebung. Und hier ist keine örtliche Bevölkerung.«

Der Pilot war nicht überzeugt. Wenn er jetzt noch einmal aufsteigen müsste, käme er zu spät zur Abendvorstellung im *Kristallan*.

»Es gibt Ameisen«, wandte er ein. »Örtliche Bevölkerung.«

»Sind mir nicht freundlich gesonnen.«

»Aber du kannst sie essen. Dein Überleben ist gesichert.«

»Oder sie essen mich. Nein, nein, mein Lieber: örtliche Bevölkerung *und* freundlich gesonnen *und* gesichertes Überleben!«

Der Pilot knirschte mit den Zähnen, forderte ihn mit einer außerordentlich obszönen Geste zum Einsteigen auf, stieg zum Oberdeck und veranlasste die Automatik, die Luke wütend zuknallen zu lassen.

Man kann wütend Fahrrad fahren. Das ist meistens schlecht für die Haut im Ellenbogen- und Kniebereich.

Man kann auch wütend Auto fahren. In den meisten Fällen regeln das die Versicherungsunternehmen, und die Hinterbliebenen kaufen sich ein neues Auto.

Man kann *nicht* wütend ein Raumschiff fliegen. Das regelt kein Versicherungsunternehmen. Und die Seen in der schwäbischen Eifel sind *nicht* das Ergebnis von Meteoriten, obwohl die Eifel ein Teil der Erde ist, in dem es, kurz bevor die Seen überraschend entstanden, eine örtliche Bevölkerung gab, die freundlich war und die das Überleben jedes Fremden gesichert hätte.

Man kann den Bevölkerungsteilen, die *nicht* dort waren, wo die Seen entstanden, nicht verdenken, dass sie *nach* der Fertigstellung des neuen Naherholungsgebietes nicht mehr freundlich gegenüber Fremden waren und deren Überleben auch nicht mehr gesichert war.

»Wo sind wir?«

»Tot!«

»Wo, nicht was, du *Pilot!*«[1]

»Wir waren zuletzt über Festland.«

»Kontinent?«

»Europa.«

»Scheiße. Land?«

»Heiliges Römisches Reich Deutscher Nation.«

»Scheiße. Gebiet?«

»Schwaben.«

»Oh Gott!«

Einer der Gründe dafür, dass Schwabens Entdeckung durch Gilead einen solch unglaublichen Effekt auf die Geschichte hatte, ist der Umstand, dass sich der Stauferkaiser gerade nach einem Burggrafen für die kaiserliche Pfalz umsah. Denn Graf Friedrich von Hohenzollern war bedauerlicherweise gerade in dem Gebiet zur Jagd gewesen, das dann so bestürzend plötzlich als Seengebiet ausgewiesen wurde. Nachdem sich Gilead dem Grafen im Aussehen angepasst hatte, ernannte ihn der Kaiser zum Burggrafen von Nürnberg. Wie bekannt ist, sind einige Hohenzollern später dann nach Brandenburg gezogen, wurden dort zwangsläufig Preußen, die Preußen wurden Großmacht, einten Deutschland und verloren zwei Weltkriege. Deshalb ist Nürnberg heute auch keine halb zerfallene, alte und hässliche Stadt wie etwa Liverpool, sondern eine prosperierende Metropole, deren Hausmauern allerdings meistens

---

1 Ursprünglich war »Pilot« nie ein Schimpfwort. Allerdings reichte Gileads besondere Aussprache dieses Worts, um den überlebenden Bauern die Schamröte ins Gesicht zu treiben. Deshalb übernahmen sie es sofort, aber aufgrund der bekannt schlampigen Aussprache der Schwaben wurde das Wort, vom Mittelhochdeutschen ausgehend, zu »Idiot« verballhornt. Dass das neue Wort »Pilot« heute nahezu die gleiche Bedeutung wie vor tausend Jahren hat, ist ein unglaublicher Zufall.

aus Steinen anderer Hausmauern gebaut wurden. Für die meisten dieser Dinge war Gilead persönlich verantwortlich. Allerdings hatte er sich vor dem 20. Jahrhundert aus der aktiven Politik zurückgezogen und kann daher nicht für die letzten beiden Kriege haftbar gemacht werden.

Die meisten Historiker lehnen übrigens die These ab, dass ein geschichtliches Unrecht durch gute Taten wieder ausgeglichen werden kann. Trotzdem sind sich viele deutsche Geschichtswissenschaftler stillschweigend darüber einig, dass Bismarcks Entscheidung, das Deutsche Reich *ohne* Österreich zu gründen, den Krieg 1866 zumindest teilweise rechtfertigte.

Paris hätte ein Deutschland mit Österreich sowieso nie akzeptiert.

Und *alle* Historiker stimmen darin überein, dass in ästhetischen Fragen das Paris des 19. Jahrhunderts tonangebend war.

4

Physische Unsterblichkeit ist im Universum nicht vorgesehen. Über die Unsterblichkeit der Seele herrscht Unklarheit in der Terminologie. Die meisten Bewohner des Universums, also die Erdbewohner und die Bewohner des Planeten Siron im Sternensystem Beteigeuze, sind sich allerdings darüber einig, dass physische Unsterblichkeit ein nettes Ideal ist.

Aber Schönheit ist auch ein nettes Ideal, und die Leute heiraten trotzdem.

Das hat mit einem universellen Grundprinzip zu tun, nach dem der Mensch (ob auf Siron oder Terra) Ideale generell gut findet, sich dann aber umdreht und einen Ersatz sucht, der meistens auch mehr Spaß macht. Manche heiraten trotzdem.

Ebenso verhält es sich mit der Unsterblichkeit. Die Bewohner der nördlichen Erdhalbkugel sind ihr – relativ gesehen – schon um hundert Prozent näher gekommen. Das mittlere Sterbealter liegt nicht mehr bei 34, sondern bei etwas über siebzig Jahren. Ein schöner Erfolg.

Die Bewohner Sirons dagegen machen nur Fortschritte im Promillebereich. Allerdings ist eine Erhöhung der Lebenserwartung von einem Promille schon beachtlich, wenn man bedenkt, dass das durchschnittliche Sterbealter eines Sironen bei 25.363 Erdjahren liegt.

Auf Siron war nämlich mit der Entwicklung der bemannten Raumfahrt ein bisher im gesamten Universum noch nie dagewesenes Phänomen aufgetreten: Zum ersten Mal in der Geschichte dieses Universums hatte ein technischer Fortschritt einen *positiven* Nebeneffekt. Ähnlich wie die NASA ihren Raketenmüll außerhalb des Geländes von Cape Canaveral ablagerten und sich nicht im Geringsten um die Wirkung der Strahlung auf die Anwohner kümmerten, geschah das auch bei Port Noxin auf Siron, nur etwa anderthalb Jahrzehntausende früher. Als man dort nach einiger Zeit feststellte, dass der Hausmeister im Hauptgebäude, die Putzfrauen und das Bodenpersonal seit mehr als achtzig Jahren auf der Gehaltsliste standen, folgte eine Untersuchung, deren Ergebnisse zunächst streng geheim gehalten wurden. Nicht, weil Unsterblichkeit – oder extrem lange Sterblichkeit – so teuer war; sie war im Gegenteil sehr, sehr billig. Aber man fürchtete eine Bevölkerungsexplosion, gegen die das irdische China wie ein Pfennigkracher gewirkt hätte.

Aber, wie gesagt, es war ein einzigartiges Phänomen, das sich von selbst regelte: Man erkannte, dass sich der Beginn der Fruchtbarkeit immer weiter nach hinten verschob, je länger die Menschen lebten. Ausnahmsweise verkraftete der Planet einen menschlichen Eingriff in die Natur.

Natürlich glaubten die Sironer, diese Ausnahme sei jetzt die Regel, und begannen, ihren Planeten extrem auszubeuten.

Das ging nicht gut.

Überhaupt nicht.

Als bekannt wurde, wie man sozusagen unsterblich werden konnte, setzte ein Run auf die Müllhalden von Port Noxin ein. Dann stellte man fest, dass schon der strahlende Abfall aus den Sironischen Kraftwerken reichte, und man begann, all die Salzbergwerke aufzubrechen, in denen die Sironer Tausende von Fässern gelagert hatten, damit sich die nächste Generation darum kümmerte. Kein Mensch war jemals auf den Gedanken gekommen, der Abfall könnte *ungefährlich* sein. Aber da er jetzt sogar als äußerst nützlich erschien, beschloss man, ihn auch in den Bereichen der Chemiefabrikation und der Landwirtschaft zu verwenden. Deshalb dauerte es eine Zeit, bis man entdeckte, dass die volle Lebenserwartung eines Sironers bei weit über achthundert Jahren lag. Denn selbst eine

Quasiunsterblichkeit schützt nicht vor den üblen Folgen massiver Düngemittelvergiftung durch mehrere Jahrhunderte lange Fast-Food-Ernährung.

Als man auf Siron endlich umdachte, war es für den Planeten fast schon zu spät. Der Sauerstoffgehalt der Atmosphäre lag bei 4 1/2 Prozent und der Meeresspiegel war um 23 Meter gestiegen. Es gab kein Ozonloch mehr, sondern einzelne Ozonwölkchen von wenigen Quadratkilometern Durchmesser, die verloren über den Planeten segelten – immer dorthin, wo sie am nötigsten gebraucht wurden. Aber dafür dachte man nun gründlich um und erließ Umweltgesetze. Danach brauchte man keine Schilder mehr, die das Betreten des Rasens oder das unkontrollierte Fällen von Bäumen verboten. Auf die Zerstörung sauerstoffspendender Pflanzen stand eine Strafe von fünfhundert Jahren Gefängnis oder eine Geldstrafe, die das Bruttoeinkommen des größten Kontinents überstieg. Die meisten Delinquenten wählten das Gefängnis – bis auf einen ehemaligen Chemiefabrikanten namens Krupp, der sich erbot, die Geldstrafe zu zahlen. Allerdings gehörte ihm zu diesem Zeitpunkt der größte Kontinent.

Glücklicherweise erinnerte sich einer der Richter an einen alten Sozialisierungsparagraphen aus der Zeit vor der Langlebigkeit und enteignete Krupp in einer halbstündigen Gerichtssitzung. Danach ging es mit Siron *wirklich* aufwärts.

Der Planet erholte sich über die Jahrhunderte, und zum ersten Mal in der Existenz des Universums übergab eine Generation der nächsten einen Planeten, der sauberer war, als sie ihn selbst erhalten hatte.

Die meisten Gesetze wurden im Allgemeinen eingehalten – vor allem, weil man nicht mehr darauf hoffen konnte, nach dem Gefängnisaufenthalt neue Leute kennenzulernen. Die Gesellschaft wurde ein bisschen starr und man begann, Störenfriede immer mal wieder ein wenig zu verbannen. Hier dreihundert Jahre, dort fünfhundert Jahre, ab und zu achthundert bis tausend Jahre. Meistens waren es Leute wie Gilead, die in einer kurzlebigen Gesellschaft einige zwanzig Jahre Durcheinander stiften und die man im Allgemeinen in Künstler und Kriminelle einteilt. Bei Gilead war man sich zum Zeitpunkt seiner Verbannung nicht sicher, welcher der beiden Gruppen er angehörte, aber man war sich sehr sicher, dass es gut sei, ihn auf alle Fälle ein wenig zu verbannen. Siron war keine kurzlebige Gesellschaft mehr. Siron brauchte keine großen Künstler und keine Kriminellen. Man hatte auf dem Gebiet des Fernsehens wirklich bedeutende Fortschritte gemacht.

Nur verbannte man diese Leute leider auf den einzigen anderen bewohnbaren Planeten im Universum: auf die Erde.

5

Bébé und Christoph saßen im Café *Querschnitt* und hielten sich an ihren Kaffeetassen fest. Christoph hatte sich, um seinem Kater zu zeigen, wer der Boss ist, ein Frühstück bestellt. Das stand jetzt vor ihm und schmollte.

»Du willst dein Frühstück nicht essen, oder?«, fragte Bébé, der angestrengt versuchte, nicht auf den Tisch zu starren, und sagte, als Christoph nicht antwortete: »Dann stell es bitte irgendwohin, wo ich es nicht sehen kann, ja?«

»Ich muss mich erst mit ihm anfreunden. Ich kann das nicht so plötzlich wie du: Einfach über das Essen herfallen, wenn es auf den Tisch gebracht wird.«

»Ich werde nie wieder über Essen herfallen«, murmelte Bébé düster. »Ich bin wahrscheinlich tot.«

»Und wie ist es mit Trinken?«, fragte Christoph boshaft, obwohl ihm selbst nicht ganz wohl war. »Wirst du auch nie wieder was trinken?«

»Nie!«, sagte Bébé im Brustton der Überzeugung.

»Und was ist mit Kaffee?«

»Kaffee ist kein Trinken, Kaffee ist ein Antidot.«

Und zur Bedienung gewandt bestellte er noch eine Tasse.

»Kaffee ist was?«, fragte Christoph nach.

»Ein Antidot. Asterix und Kleopatra, wo Obelix den vergifteten Kuchen isst …«

Christoph betrachtete ihn liebevoll: »Redest du irre?«

»Lass mich in Ruhe, ich bin tot.«

»Antitot?«

»Was?«

»Wie bitte?«

»Wer hat diesen Dialog geschrieben? Kafka?«

»Kaffka? Kannst du nicht mal Kaffeekanne richtig sagen? Du bist tief gesunken, Bébé.«

»Deshalb sitze ich hier mit dir, nachdem uns eine Ische aus einer Wohnung geworfen hat, die ich vorher noch nie gesehen habe und die ich nie wieder sehen will. Warum hast du dich eigentlich von der Puppe abschleppen lassen? Die war doch alt, mindestens 25.«

»Konnte ich ja gestern nicht sehen. Ich war völlig betrunken. Außerdem hat sie nicht mich, sondern dich abgeschleppt und ich bin bloß mit, weil ich ja immer bloß mitgehe, um auf dich aufzupassen. Rockmusiker an sich sollten keine feste Beziehung haben, wegen der Groupies und so. Aber du musst ja immer was Besonderes sein!«

»Halt die Klappe.«

»Alles klar.«

Es ging ihnen schon viel besser. Sie beschlossen, zunächst im Café zu bleiben, weil doch nichts Besseres nachkommen würde. Eine Stunde später hatte Christoph endlich sein Frühstück gegessen und Bébé bestellte einen Kognak. Christoph machte ihn darauf aufmerksam, dass er doch tot sei, und Bébé meinte dann, das sei schon in Ordnung, weil Kognak auf Tote wie ein Antitot wirke. Und das war prima.

Gegen 11 Uhr verließen sie das *Querschnitt* schon wieder ziemlich hergestellt und machten sich auf die Suche nach Bébés Auto.

»Hoffentlich haben wir es nicht über der Burg abgestellt!«, sagte Christoph, als sie am Rathaus vorbeigingen. »Da gehe ich dann nämlich nicht hoch. Ich warte lieber und du holst das Auto, okay?«

»Nein!«, antwortete Bébé bestimmt. »Das ist nicht okay! Wir suchen das Auto zusammen. Außerdem steht es auf dem Egidienplatz.«

»Nie im Leben!«, protestierte Christoph. »In der Ecke waren wir gestern gar nicht.«

»Kannst du dich so genau erinnern?«, fragte Bébé anzüglich. »Du weißt ja nicht mal, ob du mit Gisela …«

»Mit Sicherheit nicht!«, schnappte Christoph. »So betrunken kann ich gar nicht werden.«

Bébé grinste sich eins und sie wanderten den Egidienberg hinauf, wo sie sein Auto tatsächlich fanden.

Bébé fuhr einen orangefarbenen VW Golf Diesel. Ein unzerstörbares Auto, wie ihm von allen Seiten versichert worden war, als er das Auto erworben hatte. Er hatte seine Zweifel gehabt. Zu Recht. Es war erst ein oder zwei Jahre her, dass er und Christoph eine eigenartige Gesetzmäßigkeit in Bébés Beziehung zu Autos entdeckt hatten: Sie gingen exakt nach 5000 Kilometern kaputt, gerechnet ab dem Tachometerstand des Kauftages. Als Bébé seinen Führerschein noch nicht lange hatte und entsprechend vergammelte Autos fuhr, war es ihm völlig normal erschienen, dass er das Auto alle paar Monate zur Reparatur bringen musste. Er entwickelte in seinen Jugendjahren eine profunde Kenntnis sämtlicher Autowerkstätten in Nürnberg, Fürth und Erlangen. Manche Mechaniker nannten ihn insgeheim den »Kometen«, weil er in regelmäßigen Abständen auftauchte und Glück brachte – für die Mechaniker, versteht sich. Aber irgendwann hatte Bébé es satt, ununterbrochen alte Schüsseln zu kaufen, die ständig repariert werden mussten, und legte sich einen besser gepflegten Wagen zu, der prompt nach drei Monaten mit einer gebrochenen Getriebewelle in die Werkstatt kam. Daraufhin kaufte Bébé einen Kadett aus erster Hand, scheckheftgepflegt, von einem alten Mann, der in zehn Jahren 1300 Kilometer gefahren war. Bei Kilometer 6300 platzte der Kühler.

Bei seinem nächsten Auto, einem Mercedes, fiel ihm auf der Autobahn schlicht der Motor aus dem Wagen und schlitzte den gesamten Unterboden auf, als Bébé darüberrollte. Zufällig war Christoph dabei und betrachtete fasziniert Bébé – dem es gelungen war, sie beide auf den Seitenstreifen zu retten –, wie er den Mercedes mit Benzin übergoss, anzündete, in wilder Zerstörungswut um das Feuer tanzte und dabei heilige Eide schwor, nie wieder ein Auto zu kaufen. Als sie später in dem ausgebrannten Wrack saßen, das langsam abkühlte, und auf den Pannenhilfsdienst warteten, war Bébés Blick auf den Tachometer gefallen.

»Komisch«, hatte er gesagt, »genau 5000 Kilometer, seit ich die Karre gekauft habe.«

Christoph hatte gelacht und gesagt: »Na ja, wie bei all deinen Autos.«

Bébé hatte zuerst nur bitter gegrinst. Dann begann er, nachdenklich zu werden, und versuchte, sich an die Kilometerzahlen früherer Autos zu erinnern. Rein zeitlich kam es in etwa hin.

Als Otto vom Pannenhilfsdienst kam – Bébé kannte sie natürlich alle namentlich und duzte sich mit ihnen –, waren die Freunde schon ziemlich aufgeregt und brannten darauf, nach Hause zu kommen. Spät nachts prüften sie zusammen Unterlagen: Hunderte von Werkstattrechnungen, auf denen jedes Mal säuberlich der Tachometerstand angegeben war. Sie rechneten. Sie rechneten noch einmal. Und ein drittes Mal, um absolut sicherzugehen. Jedes Mal genau 5000 Kilometer von Panne zu Panne. Und – auch über mehrere Autos gerechnet – jedes Mal 25.000 Kilometer bis zu einem totalen Zusammenbruch.

»Das glaube ich einfach nicht!«, hatte Bébé damals mit einem fast schon religiösen Schauder gesagt.

»Karma!«, hatte Christoph gedankenvoll geantwortet. »Warst du in deinem letzten Leben Mechaniker?«

Seitdem hatten sie schon Verschiedenes probiert, um die magische Marke zu überwinden. Bébé hatte Christoph fahren lassen, als die 5000 Kilometer fast erreicht waren. Christoph fuhr vorsichtig an, der Tachometer klickte leise, Christoph sah triumphierend zu Bébé hinüber, gab Gas und fuhr mit Schwung in die Kurve, wobei die Lenksäule brach. Er trat panisch auf die Bremse und krachte, exakt zwischen zwei Bäumen hindurch, in einen Haselnussstrauch.

Offensichtlich reichte es, wenn Bébé im Auto saß.

Das nächste Mal stieg Bébé aus und Christoph fuhr allein weiter. Noch langsamer als das erste Mal. Das war gut so, denn als die magische Zahl im Tachometer erschien, klirrten *sämtliche* Bremsbeläge auf die Straße, und Christoph landete im Straßengraben. Offensichtlich reichte es, wenn Bébé in der Nähe war.

Bei ihrem bisher letzten Versuch vor zwei Monaten waren sie sehr schlau vorgegangen: Bébé hatte das Auto pro forma an Christoph verkauft, der nun als Halter eingetragen war. Um ganz sicherzugehen, hatten sie den Verkauf in Gegenwart des Autos abgeschlossen und dabei so gebrüllt, dass sie gebeten wurden, den Hof der Kfz-Zulassungsstelle zu verlassen. Bébé »lieh« sich nun das Auto von Christoph. Als die Fünftausend erreicht waren, saß Christoph am Steuer und Bébé mehrere Kilometer entfernt in der Wohnung. Als das Telefon klingelte und Christoph ihm mitteilte, dass er nun wüsste, wie Ventile von innen aussähen, hatte Bébé nur resigniert »Jaja« gesagt und war losgezogen, um Christoph abzuholen.

Offensichtlich *wusste* das Auto, dass es Bébé gehörte. Seitdem waren die beiden noch auf keine neue Strategie gekommen.

»Wie viel noch?«, fragte Christoph beim Einsteigen.

»Bisschen über sechshundert«, antwortete Bébé nach einem kurzen Blick und warf Christoph den Tabak auf den Schoß. »Kannst du mir eine drehen?«

»Wohin jetzt?«, fragte Christoph, als er fertig war.

»*Ich* muss jetzt arbeiten«, sagte Bébé, »kann nicht jeder so ein Leben haben wie du. Soll ich dich zu Hause absetzen?«

»Japp!«, antwortete Christoph und ließ sich zufrieden durch die Stadt kutschieren, wobei er sich Bébés neueste Kompositionen um die Ohren wehen ließ. Denn die Musikanlage in den Autos ging *nie* kaputt – wie es sich für einen Rockmusiker gehört.

Christoph ließ sich vor ihrer gemeinsamen Wohnung absetzen und Bébé fuhr weiter zur Arbeit, nachdem sie sich lose für den Abend in der Stadt verabredet hatten. Die beiden wohnten in der Altstadt in einem ziemlich heruntergekommenen Haus, das eigentlich aus der Jahrhundertwende hätte stammen sollen, aber nach dem Krieg neu aufgebaut worden war, und zwar offensichtlich in ziemlicher Eile. Christoph war schon im dritten Stock, als ihm einfiel, dass er nicht in den Briefkasten gesehen hatte. Womöglich hatte Kathrin ihm heute Morgen einen Brief oder wenigstens einen Zettel eingeworfen, auf dem stand, dass sie ihm alles verzieh und ihn sehen wollte. Plötzlich fühlte er sich wieder ziemlich mies. Bis jetzt hatte er die Gedanken an den gestrigen Streit ziemlich hintanhalten können. Aber als er jetzt zum Briefkasten hinunterging, wurde ihm das ganze Elend mit diesem Weib wieder sehr deutlich.

Natürlich war nur Werbung im Briefkasten. Sehr viel Werbung. Ihr Briefkasten war der einzige mit dem Aufkleber »Keine Werbung«, deshalb konnten die Nachbarn ihre Werbung hineinstopfen und sparten sich so den Weg zur Papiertonne. Er sortierte alles sorgfältig und warf die Prospekte wieder in die Nachbarbriefkästen. Dann ging er nach oben. Vielleicht konnte er ein bisschen schlafen. Als er jedoch die Wohnung aufschloss, hörte er fröhlichen Lärm aus der Küche. Da wurde eine Menge gelacht. Offensichtlich hatte sich sein Bruder, der vorübergehend auch hier wohnte, irgendeine Frau mitgebracht.

Christoph ging durch den chaotischen Flur, öffnete die Tür und wollte sagen:

»Könnt ihr'n bisschen leiser sein? Ich will nämlich schlafen.«

Was er aber tatsächlich sagte, war:

»Oh du lieber mein Vater, was für eine Scheiße! Gisela?«

»Nee, das ist Nicola«, sagte sein Bruder fröhlich. »Sie wollte was mit dir besprechen.«

Christoph floh.

6

Kathrin saß in der Redaktion und wartete auf die Bilder aus dem Labor. Ihren Artikel hatte sie eben fertiggestellt. Er umfasste ungefähr 230 Zeilen, die, wie Kathrin aus leidvoller Erfahrung wusste, später vom Chefredakteur auf eine Bildunterschrift zusammengestrichen werden würden. Es sei denn, die Bilder würden im Labor irgendwie zerstört werden. Im Labor, wohlgemerkt, dann wäre es nicht ihr Fehler und der Chefredakteur müsste ihren Artikel in voller Länge akzeptieren, damit er keinen Ärger mit dem Bürgermeister bekäme. Sie nahm den Hörer ab, den sie sich wie den Schreibtisch und den Computer mit Stefan, dem Kollegen vom Feuilleton, teilte, und rief hoffnungsfroh im Labor an:

»Sag mal, Herbert, sind meine Fotos schon fertig?«

»Welche Fotos denn, Süße?«, fragte Herbert zurück.

»Die vom Bürgermeister auf der Burg und sag nie wieder Süße zu mir oder ich dreh dir die Eier ab.«

Je konservativer der Stil einer Zeitung ist, desto mehr sinkt das Sprachniveau ihrer Redakteure. Unbewusst suchen alle nach einem Ventil für die bösen Wahrheiten, die sie nicht schreiben dürfen. Kathrin hatte versucht, sich dem zu entziehen, aber Herbert gegenüber hatte sie keinerlei Hemmungen. Da konnte die Sprache gar nicht drastisch genug sein. Als sie vor ein paar Jahren hier angefangen hatte, wollte Herbert mit ihr ausgehen. ›Nein‹, korrigierte sie sich in Gedanken, ›er wollte mich flachlegen.‹ Sie waren damals in eine Pizzeria gegangen und er hatte versucht, sie mit dem billigsten Lambrusco abzufüllen. Er hatte sie dann im Auto heimgebracht und wollte mit ihr in die Wohnung. Als sie schließlich ablehnte, hatte er gesagt:

»Ich krieg noch achtzehn Euro von dir, für die Pizza, du wolltest doch die Rechnung teilen, oder?«

Das hatte sie absolut sprachlos gemacht. So etwas hatte sie überhaupt noch nicht erlebt. Wortlos hatte sie bezahlt und war gegangen. Aber das Beste war, dass er überhaupt nicht das Bewusstsein hatte, irgendetwas falsch gemacht zu haben, und sie am nächsten Morgen fröhlich begrüßte. Als er ihr ein paar Wochen später auf den Hintern klatschte, worauf sie schon längst vorbereitet war, knallte sie ihm die lang geplante Ohrfeige mit solcher Wucht, dass er einen Tag krankgeschrieben wurde, weil ihm eine Plombe herausgefallen war. Aber offensichtlich war er unbelehrbar.

»Deine Fotos, ja«, sagte Herbert, »da ist was Komisches passiert.«

Kathrins Herz machte einen kleinen Freudenhüpfer.

»Ach ja? Habt ihr sie kaputt gemacht, oder was?«, fauchte sie in gespielter Wut.

»Ach was, war doch nur Spaß«, sagte Herbert schnell. »Ich bring sie gleich hoch. Reg dich nicht auf, war bloß 'n Witz, okay?«

»Nichts ist okay, du mieses Tier«, sagte Kathrin müde. »Ich hol sie selber. Bin gleich unten.«

Tja. Wieder nichts mit ihrem Artikel. Das würde wahrscheinlich so weitergehen, bis sie in Rente ging: Aus einem witzigen, leicht und elegant geschriebenen Artikel für eine Viertelseite eine Bildunterschrift heraussuchen, die doof genug war, damit sie der Bürgermeister kapierte und sich dabei noch intelligent fühlte. Was für ein Müll! Da gingen ihre literarischen Ambitionen dahin und lösten sich im Qualm der französischen Zigaretten auf, die der Chefredakteur immer rauchte, weil er hoffte, sich damit das Flair eines abgebrühten, zynischen Journalisten zu geben. (Er hatte den Film *All the President's Men* schon achtundzwanzig Mal gesehen und fand, er sähe Robert Redford ähnlich. Was Kathrin sich nicht eingestand, war, dass sie im tiefsten Innern fand, sie gliche Dustin Hoffman in dem Film bis in alle Einzelheiten. Außer dass er ein Mann war, natürlich.)[2]

Kathrin fuhr mit dem Aufzug hinunter ins Labor und nahm die Bilder in Empfang. Als sie wieder an ihrem Schreibtisch saß, die Mappe öffnete und die Fotos durchging, brach sie sofort in haltloses Gelächter aus, das sprudelnd in ihr hochstieg und sich schallend entlud. Stefan kam neugierig um den Schreibtisch herum, warf einen Blick auf die Bilder, die Kathrin vor sich ausgebreitet hatte, und bekam einen Lachkrampf. Immer, wenn Kathrin versuchte, sich zu fangen, sah sie wieder auf dem Bild, wie der Bürgermeister von den Rittern fortgeschleppt wurde, wie besoffen zwischen ihnen hing und ein so blödes Gesicht machte, wie es nur der Bürgermeister konnte. Und Stefan ging es genauso. Er keuchte und japste, stützte sich auf Kathrin, zeigte wortlos auf die Bilder und ging wieder in die Knie vor Lachen. Da war der Bürgermeister in allen Stellungen, und alle waren extrem komisch.

»Wie er sich wehrt …«, keuchte Stefan und brüllte förmlich vor Lachen.

»Dieser Trottel … hängt da im Anzug zwischen den Rittern … was für eine grandiose Idee …«

Kathrin hielt sich die Seiten.

---

[2] Der Chefredakteur ähnelte Robert Redford tatsächlich. Aber wie Dustin Hoffman sagte, nachdem der Film abgedreht war, hatte sich im Vorfeld nicht nur niemand Robert Redford in der Rolle eines Journalisten vorstellen können, sondern es blieb auch danach allen Filmproduzenten ein ewiges Geheimnis, warum der Film trotzdem ein Erfolg wurde. Interessanterweise unterliegt die Filmindustrie nicht den Naturgesetzen, sondern gewissen metaphysischen Unregelmäßigkeiten, die auf Siron mittlerweile entdeckt wurden. Es wurde ja weiter oben schon angemerkt, dass die Fernsehunterhaltung auf Siron wirklich *weit* entwickelt ist.

»Schau mal hier, wie sich sein Schnurrbart in dem Scharnier verfangen hat, wie er da schaut …« Sie platzte fast.

»Das …«, Stefan setzte sich auf den Boden vor Lachen, »…drucken wir nie …!«

»Schau dir das an, schau her, Stefan …« schrie Kathrin lachend, »da ist ihm die Hose geplatzt …und …« Sie konnte nicht weitersprechen.

»Die Unterhose!« Stefan brach vollends zusammen. »Die Herzchen, schau dir die Herzchen …«

Sie saßen nun beide auf dem Boden, lachend, schreiend, kichernd, die Tränen liefen ihnen herunter und sie versuchten vergeblich hochzukommen. Immer wieder zeigte einer von ihnen wortlos auf eines der vielen Bilder, die jedes für sich brillant komisch waren. In diesem Augenblick kam der Chefredakteur herein, halb blind vom Zigarettenrauch, der ihm eben ins Auge gestiegen war. Als er die beiden auf dem Boden sah, kam er lässig näher. Ihn erschütterte nichts. Aber als er die Bilder sah, die Kathrin wahllos gegriffen hatte und ihm hochhielt, musste auch er grinsen.

»Das können wir natürlich nicht bringen. Was ist das denn überhaupt?«

Kathrin sah ihre Chance und kämpfte den Lachkrampf endlich erfolgreich nieder, bis sie, immer wieder von einem kleinen Lacher unterbrochen, erzählen konnte, was sich heute Morgen auf der Burg bei dem Empfang ereignet hatte.

»Gute Idee vom Bürgermeister«, sagte der Chefredakteur nachdenklich.

»Vielleicht will er dann, dass die Bilder erscheinen.«

»Oh nein«, sagte Kathrin hastig, die ihren Artikel schon zusammenschnurren sah. »Einen detaillierten Bericht, ja. Diese Bilder, nein. Niemand kann wollen, dass solche Bilder von einem selbst in der Zeitung sind.«

»Hm«, meinte der Chefredakteur, »dann schreiben Sie mir

halt einen anständigen Artikel und wir bringen ein kleines Archivbild.«

Kathrin konnte es kaum glauben. Ein langer Artikel?

Ja, ein langer Artikel. Sie grinste Stefan an, er grinste zurück und zeigte auf ein besonders übles Bild. Kathrin musste sich auf die Lippe beißen, um nicht wieder zu lachen.

»Gut. Alles klar. Sie haben den Artikel in einer halben Stunde«, sagte sie.

Der Chefredakteur winkte lässig mit der Zigarette und ging.

7

Der erfolgreichste Rockstar der Welt lag in seiner Badewanne aus weißem Carrara-Marmor in einer 28-Zimmer-Villa in Los Angeles und weinte still in sein Badewasser. Von außen klopfte es an die Tür.

»Geh weg!«, sagte der Rockstar fast unhörbar und tauchte unter. Er hörte das Klopfen trotzdem. Wasser ist ein exzellentes Schallmedium. Als er den Lärm nicht länger aushalten konnte, tauchte er wieder auf und brüllte: »Geh weg!«

»Leif«, kam die Stimme seines Managers schmeichelnd von außen, »komm, mach doch bitte die Tür auf. Du hast ein Konzert.«

»Nicht ich!«, schrie Leif wütend und hieb mit der Faust ins Wasser. »Die berühmteste Scheißband der Welt, *Get Lost*, hat ein Konzert. Ich nicht!«

Er tauchte wieder unter und hörte unter Wasser dumpf die Stimme seines Managers.

»Das haben wir doch alles schon tausendmal besprochen. Kann ich was dafür, dass du einen blöden norwegischen Namen hast, den niemand versteht?«

Leif brüllte unter Wasser los: »Ich hab …«, dann verschluckte er sich und kam hustend hoch. »Ich hab diesen Namen seit siebenhundert Jahren und ich denke nicht dran, ihn zu ändern, bloß weil auf diesem Scheißkontinent alle englisch sprechen. *Ich* war zuerst da! *Ich* hab unter diesem Namen sechshundertneunzig Jahre gesungen. *Ich* bin der beste Barde auf der ganzen Welt und kein Schwein kennt meinen richtigen Namen. Seit siebenhundert Jahren höre ich immer nur: Erik der Rote, Erik der Rote!«

Seine Stimme überschlug sich: »Von Leif, dem besten Sänger aller Zeiten, spricht kein Aas.«

»Oh Gott«, sagte der Manager von außen, »ist es wieder mal so weit? Haben wir wieder eine Identitätskrise? Ist der Große-Bruder-Komplex wieder da? Komm, Leif, mach die Tür auf, ja?«

Leif stand in der Wanne auf und schluckte ein paar Tränen hinunter. Immer das gleiche. Er war einfach zu pflichtbewusst. Konnte diesem Ton nicht widerstehen.

Seine Mutter: »Leif, sei ein guter Wikinger und hol deinen Vater aus dem Eisloch, ja?«

Sein Bruder: »Komm schon, Leif, sei ein Kumpel, fahr mit mir eine neue Welt entdecken.«

Die Indianer: »Hey, Leif, lass dich nicht hängen, kämpf mit uns gegen General Custer.«

Und jetzt Stinky Miller, sein Manager. Er schloss die Tür auf. Stinky Miller kam herein, ein kleiner, agiler Mann um die Fünfzig. Es war kein Trost für Leif, zu wissen, dass er ihn wahrscheinlich überleben würde.

»Du bist schuld!«, sagte er in einer neuen Aufwallung von Zorn zu Stinky Miller.

»Ach ja?«, fragte der gelassen. »Wer hat dich denn aus der Provinz geholt und groß gemacht, hm, wer?«

»Nicht mich!«, heulte Leif auf. »*Get Lost!*«

Stinky Miller setzte sich und zündete sich trotz des Nichtraucherschilds im Hotelzimmer eine Zigarre an.

»Ich erkläre es dir noch mal, Leif. Pass auf. Es ist zehn Jahre her. Du bist ein Niemand, den ich aus einer verrauchten Kneipe im Indianerreservat geholt habe, weil du so gespielt hast, wie ich noch nie jemanden habe spielen hören. Ich rufe den wichtigsten Mann in der Musikbranche an. Er vertraut mir, weil ich bis jetzt nur gute Musiker angebracht habe. Gegen dich sind sie allerdings nur jämmerliche Nichtskönner.

Ich versuche, Bob das klarzumachen und wenigstens ein Konzert für dich zu arrangieren:

- Hello, Bob? Stinky Miller speaking. I've got a real shooting Rock 'n' Roll star for you. Better than anything.

- Well, Stinky, is that you?

- Yeah, it's me, and this guy is *really* good.

- You say that! 'kay, I'll take him. Is Carnegie Hall next month okay with you?

- Yes, fine.

- Need the name, Stinky, for the posters, ya know.

- Yes. It's Leif.

- I know, Stinky. Carnegie Hall is always live. I need the name.

- Leif! Leif! It's Leif in concert!

- Yes, Stinky, I already know. Aren't you listening? What's his fucking name?

- Leif! Leif! Leif! It's Leif!

- Don't fool me, Stinky, I haven't got time. GIVE ME HIS BLOODY NAME OR FORGET IT!!!

- Leif! Leif! LEIF! ...oh, get lost.

- *Get Lost*! Finally, Stinky. Strange name, by the way. Okay, Stinky, see ya.«

Stinky Miller machte eine kleine Pause. Dann sagte er zufrieden paffend: »Ich kann nichts dafür, dass Bob mich damals missverstanden hat und du unter *Get Lost* über Nacht berühmt geworden bist. Außerdem finde *ich* den Namen cool. Hat so was Verlorenes, Romantisches.«

Leif sah ihn wütend an. Manchmal kehrte die alte Wikingerhärte in seine blauen Augen zurück.

»Raus!«, knirschte er. Stinky Miller wusste, wann er nachgeben musste.

»Aber du denkst an das Konzert, ja?«, fragte er im Gehen.

»Ja«, sagte Leif, »ich denke an das Konzert.«

Er schob Stinky aus dem Raum und schloss die Tür sorgfältig ab.

»In der Badewanne!«, schrie er ihm nach und ließ sich in das Wasser fallen, nur um sofort schreiend wieder herauszuspringen. Er hatte den Heißwasserhahn die ganze Zeit laufen lassen. Kein guter Tag. Er ging seufzend in das benachbarte Zimmer und suchte im Schrank nach Kleidern. Trotzdem würde er heute Abend wieder auf der Bühne stehen. Er war der geborene Barde und konnte niemals Leuten widerstehen, die seine Musik hören wollten. Nur in einem war er eisern: Er gab niemals Zugaben. Er konnte es nicht ertragen, wenn zehntausend Menschen im Chor »*Get Lost*« skandierten.

8

Es war ein ziemlich dunkler Keller. Außerdem war er kalt. Dunkel und kalt. Und feucht. Dunkel und kalt und feucht. Er roch auch nicht besonders gut. Alles in allem war der Keller das Urbild aller kindlichen, traumatischen Kellererfahrungen. Er war in genau dem Maße dunkel, dass man Ungeziefer wie Ratten, Kellerasseln oder widerliche Giftspinnen nicht erkennen, sondern nur vermuten konnte, was viel schlimmer ist, als sie zu sehen. Denn dann könnte man drauftreten oder sich kreischend in eine Ecke flüchten. Alles wird natürlich noch schlimmer, wenn man eine Binde vor den Augen hat. Der Keller war auch genau in dem Maße kalt, dass man zitterte, aber wahrscheinlich nicht erfror, wenn man sich ein bisschen in Bewegung hielt, was leider gefesselt nicht möglich ist. Es war auch gerade so feucht, dass die Kleider nur klamm wurden, solange man sich nicht auf den Boden setzte. Wenn man allerdings gefesselt auf dem Boden lag, war man binnen Kurzem durchweicht. Alles in allem wirkte der Keller wie ein aus allen grauslichen Erfahrungen sämtlicher Kinder der Welt sorgfältig zusammengesetzter Prototyp des Schreckens. Und genau das war er. Es hatte eine Menge Arbeit gekostet, einen solchen Keller in einer modernen Großstadt zu finden und ihn sorgfältig zu präparieren. Aber für den Bürgermeister war ihnen nichts zu schade gewesen.

Oder, um genauer zu sein, für das, was sie vom Bürgermeister wollten.

Es war den Aufwand wert.

Es war sogar noch weit mehr wert. Aber das wusste der Bürgermeister nicht. Er lag in einer Pfütze auf dem Boden und graulte sich halb zu Tode. Sämtliche Kindheitserinnerungen kamen in ihm hoch und bohrten sich mit farbiger Scheußlichkeit in sein inneres Auge. Wenn es hier nun Ratten gab? Wenn sie ihn nur entführt hatten, um ihn dann hier liegen und verfaulen zu lassen? Er hatte keine Ahnung, was diese Irren von ihm wollten. Nachdem sie ihn aus der Burg geschleppt und vor der Lorenzkirche unendlich gedemütigt hatten – wobei kein einziger Nürnberger ihm geholfen hatte –, war er mit verbundenen Augen auf ein Pferd geworfen worden. Nach einer Dreiviertelstunde, in der ihm von dem Geschaukel furchtbar schlecht geworden war, hatten sie ihn wieder vom Pferd gezogen und in einen Kleinbus verfrachtet. Und dann waren sie endlos herumgefahren, aber offenbar immer in der Stadt. Zum Schluss hatten sie ihn aus dem Bus gezogen und er war eine Treppe hinabgeschleppt und durch einen langen Gang geschleift worden, bis sie ihn schließlich in diesen Keller gesperrt hatten. Und hier lag er nun seit Stunden, wie ihm schien. Er hatte schon ein paarmal versucht, sich an der Wand aufzurichten, aber da seine Hände auf den Rücken gebunden waren, scheuerte er sich nur die Haut ab. Immerhin war er zu sitzen gekommen. Dabei spürte er, dass ihm offensichtlich die Hose geplatzt war, denn die Pfütze, in der er saß, drang recht unmittelbar an seinen Hintern. Er versuchte, sich zu erinnern, welche Unterhose er heute Morgen angezogen hatte, denn ihm war vage im Bewusstsein, dass diese pflichtvergessene Journalistin ihn in der Burg fotografiert hatte. Schamröte schoss ihm ins Gesicht. Aber dann kam ihm ein neuer Gedanke und er grinste fast. Wenn sie ihn fotografiert hatte, dann hatte sie auch seine Entführer auf dem Film. Das hieß, dass die Polizei ihnen wahrscheinlich bald auf die Spur kommen würde.

Obwohl … Er fragte sich, welche Art Irrer seine Entführer waren. Sie hatten alle Rüstungen angehabt und er hatte kein Wort von dem verstanden, was sie sprachen. Deutsch war es jedenfalls nicht. Manches hatte spanisch geklungen, aber der Rest war ihm dann doch wieder fremd vorgekommen. Vielleicht Basken? Aber warum sollten ihn ausgerechnet Basken entführen? Das einzige, was er mit Spanien zu tun hatte, war, dass er dort schon einmal im Urlaub gewesen war. Und ein politisches Motiv? Mein Gott, er war bloß Bürgermeister! Welcher Schwachsinnige kam auf die Idee, den Bürgermeister von Nürnberg zu entführen? Und wozu? Nein. Wahrscheinlich waren es ganz einfach Irre, die aus dem Bezirkskrankenhaus in Erlangen kamen.

Oder es waren Jusos. Der Bürgermeister erbleichte bei dem neuen Gedanken. Diese Schweine hatten schon seine Wahlkampfplakate übermalt. Womöglich wollten die Linken ihn einfach aus dem Rennen nehmen, bis die Wahl gelaufen war. Der Bürgermeister schluckte trocken vor Angst. Mit Irren könnte er vielleicht fertig werden, vielleicht auch mit Basken. Aber mit Jusos?

Die Zeit verging und er beruhigte sich wieder. Mittlerweile war es ihm gelungen, die Augenbinde ein Stück höher zu schieben. Er warf einen Blick auf den Keller und erschauerte. Dann scheuerte er so lange mit der Binde an der Wand, bis sie wieder sicher über seinen Augen saß. Dieser Keller war ein Albtraum.

Nach einer sehr, sehr langen Zeit hörte er, wie die Kellertür aufgeschlossen wurde und einige Leute hereinkamen – offenbar seine Entführer, denn er hörte leise Metall klirren. Dann wurde er unsanft hochgezogen und auf einen Stuhl gesetzt. Seine Unterhose klebte ihm am Hintern, aber er hatte ja leider keine Hand frei. Man nahm ihm die Augenbinde ab. Er saß an einem Tisch, auf dem eine Kerze brannte. Ihm gegenüber, auf einem dreibeinigen Schemel, saß der Anführer seiner Kidnapper und hatte das Visier abgenommen. Er war nicht sehr groß, sein gutaussehendes Gesicht hager und von gelblichem

Braun, er trug einen schwarzen Spitzbart, was ihm ein spanisches Aussehen verlieh. Er erinnerte den Bürgermeister an ein Gemälde, das er bei seinem Spanienurlaub im Escorial gesehen hatte.

»Also, mein lieber Bürgermeister«, begann der Anführer mit einer überraschend höflichen und angenehmen Stimme. »Sie werden sich natürlich fragen, warum Sie hier sind.«

Der Mann sprach deutsch mit einem kaum wahrnehmbaren Akzent, er rollte das »R« ein wenig, gerade genug, um ihn für einen Südländer halten zu können. Der Bürgermeister schwieg. Ausnahmsweise. Der andere fuhr fort: »Um eines vorwegzunehmen, wir sind keine Jusos und auch nicht von ihnen beauftragt …«

Der Bürgermeister fuhr hoch: »Woher wissen Sie …?«

Der Anführer lachte leise: »Nein. Ich kann keine Gedanken lesen. Aber ich bin klug genug, um zu wissen, was im Kopf eines durchschnittlichen christsozialen Kommunalpolitikers vorgeht. Sogar eines unterdurchschnittlichen«, fügte er lächelnd hinzu. »Ich werde Ihnen gleich sagen, worum es geht. Aber dazu muss ich mich erst einmal vorstellen. Ich heiße Fernando Colon.«

Er machte eine Pause und wartete auf eine Reaktion. Der Bürgermeister starrte ihn verständnislos an. Colon seufzte: »Sie sind noch unterdurchschnittlicher, als ich dachte. Aber Sie können den Namen ja im Lexikon nachschlagen, wenn Sie wieder nach Hause kommen. Oder besser«, hier grinste er böse, »*falls* Sie wieder nach Hause kommen.«

»Was soll das denn?«

Der Bürgermeister war empört aufgesprungen, aber die zwei anderen Ritter drückten ihn wieder auf den Stuhl. »Was zum Teufel wollen Sie eigentlich von mir?«

»Oh«, sagte Colon nachlässig und besah sich angelegentlich seine Fingernägel, »nichts Besonderes. Ich benötige lediglich eine bestimmte Urkunde aus dem Stadtarchiv.«

»Was?«, schrie der Bürgermeister. »Dafür haben Sie mich entführt? Für eine bescheuerte Urkunde aus dem Archiv? Gehen Sie doch einfach hin und beantragen Sie die Urkunde! Sie sind ja völlig irre!«

»Mein lieber Bürgermeister«, sagte Colon, der immer noch seine Fingernägel betrachtete. »Sie glauben gar nicht, wie oft ich das schon probiert habe.«

Plötzlich brüllte er los: »Sie glauben gar nicht, wie viele Male ich schon in diesem Scheißarchiv war und die Urkunde nicht bekommen habe.«

Der Bürgermeister war erschreckt zurückgefahren.

»Aber diese Urkunde ist doch sicher irgendwo abgedruckt«, sagte er unsicher.

»Ja«, Colon wirkte plötzlich müde, »sie ist irgendwo abgedruckt. In mehr Büchern, als Sie sich vorstellen können. Aber ich brauche das Original. Und Sie, Herr Bürgermeister, bleiben in diesem netten Keller, bis ich die Urkunde in meinen Händen halte.«

»Nein!«, sagte der Bürgermeister fest. »Das Archiv gibt niemals Originale aus.«

»Diesmal doch!«, sagte Colon mit gewinnendem Lächeln. »Denn Sie müssen doch auch an Ihre Wähler denken, Herr Bürgermeister, die Wahl ist in zwei Wochen. Wie außerordentlich peinlich, wenn Sie Ihre Stimme nicht persönlich abgeben könnten. Selbstverständlich würde ich Ihnen Briefwahl zugestehen, denn Sie sind ja tatsächlich verhindert, nicht wahr?«

Der Bürgermeister dachte nach.

»Und diese Urkunde ist wirklich alles, was Sie wollen?«

»Alles!«, bestätigte Colon. »Und das ist mehr als genug.«

»Also gut«, sagte der Bürgermeister. »Was muss ich tun?«

Colon sagte es ihm.

Archive sind eine sehr gute Sache. In ihnen wird rund um die Welt das Wissen der Menschheit aufbewahrt. In Archiven steht alles, was jemals an klugen Ideen niedergeschrieben wurde. Archive sind wichtig. Jedes entscheidende Dokument wird in Archiven sicher und wohlgeordnet verwahrt. Im Archiv gibt es keine Unordnung und keine Unsicherheit. In Archiven sind alle großen Entdeckungen, alle schicksalsträchtigen Gesetzesurkunden und alle wunderbaren Erfindungen besser aufgehoben als das Patent für den Wassermotor im Safe von Mercedes-Benz.

Allerdings weiß man nicht, für wen.

Nicht für die Menschheit, das steht fest.

In Archiven hatte sich sofort, nachdem das erste Regal in irgendeiner zugigen Laubhütte in Ägypten die erste Papyrusrolle aufgenommen hatte, ein spezieller Typus der menschlichen Gattung gebildet. Wahrscheinlich entwickelte er sich aus dem Pergamentstaub. Und seit diesem ersten Exemplar ist jeder Archivar in seiner genetischen Disposition unveränderlich festgelegt. Er lebt nach drei Regeln, die sich in Tausenden von Jahren niemals verändert haben:

1. Spüre jedes Originaldokument auf und bringe es ins Archiv.
2. Ordne es nach den sieben geheimen Systemen des universalen Chaos ein.
3. Lass es nie – *nie* – jemanden außerhalb der Archivargilde sehen.[3]

---

[3] Die möglichen Konsequenzen dieser – sowieso nie eintretenden – Pflichtverletzung sind in einem zehnbändigen alphabetischen Werk niedergelegt, das in jedem Archiv links neben dem Eingang steht und von **A** wie *Absolute atomare Vernichtung* bis **Z** wie *Zentrum des Universums, Zusammenbruch des*, reicht. Jeder Archivar kennt dieses Werk auswendig, weshalb die meisten Archivare dahin tendieren, sich nicht einmal selbst die Dokumente anzusehen. Sie nummerieren sie bloß nach dem Tag des Eingangs und legen sie ab.

Fernando Colon hatte hinreichend Erfahrung mit Archiven gesammelt, um zu wissen, dass er sein Dokument durch die schlichte Amtsautorität des entführten Bürgermeisters nie bekommen würde. Er hatte von Anfang an auf den Druck der Öffentlichkeit gehofft und deshalb für den Bürgermeister einen längeren Kelleraufenthalt geplant. Nur um seinen guten Willen zu zeigen, erlaubte er dem Bürgermeister, seinem Sekretär eine Notiz zu schreiben, in der er ihn darum bat, das Dokument aus dem Archiv zu besorgen. Als Colon den Zettel sah, lächelte er still in sich hinein. Es würde mehr als einen Sekretär mit einem Brief vom Bürgermeister brauchen, um in das Nürnberger Stadtarchiv einzudringen. Er persönlich hoffte auf eine Hundertschaft Polizei.

9

»Mein Gott, kann er das nicht selbst machen? Deswegen muss ich ins Archiv? Es sind nur noch zwei Wochen bis zur Wahl und der Blödmann meint, ich hab nichts anderes zu tun, als für ihn ins Archiv zu gehen.«

Leo Kretschmer, der Sekretär des Bürgermeisters, wanderte missmutig durch die Gänge hinunter ins Archiv. Hinunter? Ihm wurde bewusst, dass er gar keine Ahnung hatte, wo das Archiv war. Er war noch nie dort gewesen. Wenn er irgendwelche Dokumente brauchte, rief er immer nur dort an und ließ sich eine Kopie hochschicken. Hoch? War das Archiv nun unten? War es überhaupt im Rathaus? Er hatte keine Ahnung. Mittlerweile war er im Keller und dort war niemand, den er hätte fragen können. Außer einem Mann von der städtischen Müllabfuhr, der in seinem orangefarbenen Overall die Abfalleimer im Untergeschoß leerte. Der Sekretär näherte sich ihm in der Hoffnung, dass er sich hier unten vielleicht besser auskennen würde als er selbst. Aber dann sah er, dass der Müllmann Ausländer war, Türke wohl oder Italiener, und drehte sich wieder um. Der konnte ihm wohl kaum helfen.

»Sie suchen das Archiv, oder?«, rief ihm der Müllmann hinterher.

»Ja, genau«, sagte Kretschmer erstaunt und drehte sich um. »Ist es hier unten?«

»Den Gang runter, rechts und die zweite Türe links.«

Der Müllmann grinste ihn an. »Und viel Glück.«

Der Sekretär zuckte die Schultern, bedankte sich und ging zum Archiv.

Es war geschlossen. Ein kleines Schild neben der Tür wies darauf hin, dass für den Besuch des Archivs telefonische Voranmeldung nötig sei. Kretschmer klopfte. Ihm war, als höre er hinter der Tür schlurfende Schritte und leises Gewisper. Aber die Tür blieb zu. Er klopfte wieder. Jetzt konnte er deutlich hören, wie jemand jenseits der Tür trocken hustete. Er klopfte lauter. Plötzlich öffnete sich die Tür und ein dürrer Mann mit schlechter Haltung sah ihn missmutig an.

»Ja?«, fragte er.

»Ich komme vom Bürgermeister, er braucht dieses Dokument hier.«

Der Archivar sah auf das Papier in der Hand Kretschmers, als hielte ihm der ein ekelerregendes Tier entgegen.

»Haben Sie sich angemeldet?«

Kretschmer sah ihn ungläubig an.

»Wie war das? Angemeldet? Der Bürgermeister braucht dieses Dokument!«

Er war noch nicht ganz fertig mit diesem Satz, als er feststellte, dass er mit einer Tür sprach. Mit einer geschlossenen Tür. Er klopfte wütend. Nach kurzer Zeit öffnete sie sich wieder.

Kretschmer, der wusste, wie man mit Untergebenen umzugehen hat, fauchte den Mann an: »Sagen Sie mal, wissen Sie nicht, wer ich bin? Der Bürgermeister ist Ihr Vorgesetzter und Sie besorgen mir jetzt dieses Dokument, und zwar ein bisschen plötzlich, ja?«

»Wir machen Inventur«, sagte der Archivar gedehnt, »kommen Sie nächste Woche wieder.«

Kretschmer mochte keinen Widerspruch. Er lief rot an.

»Sie holen mir jetzt dieses Dokument oder Sie werden großen Ärger mit dem Chef kriegen, klar?«

Es ist nicht sehr befriedigend, eine geschlossene Tür anzuschreien. Kretschmer wurde jetzt wirklich sauer. Er drehte sich um, hämmerte mit den Absätzen gegen die Türfüllung und setzte sich unfreiwillig, als die Tür ruckartig geöffnet wurde.

»Ja?«, fragte der Archivar mit leerem Blick zu ihm hinunter.

Kretschmer wurde es unheimlich. Offenbar hatte er es hier mit einem Irren zu tun. Sanft sagte er: »Hören Sie, ich brauche dieses Dokument. Der Bürgermeister hat mich gebeten, es ihm heute noch zu besorgen. Es ist sehr dringend.«

»Haben Sie sich angemeldet?«

Kretschmer, der früher ein ganz passabler Footballspieler gewesen war und zu seiner Zeit ein Gutteil an gebrochenen Schienbeinen und eingedrückten Schädeln stolz auf sein Konto verbuchen konnte, war mittlerweile wieder auf die Beine gekommen und versuchte einen Bodycheck. Aber der Archivar klammerte sich mit beiden Händen am Türstock fest und entwickelte erstaunliche Kräfte. Kretschmer bog ihm den Zeigefinger seiner linken Hand auf.

»Hör zu, du kleiner Aktenspinner, du besorgst mir jetzt das Dokument oder ich brech dir den Finger, ja?«

Mühelos bog der Archivar seinen Finger zurück und sagte tonlos über die Schulter des Sekretärs:

»Wir machen Inventur, kommen Sie nächste Woche wieder.«

Und dann schloss er die Tür, wobei er mit ihr den zusammengebrochenen Kretschmer in den Gang schob. Kretschmer raffte sich auf und sah sich um. Er war nicht umsonst auf der Stufenleiter seiner Karriere so weit aufgestiegen. Es brauchte mehr als bloße Widerspenstigkeit, um ihn zu entmutigen. Er nahm den Feuerlöscher von der Wand und hieb damit auf die Tür ein. Nach ein paar wuchtigen Schlägen zersplitterte die Türfüllung und er prügelte weiter auf das entstandene Loch ein, bis er sich durchwinden konnte. Er hing noch halb in der Tür, als der Archivar aus dem Halbdunkel eines Gangs zwischen den Regalen auftauchte, ihn bemerkte und »Ja?« fragte. Kretschmer zog sich durch, rollte sich ab, kam auf die Beine und richtete den Feuerlöscher auf den Archivar. Dann zog er den Griff und hüllte ihn in weißen Schaum. »Haben Sie sich angemeldet?«, kam eine erstickte Stimme aus dem Nebel. Der Sekretär ging auf sie zu. Der Feuerlöscher war leer. Aber Kretschmer war fest entschlossen, den Irren kampfunfähig zu machen. Doch als sich der weiße Staub gelegt hatte, konnte er den Archivar nirgends mehr entdecken. Er war fort. Vielleicht hatte er sich in Pergamentstaub aufgelöst. Der Sekretär zuckte die Achseln und drehte sich zum Zettelkasten des Katalogs um, der in dem freien Raum vor den schwach beleuchteten Gängen des Archivs stand. Er blickte auf seinen eigenen Zettel. Da stand: Januar 1521. Er betrachtete die Etiketten auf den Karteischubladen. Ah, da war es. 1521. Er zog die Schublade auf und beugte sich gerade vor, als ihn Band I der »Prinzipien des Archivierens«, von A wie *Absolute Atomare Vernichtung* bis B wie *Bundesrepublik, Zerstörung der*, auf den Hinterkopf traf und ihn für mehrere Stunden kampfunfähig machte.

»Wir machen Inventur«, hörte er noch, »kommen Sie nächste Woche wieder.«

Zur gleichen Zeit stand Fernando Colon, eingehüllt in seinen üblichen orangefarbenen Overall, im Kellergeschoss des Rathauses und lauschte auf die leisen Laute aus dem Archiv. Vorsichtig zog er sich zurück, als zwei Archivare erschienen, die den bewusstlosen Sekretär auf einem Bücherkarren durch den Gang schoben und ihn dann vor der Treppe ablegten. Fernando seufzte leise. Er hatte nicht wirklich geglaubt, dass es so einfach war, aber immerhin, es wäre schön gewesen – wie ein Los, das man sich auf der Straße kauft, um Kleingeld zum Telefonieren zu kriegen, und das sich als Hauptgewinn entpuppt. Natürlich war der Hauptgewinn, auf den Fernando Colon spekulierte, um ein Wesentliches größer. Leise verschwand er aus dem Gang und ging, tief in Gedanken versunken, die Treppe hinauf.

So weit wie der Sekretär war er schon vor langer Zeit gewesen. Er war sogar im Archiv und hatte es durchsucht, nächtelang. Das Problem war, dass es Jahre dauern konnte, bis er in diesem Archiv ein Dokument fand, das nicht gefunden werden sollte. Oder das vielleicht gar nicht mehr da war, sondern in Wien oder Berlin lag. Wie auch immer, jetzt musste die Öffentlichkeit von der Entführung des Bürgermeisters informiert werden. Dann würde eben alles nach Plan gehen. Draußen auf der Straße schwang er sich auf einen vorbeifahrenden Müllwagen und ließ sich zum Hauptmarkt mitnehmen. Er würde nicht mehr lange Müllmann spielen müssen.

10

Die Flügel des Ventilators zerschnitten leise surrend den Rauch, der in geraden Linien an die hohe Decke stieg; sichtbar nur durch die schrägen Streifen des späten Nachmittagslichtes, das durch die halbgeschlossenen Jalousien fiel. Christoph lag in seinem Bürosessel und hatte die Beine auf den Schreibtisch gelegt – die Augen halb geschlossen, die Zigarette im Mundwinkel. Er gab sich gerade das Dashiell-Hammett-Flair. Entsprechend hatte er sein Büro eingerichtet. Es erinnerte an einen Gangsterfilm aus den dreißiger Jahren. Ein schwarzes Telefon mit Wählscheibe stand auf dem alten Schreibtisch, darauf eine Flasche Whisky – obwohl Christoph nie Whisky trank –, und ein Rollschrank beherrschte die Ecke. Darin war der Computer versteckt, der sonst den gesamten Eindruck zerstört hätte. ›Fehlt bloß noch Ingrid Bergman‹, dachte Christoph ironisch und seufzte ein bisschen. Seine Gedanken kreisten um Kathrin. Er hatte überhaupt keine Ahnung mehr, wie dieser blödsinnige Streit überhaupt angefangen hatte. Aber es war eigentlich egal. Es war sowieso klar gewesen.

Quatsch.

Überhaupt nichts war klar gewesen. Es hätte sehr gut gehen können. Aber irgendwie war er auch zu stur, um einfach zuzusehen, wie diese Liebe den Bach runterging. Sie waren schon viel zu lange zusammen. Und irgendwie konnte er sich überhaupt nicht vorstellen, dass es zu Ende war. Aber das war es wohl trotzdem. Er kannte sich. Er würde überhaupt nichts unternehmen, um sie umzustimmen. Trotzdem. Er liebte dieses blöde Weib immer noch. Jetzt vielleicht noch mehr, weil er sie nicht haben konnte.

Christoph verlor sich in seiner deprimierten Stimmung. Draußen begann es allmählich, dunkel zu werden. Der Januarhimmel über der Stadt leuchtete rötlich. Es war eine gründlich traurige Atmosphäre. Christoph träumte vor sich hin – irgendwelche Abenteuerfantasien, die meistens mit ziemlich viel Gewalt und fast tödlich für ihn endeten, während Kathrin bewundernd und weinend an seinem Sterbebett stand und schluchzend sagte: ›Ich habe dich doch immer geliebt …!‹ Ziemlich ergebnislose Träumereien; eben genau solcher Art, wie man sie pflegt, wenn gerade eine Beziehung kaputtgegangen ist.

»Was für eine Scheiße!«, fluchte er schließlich und griff nach der Whiskyflasche. Immerhin, es war schließlich Alkohol. Er war einfach auch nicht der Typ für irgendwelche Abenteuer, für ein interessantes Leben. Er lebte in dieser Stadt, die so langweilig wie nur irgendetwas war. Klar, er hatte versucht, sein ganzes Leben romantisch einzufärben, und sein Büro wie Bogarts Detektei eingerichtet – und trotzdem blieb es bloß eine alberne Spinnerei. Er hätte auch Pappmaché nehmen können, das wäre genauso echt gewesen. Selbst wenn er sich sagte, dass er einfach in der falschen Zeit geboren worden war, dass die Zwanziger seine Zeit gewesen wären, dann war ihm letztlich doch immer klar, dass es genauso trist gewesen wäre, weil er ja immer noch er selbst war. ›Mein Gott‹, dachte er, ›was spinne ich da eigentlich zusammen, bloß wegen Kathrin? Irgendwann ist es vorbei und dann ist Frühling und alles wird gut.

Oder auch nicht. Wenn wir das Ganze mal offen betrachten, Christoph‹, sagte er zu sich selbst, ›dann bist du schlicht ein Versager. Nicht mal eine Journalistin kannst du halten.‹ Er trank einen großen Schluck Whisky, verzog das Gesicht und musste plötzlich grinsen. ›Ach was‹, dachte er, ›vergessen wir sie einfach.‹

In diesem Augenblick klingelte das Telefon und Christoph warf sich förmlich über den Tisch, wobei er die Flasche gerade noch auffangen konnte, das Glas aber auf den Boden fiel. Vielleicht war es Kathrin!

»Ja?«, rief er in den Hörer und war tief enttäuscht, als er eine männliche Stimme hörte:

»Sie lösen Probleme?«, fragte der Mann.

»Ja, hier ist das Büro für Problemlösungen aller Art«, sagte Christoph immer noch etwas enttäuscht, aber immerhin hatte er hier seinen ersten echten Kunden am Apparat. »Worum geht es denn?«

»Wenn Sie in einer Stunde noch im Büro sind, dann komme ich vorbei.«

»Klar«, sagte Christoph, »und wie war Ihr Name?«

»Gilead«, sagte der Mann, »bis später«, und legte auf.

Christoph legte auch auf. Den meisten Menschen ist nicht bewusst, dass fast alle ihre Wünsche in Erfüllung gehen, sie beschweren sich ständig über die Schicksalsschläge, die sie treffen. Das liegt nur daran, dass 99 Prozent aller Wünsche, die beim entsprechenden Kausalzusammenhangsbüro eingehen, ungenügend spezifiziert sind.

Christoph hatte sich in seinen deprimierten Spinnereien ein Abenteuer gewünscht, mit dem er Kathrin beeindrucken konnte.

Das Kausalzusammenhangsbüro nimmt nachträgliche Anträge auf Spezifizierung nur sehr selten entgegen.[4]

Gilead kam zu früh – es war kaum eine halbe Stunde seit dem Telefonanruf vergangen. Christoph saß wieder in seinem Sessel und rauchte vor sich hin, als es klopfte.

---

[4] Einer der interessanteren Fälle, in denen eine Ausnahme gemacht wurde, ist der Ausspruch Napoleons in Waterloo kurz nach der Schlacht, der von keinem seiner Zeitgenossen als zitierfähig niedergeschrieben wurde: »Mon dieu! Wenn diese sch… Preußen glauben, sie könnten die Welt besser regieren als ich, dann sollen sie doch!«

»Herein!«, sagte er und nahm die Beine vom Tisch. Gilead trat ein. Sein Aussehen hatte sich in den letzten paar Jahrhunderten nur unwesentlich verändert, aber selbst ein hohenzollerischer Nürnberger Burggraf sieht in Jeans und Sweatshirt nicht sehr beeindruckend aus. Aber die Spannung zwischen hohem Alter und der relativ jugendlichen Erscheinung Gileads strahlte etwas aus, das Christoph nicht einordnen konnte. Normalerweise konnte er bei den meisten Menschen sehr schnell sagen, ob sie ihm sympathisch, zuwider oder schlicht egal waren. Hier konnte er das nicht. Er forderte Gilead mit einer Handbewegung zum Hinsetzen auf. Gilead nahm Platz in einem Sessel vor dem Schreibtisch und sah sich im Büro um.

»Malteser Falke, ja?«, fragte er. »Sie sind mehr der romantische Typ, oder?«

Christoph kam sich plötzlich unsäglich albern in seinem Büro vor.

»Der Rechner ist im Schrank«, beeilte er sich zu sagen, »wir sind technisch auf dem neuesten Stand.«

Gilead lächelte mitleidig, wie es Christoph schien.

»Auf dem neuesten Stand, ja? Na ja.«

Plötzlich grinste Gilead wild.

»Sehen Sie, hier fängt eines der Probleme an, die ich habe. Und für seine Lösung werden Sie den Computer kaum brauchen. Da rechne ich schneller im Kopf.«

›Ah‹, dachte Christoph, ›ein Angeber!‹

»Also gut«, sagte er laut, »spezifizieren Sie: Problem, Ursache und Lösungsversuche.«

»Das Hauptproblem liegt darin«, meinte Gilead melancholisch lächelnd, »dass Sie mir mein Problem nicht glauben werden.«

»Ah ja?«, sagte Christoph gedehnt. »Es käme auf einen Versuch an.«

Gilead machte einen Versuch.

Christoph glaubte ihm nicht.

Gut vier Stunden später saßen sich die beiden schweigend gegenüber. Es war ein dickes Schweigen, das sich einem auf die Ohren legte. Vor allem aber war es ungläubig. Gilead saß resigniert zurückgelehnt in seinem Sessel, Christoph hatte die Arme auf den Schreibtisch gestützt, das Gesicht in den Händen, und sah Gilead durch seine Finger an.

»Also gut. Angenommen, nur mal angenommen, dass Sie wirklich quasi unsterblich sind und hierher verbannt wurden, dass es einen Planeten namens Siron gibt und dass der Grund Ihrer Unsterblichkeit strahlender Abfall ist, wenn ich all das jetzt einfach glaube, weil ich ein romantischer Trottel bin, der sich sein Leben lang gewünscht hat, dass ihm genau so etwas passiert, wenn ich also einfach alles über Bord schmeiße, was ich bisher über das Leben geglaubt habe, was kann ich dann für Sie tun? Ich meine, Sie sind der Unsterbliche, oder?«

»Quasi unsterblich, und das auf einem Planeten, auf dem ich nicht einmal zehn Jahre verbringen wollte. Und seitdem die Sowjetunion zusammengebrochen ist, hat die Entwicklung der bemannten Raumfahrt noch mindestens hundert Jahre keine Chance, jemals ein anständiges Niveau zu erreichen. Ich meine, ich habe nichts gegen eine Verbannung von ein paar Jahren, wenn ich danach wieder nach Hause kann. Aber offensichtlich ist außer mir nie wieder jemand verbannt worden, und die Leute bei mir zu Hause haben mich wahrscheinlich einfach vergessen. Ich bin hier sozusagen archiviert. Und was das heißt, können Sie sich wahrscheinlich selbst in Ihrer kurzlebigen Gesellschaft vorstellen.«

Christoph schauderte. Er dachte an die Probleme, die er gehabt hatte, als er sein Büro beim Gewerbeaufsichtsamt anmelden wollte. Unerklärlicherweise war sein Antrag im Archiv gelandet. Das Gewerbeaufsichtsamt hatte sich aus unersichtlichen Gründen geweigert, den Antrag zurückzufordern und Christoph an die Kulturreferate verwiesen. Die hatten sich für Problemlösungen nicht zuständig erklärt. Den letzten Antrag einer langen Reihe hatte er dann beim Amt für die Verwaltung der städtischen Bäder gestellt – und eine Stunde danach den Laden einfach illegal aufgemacht.

»Ja«, sagte er, »kann ich mir vorstellen. Was Sie also benötigen«, fuhr er nachdenklich fort, »ist ein Raumschiff. Dafür brauchen Sie entweder eine Gesellschaft, die Raumfahrt betreibt, oder …«

Gilead unterbrach ihn lachend: »Uff, endlich. Ich dachte schon, es würde nicht mehr passieren.«

»Was?«, fragte Christoph aufgeschreckt.

»Ein Zitat. Asterix und die Goten, Sie wissen schon, die Szene im Wald … Der letzte Mann, der mir geglaubt hat, war dieser italienische Maler, Leonardo da Vinci, und der ist über die Pläne zu einem Hubschrauber nicht hinausgekommen.«

Christoph sah ihn lange nachdenklich an. Dann musste er grinsen.

»Ich sollte Sie meinem Freund Bébé vorstellen«, sagte er bedächtig. »Sie haben wirklich ein Problem.«

Und damit hatte Christoph seinen ersten Auftrag angenommen.

Weder er noch Gilead wussten, dass ihr eigentliches Problem ganz anders aussah.

Ausländisch.

Um genau zu sein: spanisch.

11

Kathrin lag zu Hause auf dem Sofa und las. Oder besser: Sie sah auf die Seiten und registrierte Buchstaben, die irgendwo im Kurzzeitgedächtnis umhergeschoben wurden, um dann einfach woanders spielen zu gehen. Sie dachte an Christoph. Und überdachte den ganzen Tag noch einmal. Der war ziemlich hysterisch gewesen. Erst die Szene auf der Burg, dann der Lachkrampf in der Redaktion und jetzt auch noch diese miesen Gedanken an Christoph. Es war so ein richtig scheußlicher Januarabend. Kalt und düster. Sie hatte sich einen Pullover übergezogen, aber sie fror immer noch. Vielleicht wurde sie krank. Sie sollte sich Tee kochen – oder ausgehen und sich richtig die Birne zuknallen. Was für ein Idiot! Sie holte sich das Telefon und wählte seine Nummer.

»Ja, hallo«, sagte eine weibliche Stimme.

Kathrin stutzte.

»Ja, hier ist Kathrin. Ist Christoph da?«

»Nee«, sagte die Frau, »und ich weiß auch nicht, wann er kommt. Soll ich ihm was ausrichten?«

»Nee«, sagte Kathrin, »ich rufe nochmal an. Wer bist du denn?«

»Nicola«, antwortete die Stimme. »Ich bin eine Freundin von Christoph und Bébé.«

»Schön«, sagte Kathrin trocken und legte auf.

Dann gab sie sich einen Ruck und rief in Christophs Büro an. Es war besetzt. ›Also gut‹, dachte sie, ›dann soll's einfach nicht sein!‹, und ging in die Badewanne, um sich auszuheulen.

12

Ein neuer Tag dämmerte über den Dächern Nürnbergs herauf. Ein richtiger Januartag, blau, klirrend kalt und sehr gut dazu geeignet, ihn in einem angenehm warmen Büro zu verbringen und den Schreibkram zu erledigen, der sich über Weihnachten angesammelt hatte. Polizeichef Köberlein hatte sich genau das vorgenommen, als er im Wagen saß und zum Polizeipräsidium fuhr. Heute würde gar nichts passieren. Der Christkindlesmarkt war, Gott sei Dank, vorbei und somit auch all die armen Tschechen aus den Gängen der Wache verschwunden, die den ganzen Dezember reiche Tschechen bestohlen hatten, die wiederum kurz vorher reiche Deutsche bestohlen hatten. Für irgendwelche Emanzendemos war es viel zu kalt, weil die sich sonst alle eine Blasenentzündung holen würden, und das *KOMM*, in dem diese vergammelten Punker herumhingen, würde der Bürgermeister nach der Wahl hoffentlich endgültig dicht machen. Der einzige Grund, diesen Idioten noch einmal zu wählen.

Ein ruhiger Tag lag vor ihm. Köberlein überlegte sich genau, was er heute vorhatte. Zuallererst würde er sich eine Menge Kaffee machen und irgendeinen Knecht seine geliebten Croissants holen lassen. Dann würde er sein Arbeitszimmer absperren und in aller Ruhe die ein oder andere Akte unterschreiben. Und den Rest des Tages würde er den neuen Roman von Terry Pratchett lesen. Es würde ein guter Tag werden![5]

---

[5] Weiter oben wurde schon darauf hingewiesen, dass es nur 99 Prozent aller Wünsche sind, die normalerweise in Erfüllung gehen. Sehr spezifizierte Vorstellungen, wie die des Polizeichefs, werden im Kausalzusammenhangsbüro nur ungern und selten bearbeitet.
Wie in jeder Behörde.

Er fuhr in den Hof des Präsidiums ein und musste feststellen, dass sein Parkplatz von einem Streifenwagen blockiert wurde, der zu zwei Drittel auseinandergenommen war. Der Polizeichef hatte bisher keine Ahnung gehabt, wie viele Teile so ein Motor hat. Er stieg aus und sagte zu den beiden Beamten, die ihre ehemals senfgelben Hemdsärmel hochgekrempelt und ein dümmliches Grinsen in ihren ölverschmierten Gesichtern hatten:

»Sagen Sie mal, haben wir nicht eine Werkstatt für so was?«

»Ja«, sagte der eine, »aber den Wagen hab ich doch gerade aus Altbeständen gekauft, und dann lassen die mich damit nicht in die Werkstatt. Superzustand, der Wagen. Wir blasen gerade den Motor ein bisschen auf. Und das Blaulicht ist auch kaputt.«

Der Polizeichef kannte die Arbeitsmoral seiner Leute, aber nicht so gut, wie er dachte.

»Äh, sagen Sie mal, wenn das ein Privatwagen wird, wieso bauen Sie dann das Blaulicht nicht aus?«

Beide Beamte richteten sich auf. Ein mitleidiges Lächeln spielte um ihre Mundwinkel.

»Wie sollen wir denn sonst mit 80 durch die Fußgängerzone brettern, hä?«

»Klar!«, gab Köberlein müde zu. Er wollte heute keinen Streit. Er wollte einen ruhigen Tag. Er wollte in Ruhe gelassen werden.

»Klar, Jungs, macht nur weiter.«

Er parkte auf einem anderen Parkplatz und ging über den Hof zum Gebäude. Hinter sich hörte er noch, wie der eine Polizist fragte:

»Wer war *das* denn?«

»Der Chef«, antwortete der andere.

»Ach so!«, sagte der erste – und dann krochen sie wieder unter den Wagen.

Köberlein beschloss, dass er das einfach nicht gehört hatte, und ging nach oben in sein Büro. Es war noch kaum jemand da. Nur seine Sekretärin stand schon in der kleinen Küche und brühte Kaffee auf. ›Na also‹, dachte Köberlein, ›es wird doch ein guter Tag.‹ Seine Sekretärin hatte sogar schon Croissants mitgebracht, und als sich Köberlein mit der Kaffeekanne und dem Teller voller Hörnchen in sein Arbeitszimmer zurückzog, war er ein sehr zufriedener Mann. Er setzte sich, goss sich Kaffee ein und schlug die Zeitung auf. Er las immer nur den Lokalteil und die Kontaktanzeigen. Mit der Weltpolitik konnte er eigentlich nichts anfangen und Kultur, fand er, gehörte ins Museum. Er fand Kathrins Bericht, der tatsächlich fast ungekürzt abgedruckt worden war, und musste einmal sogar lächeln, obwohl ihm die vielen feinen Anspielungen auf die Literatur natürlich entgingen. Aber Kathrin hatte die Szene, in der die Ritter den Bürgermeister aus dem Raum zogen, sehr lebendig geschildert. Schade, dass keine Bilder dabei waren.

Er blätterte weiter zu den Kontaktanzeigen:

Verdorbene Studentin und einsame Hausfrau suchen reifen Mann zum Verwöhnen. Köberlein tastete nach einem Stift, als das Telefon klingelte.

»Ja, Köberlein.«

»Wir haben den Bürgermeister entführt«, sagte eine männliche Stimme.

»Is mir egal«, sagte Köberlein geistesabwesend und legte auf.

Wo war dieser dämliche Stift? Und was war überhaupt eine »verdorbene« Studentin? Er suchte auf seinem Schreibtisch, als allmählich die Worte des Anrufers in sein Gehirn einsickerten und sich dort zu einem sinnvollen Satz zusammenfanden.

Woher hatte der Mann die Nummer seines Arbeitszimmers? Er nahm den Hörer ab und rief zu seiner Sekretärin durch.

»Haben Sie eben jemanden in mein Zimmer durchgestellt?«

»Niemanden«, antwortete sie leicht beleidigt. »Sie wollten doch keine Anrufe.«

»Jaja, danke«, sagte Köberlein und legte wieder auf. Das war seltsam.

Das Telefon klingelte wieder. Köberlein nahm ab.

»Ja, Köberlein?«

»Geben Sie mir Ihren Chef, Sie Trottel. Wir haben den Bürgermeister entführt.«

»Ich bin der Chef und ich bin am Apparat. Wer sind Sie?«

»Der Entführer. Halten Sie jetzt mal die Klappe und hören Sie zu. Der Bürgermeister wird von uns gefangen gehalten, bis alle unsere Forderungen erfüllt worden sind. Falls das nicht binnen achtundvierzig Stunden geschieht, lassen wir ihn wieder … nee, stopp, was soll ich sagen, Boss? Ach ja. Falls das also nicht geschieht, erschießen wir ihn. Wir melden uns wieder, sobald Sie alles nachgeprüft haben.«

Es klickte. Köberlein stand da und fluchte leise vor sich hin. Es hatte ja so kommen müssen. Einmal, wenn er sich einen Tag schön machen wollte, passierte so was. Er zweifelte keinen Augenblick daran, dass der Anrufer die Wahrheit gesagt hatte, aber trotzdem ließ er sich die Ermittlungsabteilung geben und fragte nach. Ein paar kurze Telefonate später war alles klar. Seit gestern Morgen hatte niemand mehr den Bürgermeister gesehen. ›Toll‹, dachte Köberlein etwas später, als ein Trupp Spezialisten sein Telefon an einen Computer anschloss. ›Vielleicht hätte ich einfach so tun sollen, als hätte ich den Anruf nie gekriegt.‹

Hinterher war er immer schlauer.

Im Gegensatz zu den übrigen 99 Prozent der Menschheit lernt eine bedauernswerte Minderheit nur durch *nicht* erfüllte Wünsche dazu.

Ein neuer Tag dämmerte über den Dächern Nürnbergs herauf. Ein richtiger Januartag, blau, klirrend kalt und sehr gut dazu geeignet, ihn in einem angenehm warmen Bett zu verbringen, nachdem man sich die ganze Nacht mit einem Außerirdischen um die Ohren geschlagen hatte. Christoph war, nachdem er sich spätabends endlich dazu durchgerungen hatte, Gilead zu glauben, mit ihm aus dem Büro nach Hause gegangen. Vorsichtig hatte er die Tür geöffnet, festgestellt, dass sein Bruder offensichtlich mit Gisela verschwunden war, und sich mit Gilead in die Küche gesetzt. Nach dem dritten Bier hatte Gilead angefangen zu erzählen, nachdem er Christoph angeboten hatte, sich zu duzen. Christoph fand das in Ordnung, schließlich war Gilead der Ältere. Gilead hatte gerade begonnen, als Bébé zu ihnen stieß. Er kam von der Probe und war noch halb taub, akzeptierte Gilead aber sofort als Außerirdischen, der schon seit guten siebenhundert Jahren auf der Erde weilte. Christoph betrachtete seinen Freund neidvoll. Das schätzte er so an Bébé: Der ließ sich nie verblüffen. Wenn er sich entschlossen hatte, irgendetwas cool zu finden und es zu glauben, dann war es einfach wahr. Trotzdem musste Gilead noch einmal von vorne anfangen, damit Bébé alles mitbekam.

»Nachdem mich der Kaiser als Burggraf eingestellt hatte, zog ich also nach Nürnberg auf die Burg. Sehr schön. Kalt, zugig und das Essen war auch nicht besonders. Die Nürnberger waren am Anfang ziemlich widerspenstig, als sie einen neuen Burggrafen bekamen, der ein Auge auf sie haben sollte. Aber nach und nach haben sie sich an mich gewöhnt. Trotzdem waren das die ödesten Jahre meines Lebens, und das will etwas heißen. Mein schwachsinniger Pilot tauchte dann später auch auf. Er konnte sich viel besser anpassen als ich. Er hat ja ein ziemlich kindliches Gemüt und es machte ihm überhaupt nichts aus, jahrhundertelang immer die gleichen Späße zu treiben. Als ich ihn das erste Mal nach dem Absturz wiedersah, gab er sich gerade als Heiliger aus und nannte sich Sebald. Er erschreckte die Nürnberger mit kleinen Tricks und heilte ein paar Kranke mit der Bordapotheke. Daraufhin feierten sie ihn und bauten ihm eine Kirche. Die ganze Zeit behauptete er, ein dänischer Prinz zu sein, der ein ewiges Keuschheitsgelübde abgelegt hätte. Haha! Keuschheitsgelübde! Als er in den Reichswald gezogen war, um dort den Einsiedler zu spielen und sich mit Delikatessen vollzuschlagen, die ihm die Nürnberger jeden Tag hinausbrachten, spielte er fast jeden Abend mit dem Hologrammprojektor herum und zauberte einen Drachen in den Wald, der allwöchentlich eine Jungfrau forderte. Nicht zum Fressen, das kann ich euch sagen.«

Bébé unterbrach ihn interessiert: »Dieser Hologrammprojektor, ist der noch vorhanden?«

Christoph sah ihn strafend an: »Hast du nicht eine feste Beziehung zum Buchhandel, Junge? Was willst du mit Jungfrauen?«

Bébé antwortete eilig: »Nur für die Bühnenshow, natürlich. Ich stell mir das prima vor, so ein Drache über dem Publikum.«

Gilead grinste.

»Ja, klar. Für gute Zwecke leihe ich ihn gerne aus. Auf Siron gibt's die zu Tausenden.«

Er wurde ernster.

»Siron, ach ja. Na ja. Jedenfalls saß ich in Nürnberg fest und meine einzige Chance waren tatsächlich die Azteken, die damals gerade an der Entwicklung von Fluggeräten arbeiteten. Aber erstens hatte ich keine Ahnung, wo genau die Azteken ihre Flugzeugwerke hatten, und zweitens gab es definitiv keine Möglichkeit, nach Amerika zu gelangen. Selbst für einen Quasiunsterblichen ist es nicht gerade ein Spaß, durch Russland bis Sibirien zu wandern und dann die Beringstraße zu überqueren. Denn essen müssen wir ja doch, und zu essen gab's schon damals nichts. Außerdem ist es dort kalt.

Das wollte ich vermeiden. Also blieb mir nur, die Entwicklung der westlichen Welt ein bisschen zu forcieren. Unter meiner vorsichtigen Mithilfe entstanden im 15. Jahrhundert hier in Nürnberg die Ephemeriden, eine Art Kartenwerk des Mittelalters, das ich mehr oder weniger aus dem Kopf gezeichnet hatte. Später arbeitete ich dann auch mit Behaim zusammen. Seinen Globus im Germanischen Nationalmuseum habe ich gemacht. Schon mal gesehen?«

Bébé und Christoph schüttelten beide den Kopf.

»Na ja, egal. Schon ein, zwei Jahrhunderte vorher hatte ich das Gerücht ausgestreut, dass die Erde eine Kugel sei. Aber kein Aas hat darauf reagiert. Aber dann, endlich, kam hier ein Bote aus Portugal an, um sich ein Exemplar der Ephemeriden zu kaufen. Für einen gewissen Christoph Kolumbus. Ja. Und der entdeckte dann auch endlich Amerika. Das merkte ich aber erst zwanzig Jahre später, als sein Sohn nach Nürnberg kam, um Bücher zu kaufen, und ich mich mit ihm unterhielt. Ich hatte bisher immer nur vage gehört, dass jemand einen kürzeren Seeweg nach Indien entdeckt hätte. Und das interessierte mich kein bisschen. In der Zeit hatte ich außerdem gerade mächtige Probleme mit Ludwig dem Bayern, der sich ständig mit dem Papst herumstritt und hier alles durcheinanderbrachte. Irgendwie war ich mittlerweile schon so weit in die Politik geraten, dass ich einfach nicht mehr wegkonnte. Und außerdem hatte ich es allmählich fertiggebracht, mich ein bisschen wohlzufühlen, ein bisschen Kultur in die Stadt zu bringen und den Handel aufzufrischen. Karl IV. schaute dann ab und zu mal vorbei, und ich habe ihn darüber aufgeklärt, dass eine anständige Reichsverfassung genau das wäre, was er bräuchte. Und er dann: ›Ja, aber ich weiß nicht, das läuft doch alles ganz gut, und die Kurfürsten werden gar nicht glücklich sein, wenn ich ihnen alle Rechte nehme‹, und so weiter. Ich hatte ihm eine fantastische Verfassung geschrieben, aber er hat natürlich alles auseinandergenommen, die Hälfte gestrichen, völligen Blödsinn dazugeschrieben und das Ganze dann als Goldene Bulle veröffentlicht.«

Gilead machte eine Pause. Christoph stieß Bébé an und flüsterte nicht allzu leise: »Wovon spricht der Mann?«

»Von der Goldenen Bulle. Erstes Reichsgesetz. Du hast von Geschichte aber natürlich keine Ahnung«, antwortete Bébé, und zu Gilead gewandt: »Das ist abgefahren. *Du* hast die Goldene Bulle geschrieben? Irgendwie wird mir jetzt einiges klarer.«

»Na ja«, sagte Gilead, »sie war schon immer noch gut genug, damit die Nürnberger Karl eine Kirche auf dem Hauptmarkt gebaut haben. Und er war tatsächlich so klein und hässlich, wie man ihn da sehen kann.«

Er musste grinsen: »Für dieses Männleinlaufen, ihr wisst schon, diese sieben Kurfürsten, die mittags immer um den Kaiser herumschwenken, habe ich extra ein Uhrwerk erfunden. Aber gut. Irgendwann habe ich dann gesehen, dass Nürnberg einfach keine Zukunft hat, und als die Mark Brandenburg gerade mal frei war, habe ich meinen Aktenkoffer gepackt, ein paar interessante Handschriften aus dem Archiv mitgenommen, von denen anzunehmen war, dass sie irgendwann mal einen Haufen Geld wert sein würden, bin auf ein Pferd gestiegen und nach Preußen gezogen. Preußen gab es noch nicht, aber es hatte Zukunft. Auf lange Sicht war Preußen ein echter Entwicklungsmotor. Ich starb offiziell alle vierzig Jahre und präsentierte mich dann etwas aufgefrischt, leicht verändert und mit enormer Sachkenntnis dem jeweiligen König. Und es war nicht leicht, aus Preußen etwas zu machen«, sagte Gilead versonnen, »aber eine echte künstlerische Aufgabe. Nur Bismarck war öde. Mein Gott, wenn ich gewusst hätte, wie übel so ein Job sein kann, hätte ich ihn nie angenommen. Eigentlich war ich ganz zufrieden. Endlich hatte es angefangen, in Preußen von selbst weiterzulaufen. Ich hatte da schon seit langer Zeit ein Gut und versuchte gerade, anständigen Wein anzubauen und ab und zu in der Administration tätig zu sein, als sich dieser König auf einmal stur allem in den Weg stellte, was ich so geschickt eingefädelt hatte. Also musste ich wieder zurück. Zum Glück war dieser Bismarck als scharfer Hund bekannt und soeben bei einer Affäre mit einer Russin durch Herzinfarkt gestorben, deshalb konnte ich seinen Platz einnehmen und mich dem König anbieten. Fast dreißig Jahre lang habe ich dann alles in Ordnung gebracht und dachte mir: Prima. Die ersten Flugzeuge werden gebaut, in zehn Jahren haben sie Düsenantrieb, in dreißig Jahren bin ich weg. Wird Zeit, sich aus der Politik zurückzuziehen.

Wer konnte denn ahnen, dass diese Idioten Krieg anfangen? Und dann gleich noch einen?

Jedenfalls ist es ab dem 20. Jahrhundert gar nicht mehr so gut gelaufen. Vor allem hatte ich plötzlich keine Chance mehr, in die Politik zu kommen. Sachkompetenz war nicht mehr gefragt. Überhaupt nicht. Charisma wollten die Leute vor dem Zweiten Weltkrieg und jetzt wollen sie schlicht Dummheit. Nach dem Krieg war ich echt deprimiert. So richtig. Ich habe einfach nicht mehr geglaubt, dass ich noch mal von diesem Planeten wegkomme. Hier gibt es einfach keine logische Entwicklung. Gerade, wenn alles auf dem besten Weg zu sein scheint, passiert irgendetwas völlig Unerwartetes. Und das gibt es auf Siron schon seit Ewigkeiten nicht mehr. Aber auf der Erde ist überhaupt keine Langzeitplanung möglich, weil die Geschichte hier völlig unberechenbar verläuft. Auf diesem Planeten ist die historische Wissenschaft so was wie Alchimie bei uns.«

Christoph stieß Bébé grinsend an: »Siehst du? Ich bin doch sehr gut in Geschichte, ich bin nämlich Chaostheoretiker!«

»Musik allein ist wahres Chaos!«, behauptete Bébé würdevoll.

»Deine vielleicht«, sagte Christoph, und zu Gilead: »Okay, und dann?«

»Na ja, dann habe ich gedacht, ich mache einfach gar nichts mehr und schaue, was passiert. Vielleicht entwickelt sich die Welt von alleine ganz gut. Rein zufällig, sozusagen. Aber es hat nicht geklappt. Gerade als der Kalte Krieg zwischen Ost und West zu einer anständigen Raumfahrttechnik geführt hat, bricht diese blöde Sowjetunion zusammen. Bitte sehr: Geschichte ist Chaos. Zumindest auf dieser Welt.«

Bébé sah Christoph an. Christoph sah Bébé an. Beide sahen Gilead an.

»Vielleicht sollten Sie einfach ein Lied aus der Geschichte machen«, sagte Bébé.

»Hab ich schon«, sagte Gilead, »aber ich habe die Noten verloren. Und außerdem will ich einfach endlich zurück nach Siron. Meine Verbannung ist seit zweihundertfünfzig Jahren vorbei und die haben mir kein Taxi geschickt.«

»Vielleicht denken sie, dass du tot bist, wegen des Unfalls damals.«

»Vielleicht. Jedenfalls haben sie mich vergessen. Und deshalb bin ich bei euch.«

»Joaaa«, sagte Bébé gedehnt, »was sagst du denn, Christoph?«

»Bist du sehr in Eile, Gilead?«, fragte der und grinste. »Denn sonst könnten wir jetzt erst mal was trinken und du erzählst uns ein bisschen von Siron. Und morgen fangen wir dann an zu arbeiten, okay?«

»Okay!«, sagte Gilead, und dann hatten sie mit einem kleineren Besäufnis angefangen, das an eben diesem Morgen langsam zu Ende ging, weil die Beteiligten eingeschlafen waren.

Deshalb dauerte es bis zum Nachmittag, bis sie erfuhren, dass der Bürgermeister entführt worden war.

Ein neuer Tag dämmerte über den Dächern Nürnbergs herauf. Ein richtiger Januartag, blau, klirrend kalt und daher nicht sehr gut dazu geeignet, ihn in einer Wanne voll kalten Wassers zu verbringen, in dem man gerade zitternd aufgewacht ist. Kathrin wachte schlotternd auf, stieg schlotternd aus der Wanne, rieb sich schlotternd trocken, ließ bei Schüttelfrost das Wasser aus der Wanne und stieg noch einmal hinein, um sich eine halbe Stunde lang so heiß zu duschen, wie sie es nur ertragen konnte. Als sie danach herausstieg, war ihre Haut so rosig wie die eines Babys. Und so runzlig wie die eines dreißigjährigen Apfels. Kathrin zog sich hastig an und rannte das Treppenhaus hinunter, um sich die Zeitung zu holen. Wieder zurück machte sie Tee und schlug den Lokalteil auf. Ein langer, entzückter Seufzer entrang sich ihrer Brust. Sie hatten ihn gedruckt. Den ganzen Artikel. Eine halbe Seite!

Fröhlich vor sich hin niesend machte sich Kathrin daran, ein herrliches Frühstück herzurichten. Es war ein sonniger Tag und sie war sehr gut gelaunt. Vielleicht hatte sie nun endlich Erfolg, nachdem sie sich von Versager-Christoph getrennt hatte. Vielleicht war überhaupt immer er der Hemmschuh gewesen.

Na ja.

Das glaubte sie nun doch nicht.

Aber Erfolg hatte sie jetzt endlich!

Sie las den Artikel beim Frühstück viermal und entdeckte bei jedem Durchgang eine neue Feinheit, die ihr beim Schreiben gar nicht so recht zu Bewusstsein gekommen war. Dann beschloss sie, sich noch einmal ins Bett zu legen und ein bisschen Schlaf nachzuholen, denn so gut hatte sie in der Wanne dann doch nicht geschlafen.

Sie träumte gerade von Christoph, mit dem sie in einem seltsamen Gefährt in der Wüste unterwegs war, um mit ihm eine Bombe zu entschärfen, die wie verrückt klingelte, als sie endlich aufwachte und nach dem Telefon griff, das neben ihrem Bett auf dem Boden stand und läutete.

»…«, sagte sie. Offensichtlich hatte sie sich in der Badewanne endgültig erkältet. Ihre Stimme war jedenfalls so gut wie weg.

»Frau Gottsched«, sagte ein Mann am anderen Ende, »hallo?«

»…«, sagte Kathrin etwas lauter, was der Mann am anderen Ende offensichtlich richtig interpretierte.

»Köberlein hier. Ich bin der Polizeipräsident. Gestern ist der Bürgermeister entführt worden, und wir brauchen Sie für eine Zeugenaussage. Wie es aussieht, sind Sie die einzige, die den Entführer gesehen hat. Können Sie jetzt gleich ins Präsidium kommen?«

Kathrin krächzte etwas, das sich entfernt wie ein »Ja« anhörte und kroch aus dem Bett. Alles tat ihr weh und außerdem riss sie das Badschränkchen aus der Wand, als sie sich an ihm festhielt, um eine Halsschmerztablette zu suchen. Dann zog sie sich an. Plötzlich musste sie trotz ihres miesen Zustands grinsen. Was für eine lustige Idee, den Nürnberger Bürgermeister zu entführen! Dann wankte sie die Treppe hinunter und setzte sich in ihr Auto.

Selbstverständlich sprang es nicht an.

Ein neuer Tag dämmerte über den Dächern Nürnbergs herauf. Ein richtiger Januartag, blau, klirrend kalt und sehr gut dazu geeignet, ihn in einem dunklen, kalten und feuchten Keller zu verbringen.

Das fand jedenfalls Fernando Colon. Solange er das Dokument nicht hatte, sollte der Bürgermeister ruhig ein bisschen leiden. Er hatte auch gelitten. Spätestens ab dem Zeitpunkt, als ihm klar geworden war, dass er nicht wie alle seine Freunde dahinstarb. Pest?

Ja. Leider. Er hatte sie gehabt.

Und überlebt.

Pocken?

Überlebt. Zum Glück waren die Narben über die Jahrhunderte allmählich verschwunden.

Schnupfen?

Ungefähr tausendmal. Angeblich gab es bloß ein paar Hundert Virenstämme, gegen die man nach ein paar Hundert Schnupfen eigentlich immun sein sollte. Aber er persönlich kannte genau 1123 Virenstämme. Er hatte sie gezählt.

Vor allem aber hatte er mittlerweile vierhundert Jahre des Reisens hinter sich, immer auf der Suche nach dem Dokument, das er damals unseligerweise in Nürnberg gelassen hatte. Natürlich gab es eine rechtsgültige Kopie. Aber die war kurz nach ihrer Ausstellung zusammen mit der Bibliothek des Escorial verbrannt. Seitdem war er auf der Suche nach dem Original, das ihm sein Vater auf dem Sterbebett ausgehändigt und dabei den Schwur abgenommen hatte, es niemals aus der Hand zu geben. Aber er war damals jung gewesen, ein Schöngeist, der verächtlich auf die Händel der Welt hinabschaute. Seine Welt waren die Bücher!

›Was für ein Idiot ich gewesen bin‹, dachte Fernando zum ungezählten Mal, ›hätte ich doch bloß auf Papa gehört.‹

Er seufzte. Als ihm im Laufe der Zeit allmählich klar geworden war, was das Dokument bedeutete, und er außerdem festgestellt hatte, dass er offensichtlich unsterblich war, hatte er sich wieder nach Deutschland aufgemacht und war nach Nürnberg gekommen. Natürlich waren zu diesem Zeitpunkt die meisten Beteiligten schon tot, und er hatte mühsam Stück für Stück jedes Indiz gesammelt, das auf den Verbleib des Dokumentes hinweisen könnte. Unzähligen Spuren war er nachgereist: nach Italien, nach Spanien, nach Norwegen, viermal in die Neue Welt. Je besser die Verkehrsverbindungen wurden, desto mehr war er gereist, immer auf der Suche. Und mit ihm seine Gefährten, die damals auf dem allerersten Heimweg von Nürnberg mit ihm über diesen zugefrorenen See in Schwaben geritten waren.

»Klar hält das Eis, Jungs«, hatte er damals gesagt. Und dann waren sie alle zusammen eingebrochen und so schnell untergegangen, dass sie nicht einmal ein Vaterunser beten konnten. Aber als sie später aufgewacht waren, hatten sie gemerkt, dass sie *unter* Wasser auf den Trümmern einer seltsam glitzernden Maschine lagen und atmen konnten. Ja.

Schön.

Sie waren blau aus dem See geklettert, waren auf die Knie gefallen und hatten der Heiligen Jungfrau für ihre Rettung gedankt. Und dann waren sie nach Portugal weitergezogen. Erst gut vierzig Jahre später war der erste seiner damaligen Kameraden wieder bei ihm aufgetaucht und hatte ihn seltsam angesehen.

»Du lebst also auch noch!«

Da hatten sie herausgefunden, dass sie offenbar unsterblich waren – und sich zusammengetan, um das Dokument zu suchen. Mittlerweile kamen sie sich schon fast vor wie die Ritter der Tafelrunde auf der Suche nach dem Gral. Bis auf die Kleinigkeit, dass Fernando und seine Gefährten schon unsterblich waren, und Fernandos Dokument ungefähr zehntausendmal so viel wert war wie der Gral. Vorsichtig geschätzt.

Und deshalb stand Fernando jetzt in einer Vierzimmerwohnung in Gostenhof und schaute in den Tag hinaus. Unten im Keller lag der Bürgermeister. Gerade hatte Colon zum zweiten Mal im Präsidium angerufen und diesmal offenbar keinen kompletten Idioten am Apparat gehabt, sondern den Polizeichef. Jetzt würde man ja sehen, ob das Dokument nicht endlich auftauchen würde.

Für die restlichen Nürnberger war der Tag zwar auch blau und kalt, aber nicht im mindesten so spannend.

Das kam erst noch.

13

Bébé und Christoph schliefen den Schlaf der sehr Betrunkenen. Zum Ende hin hatte sich die Diskussion mit Gilead dahin gehend entwickelt, dass sie sich über Gileads sironische Herkunft einig waren und Bébé dann trotz aller Proteste Gileads darauf bestanden hatte, ihn in die irdischen Alkoholika einzuführen. Es hatte nichts genützt, dass Christoph bemerkt hatte, Gilead sei immerhin schon fast sieben- oder achthundert Jahre hier. Oder noch länger, wie Gilead selbst hinzugefügt hatte. Es musste getrunken werden.

Gilead hingegen saß in einem Sessel und träumte vor sich hin. Seit ziemlich langer Zeit, um genau zu sein seit seiner Verbannung, hatte er das erste Mal das Gefühl, Leute kennengelernt zu haben, die ihm zwar nicht helfen konnten, die aber spaßig genug waren, um es noch eine Zeit lang auf dem Planeten aushalten zu können. Er betrachtete die beiden Schlafenden. Bébé war nicht eben groß und hatte helle Augen, in denen Freunde ziemlich grenzenloses Verständnis finden konnten. Und Gilead war Bébé sehr sympathisch gewesen – schon bevor sie an den Schnaps gegangen waren. Bébé war eben ein Künstler. Später in der Nacht hatte er Gilead ein bisschen auf seiner Gitarre vorgeklimpert, wie er das nannte. Gilead, selbst Künstler genug, um ein wenig von Musik zu verstehen, hatte es großartig gefallen. Man merkte Bébés Musik an, fand Gilead, dass er sich nicht darauf festgelegt hatte, die Welt so zu sehen, wie sie nach allgemeiner Ansicht war. Für Bébé war das Ganze eine Sache des Blickwinkels und er wechselte deshalb ganz gerne den Standpunkt. Was – wie Gilead nachdenklich bemerkte – weder bei Sironen noch bei Terranern eine häufig anzutreffende

Eigenschaft war. Und Christoph, tja. Da lag die Sache anders. Er war sympathisch. Gilead merkte, dass er Bébé um Christophs Freundschaft ein wenig beneidete. Christoph hatte wohl nicht allzu viele Freunde, aber die … Es hatte lange Stunden gekostet, ihn zu überzeugen, und immer noch fand Gilead, dass im Gesicht des Schlafenden eine skeptische Linie war. Christoph *wollte* gerne alles glauben, was Gilead erzählt hatte, weil es romantisch und abenteuerlich war. Aber sein Physikerverstand war ihm im Wege. ›Wenn es so ist, wie du sagst‹, war einer seiner häufigsten Einwände gewesen, ›wieso ist dann …‹, und so weiter. Gilead war aber kein Techniker und schon gar kein Wissenschaftler. Gilead konnte nicht einmal einen Scooter anständig landen. Deshalb konnte er Christoph auch oft nur antworten, dass es eben einfach funktionierte. Und das reichte Christoph nicht. Nur weil Bébé Gilead ohne Weiteres Glauben geschenkt hatte, ließ sich Christoph allmählich überzeugen. Immerhin. Nun hatte er schon eine nette Crew zusammen: einen arbeitslosen Physiker und einen verkannten Rockmusiker. ›Sehr gute Voraussetzungen, um die Entwicklung der Raumfahrt voranzutreiben‹, dachte Gilead grinsend, ›wenn man an die Chaostheorie glaubt.‹

Dann sollten sie doch später mal einen Plan entwerfen.

Ein paar Straßen weiter, in Gostenhof, keuchte ein fetter Hausmeister die Treppen in den vierten Stock hoch, besah sich die Türschilder und klingelte schließlich widerlich lange an einer ziemlich unscheinbaren Tür. Als sich dahinter nichts tat, begann er, den Knopf rhythmisch zu betätigen, was einen netten Stakkato-Effekt erzeugte, der jedem normalen Menschen an den Nerven zerren musste. Und als er zu Atem gekommen war, donnerte der Hausmeister noch mit der freien Hand gegen die Tür und rief: »Hallo! Hallo! Hallo!«

In der Wohnung saßen mehrere Männer in einem erstaunlich

prachtvollen Wohnzimmer. Salon hätte es besser getroffen, aber wenn man in Gostenhof, dem miesesten Viertel von Nürnberg, von Salon spricht, dann schreien einem die Leute: »Selber, du Drecksack!« nach. Colon gab einem seiner Männer einen Wink. Der stand von einem kostbaren Sofa auf und ging durch den Flur zur Tür.

Sie alle waren schon beim Archiv gewesen. Viele Male. Und wenn sie auch immer erfolglos geblieben waren – in Bezug auf Lebenserfahrung waren sie um einiges reicher geworden. Esteban öffnete die Tür, sah über die Schulter des Hausmeisters ins Leere und fragte tonlos: »Ja?«

Für einen Augenblick war der Hausmeister sprachlos. Dieses tonlose, unendlich gelangweilte und arrogante ›Ja?‹ wirkte immer. Esteban freute sich. Schließlich hatte der Hausmeister die unglaubliche Frechheit überwunden und schrie los: »Hey! Ist das euer Bus da unten in der Einfahrt? Da ist Parken verboten. Verstehst du? Verboten!«

Esteban sah an ihm vorbei. Er hatte das lange geübt und war nach einiger Zeit darauf gekommen, dass der Blick am irritierendsten wirkte, wenn man sich auf der Schulter des Gegenübers einen schwarzen Raben vorstellte.

»Sind Sie angemeldet?«, fragte er.

Der Hausmeister raste. Esteban betrachtete interessiert die linke Stirnader und fragte sich, ob sie wohl platzen würde, wenn er jetzt sagte, dass sie Inventur machten. Er verzichtete zunächst darauf, obwohl ihn das Experiment sehr reizte. Als extrem Langlebiger neigt man dazu, gewisse körperliche Verfallserscheinungen bei anderen nur noch mit einem akademischen Interesse zu betrachten.

»Hör zu, du Scheißitaker!«, schrie der Hausmeister, knallrot im Gesicht. »Fahr das Auto weg. Verstanden? Fahr sofort die Karre weg, oder ich hol die Bullen.«

Esteban sagte sanft: »Das ist aber keine Einfahrt. Man kann

nicht in den Hof fahren, also versperrt der Wagen auch keine Einfahrt.«

»Ich hab extra ein Schild ›Parken verboten‹ hingemacht«, schrie der Hausmeister, »damit …«

»… damit Sie immer einen freien Parkplatz haben«, ergänzte Esteban lächelnd, »und nun ist der freie Parkplatz besetzt. Ach, ist das schade! Wollte das Hausmeisterlein seinen Hutzli-Putzli-Opel dort parken? Und plötzlich war der Parkplatz besetzt? O je, o je. Wie schade!«

Esteban sprach perfekt Deutsch, und er war stolz darauf, stets den angemessenen Ton zu finden, was in einer fremden Sprache nicht leicht ist. Nun betrachtete er interessiert die Stirnader, deren Fassungsvermögen an Blut seiner Ansicht nach bereits überschritten war.

Der Hausmeister würgte. Seit er in Gostenhof lebte, hatte er schon mit vielen Leuten zu tun gehabt. Und er war oft – nicht immer, aber oft – als Sieger aus derartigen Auseinandersetzungen hervorgegangen. Seit er Hausmeister in diesem Haus war, hatte ihm noch nie jemand seinen Parkplatz vor der Einfahrt streitig gemacht. Und nun kam dieser dreckige Itaker und wollte ihn austricksen.

»Du Drecksau!«, stieß er hervor. »Du Stück Ausländerscheiße, warte nur, jetzt hol ich die Bullen.«

Er drehte sich um und wollte die Treppe hinuntergehen.

Von innen rief Fernando etwas auf Spanisch. Esteban lauschte kurz, dann wechselte er plötzlich den Tonfall. Er konnte das perfekt. Unglaublich sanft und nachgiebig sagte er: »Kommen Sie, das war doch nur Spaß. Der Chef sagt, dass wir natürlich das Auto wegfahren. Ist doch Ihr Parkplatz. Ich wusste das nicht!«, log er geschmeidig. »Warten Sie nur einen Augenblick, ich hole die Schlüssel.«

Der Hausmeister hatte plötzlich Oberwasser bekommen, ganz unvermutet. Aber so gehörte sich das wohl auch.

»Aber ein bisschen plötzlich, ja?«, sagte er frech.

Esteban nickte, dann ging er in das Wohnzimmer zurück. Der Hausmeister sah, wie Esteban kurz mit Fernando sprach, wie dieser nickte und Esteban wieder zurückkam. Als sie gemeinsam die Treppen hinuntergingen, langsam, weil der Hausmeister wirklich fett war und an jedem Absatz eine Pause einlegen musste, plauderte Esteban auf ihn ein: »Wissen Sie, ich bin gar kein Italiener. Ich bin Spanier.«

Man konnte nicht sagen, dass der Hausmeister ein lebhaftes Interesse an Estebans Herkunft zeigte. Für ihn begann der Balkan in München und alles, was dahinter hervorkroch und nach Nürnberg kam, war Ausländer. Esteban fuhr unbeeindruckt fort: »Ja, um genau zu sein, komme ich aus Toledo. Sagt Ihnen Toledo etwas?«

Er hätte ihn auch fragen können, ob er von der Relativitätstheorie etwas verstand. Sie gingen weiter. Der Hausmeister schnaufte. Man hatte den Eindruck, selbst der Atem, den der Mann ausstieß, sei irgendwie fettig. Esteban fuhr fort: »In Toledo wurde früher der beste Stahl der Welt hergestellt. Fantastische Degen. Gingen durch Holz wie durch Butter. Die besten Degenschmiede kamen aus Toledo. Mein Vater war zufällig Waffenschmied.«

Der Hausmeister keuchte etwas, das Esteban vorsätzlich als Ermunterung missverstand, worauf er mit seiner Erzählung weitermachte:

»Ich bin auch Waffenschmied. Seit ich 16 bin, schmiede ich Degen.«

Esteban hielt es für überflüssig zu erwähnen, dass dieser Geburtstag mehr als vierhundert Jahre zurücklag.

»Ich habe dann auch einen speziellen Stahl entwickelt. Leider nicht mehr in Toledo, ich musste ja dann mit meinem Boss umziehen. Aber, wie sagen Sie hier immer: ›Wo ein Wille ist, ist auch ein Weg.‹ Ich habe hier eine Werkstatt gefunden und weiter Degen geschmiedet. Und den Stahl entwickelt. Einen ganz hervorragenden Stahl.«

Der Hausmeister hatte endlich das Parterre erreicht. Sie gingen durch den Hof.

»Eigentlich ist das gar kein echter Stahl mehr. Es ist eher eine monomolekulare Legierung. Wollen Sie mal sehen?«

Sie waren auf die Straße hinausgetreten. Da stand Fernandos Kleinbus in der Einfahrt und daneben parkte in zweiter Reihe der Opel des Hausmeisters mit eingeschalteter Warnblinkanlage. Eine lange Reihe von Autos staute sich dahinter in der engen Straße und ab und zu hupte jemand zaghaft, was der Hausmeister nur mit einem verächtlichen Blick und einer obszönen Handbewegung bedachte. Esteban zog einen Degen aus seiner langen Jacke.

»Sehen Sie«, sagte er liebevoll zum Hausmeister, »das ist mein Degen!«

Ein klein wenig Interesse erschien in den tief liegenden Augen des Mannes. Der Degen glänzte so sehr und war so schmal, dass er aussah, als bestünde er aus Licht. Der Hausmeister wollte danach greifen, aber Esteban hob den Degen und sagte: »Vorsicht, sehr scharf!« Er begleitete den Hausmeister zu seinem Opel.

»Schönen Wagen haben Sie da«, sagte er bewundernd.

»Ja!«, blubberte der Hausmeister und wollte seinen fetten Körper in den Wagen zwängen.

»Einen Augenblick noch«, hielt ihn Esteban zurück. »Werfen Sie doch noch einmal einen Blick auf meinen Degen.«

Der Hausmeister sah Esteban wohl oder übel zu. Der hob den Degen, stellte sich hinter das Auto und senkte ihn leicht, bis er fast das Dach des Wagens berührte.

»Hey!«, schrie der Hausmeister. »Mach mir keinen Kratzer, Itaker!«

»Spanier«, berichtigte Esteban sanft und führte den Degen

durch die Länge des Wagens bis zum Boden. Mit einem erstaunlichen Satz war der Hausmeister neben ihm, holte trotz seiner Chancenlosigkeit aus und wollte gerade zuschlagen, als er sah, dass das Dach unverletzt war. »Ein Trick«, murmelte er unsicher und ließ die Faust sinken, »wie in *Krieg der Sterne*.«

»Ja«, sagte Esteban, stellte sich an die Seite des Opels und ließ den Degen lässig mit einer Hand durch die Breitseite der Karosserie sinken, »ein Trick.«

Er verbarg den Degen wieder in seinem Mantel, stieg in den Kleinbus und fuhr ihn vier Meter vor. Der Hausmeister schloss seine Finger um den Türgriff seines Opels, woraufhin der Wagen in vier exakt gleiche Teile zerfiel.

»Vorsprung durch Technik!«, murmelte Esteban, als er, vom Applaus der Autofahrer in dem langen Stau umtost, wieder nach oben ging und sich beiläufig fragte, ob die Stirnader *das* aushalten würde.

Im Polizeipräsidium saß Köberlein hinter seinem Schreibtisch und stützte den Kopf in die Hände. In diesem Zimmer war viel zu viel los. Es gab zu viele Menschen hier. Und zu viele laute Gespräche. Er blickte sehnsüchtig durch die Finger auf seinen Teller mit Croissants, die noch immer unberührt dalagen und einen vorwurfsvollen Eindruck machten.

»Entschuldigen Sie«, sagte ein Tontechniker, »könnten Sie eben aufstehen, ich muss dieses Kabel hier durch ...«

Köberlein stand auf. Er holte tief Atem und schrie: »Ruhe!«

Es wurde still. Etwa fünfzehn Gesichter drehten sich erstaunt zu ihm um.

»Ich will wissen, wer das Fernsehen benachrichtigt hat!«, sagte Köberlein. »Und wer immer es war, geht die nächsten zwei Wochen auf Streife. Das hier ist eine interne Besprechung. Alle raus, bis auf Frau Gottsched und die Telefontechniker.«

Kein Mensch rührte sich. Die Gespräche wurden wieder

aufgenommen, zwischendurch klingelte das Telefon, aber keiner ging ran. Köberlein hatte wieder dieses komische Gefühl, das er immer bekam, wenn seine Mutter ihn ansah und kopfschüttelnd sagte: »Junge, wer ist nur auf die Idee gekommen, dich zum Polizeichef zu machen.«

Er kam hinter seinem Schreibtisch hervor und ging auf die Journalistin zu, die etwas verloren herumstand.

»Kommen Sie mit«, sagte Köberlein, »wir suchen uns ein ruhiges Büro.«

Sie gingen in ein angrenzendes Zimmer und Köberlein schloss die Tür.

»So«, sagte er, »jetzt erzählen Sie mal, was gestern überhaupt los war. Und sagen Sie bloß nicht, dass es genau so war wie in Ihrem Artikel. Ich will wissen, wer diese Typen waren und warum keiner dem Bürgermeister geholfen hat.«

»…«, sagte Kathrin, die eine halbe Stunde in der frostigen Januarluft auf den Bus gewartet hatte und noch immer auf der Suche nach den Resten ihrer Stimme war. Sie setzte noch einmal an, aber da war wirklich ein fetter Ochsenfrosch in ihrem Hals, der anscheinend samt Mobiliar eingezogen war. Sie räusperte sich lautstark. Der Frosch bekam einen Herzinfarkt und der Polizeichef schrak ziemlich zusammen.

»Tun Sie das nicht wieder«, bat er. »Das hört sich nicht gut an.«

»Ich kann ja auch wieder gehen«, krächzte Kathrin giftig zurück.

»Nein, nein, es war nicht so gemeint. Erzählen Sie einfach.«

Kathrin erzählte. Obwohl sie heiser war, erzählte sie lebendig, und Köberleins Mundwinkel zuckten, als Kathrin die Sache mit den Herzchen auf der Unterhose ausmalte und beschrieb, wie der Bürgermeister mit seinem Schnurrbart im Visier des Anführers hängen geblieben war und vergeblich versucht hatte, sich zu befreien.

»Und außerdem ist das alles auf den Fotos«, sagte sie zum Schluss.

»Wie war das?«, fragte Köberlein. »Sie haben die Entführer fotografiert? Wieso sagen Sie das nicht gleich?«

»Ich dachte, Sie wüssten das längst«, antwortete Kathrin.

Köberlein war schon aufgesprungen, und zwei Minuten später saßen sie in einem Streifenwagen zum Pressehaus. Der Fahrer beschwerte sich bitter bei Kathrin, dass jetzt kein Mensch bei seinem Wagen wäre, den er eben auseinandergenommen hatte, und dass man ja wüsste, wie viele Diebe es unter Polizisten gäbe.

Im Pressehaus angekommen, fuhren sie sofort hoch zu Kathrins Büro. Ja, da lagen die Bilder noch. Köberlein nahm sie in die Hand. Dann zuckte es in seinem Gesicht.

»Das«, sagte er glucksend, »war die Entführung fast wert.«

Und dann begann hektische Aktivität. Kathrins Bilder wurden vervielfältigt und an alle Dienststellen geschickt, sie selbst wurde verhört und noch einmal verhört, und als alle nur noch auf einen Anruf des Entführers warteten, wurde sie ein drittes Mal verhört. Da ging es allerdings schon kaum mehr um den Bürgermeister, sondern eher um ihr Privatleben, das der junge Polizist mit den ölverschmierten Händen genauer erforschen wollte. Und ob sie schon einmal mit 80 Sachen durch die Fußgängerzone gebrettert sei. Er würde sie gerne einmal einladen, samstagmorgens oder so. Kathrin erwog kurz, die journalistische Methode der verbalen Ohrfeige anzuwenden, zog dann jedoch einen kräftigen Tritt gegen das Schienbein des Polizisten vor. Das Telefon klingelte. Köberlein verschluckte sich an einem Stück altbackenem Croissant und hob ab.

»Ja, Köberlein.«

Dann nickte er. Nickte noch einmal. Nickte wieder. Dann sah er erstaunt auf Kathrin und winkte ihr zu. Sie kam näher. Köberlein hielt die Sprechmuschel zu.

»Er will mit Ihnen sprechen«, sagte er und hielt ihr den Hörer hin. »Halten Sie ihn hin!«

Kathrin nahm den Hörer und sagte zögernd: »Ja?«

Die Stimme des Entführers meldete sich. »Sie sind doch die reizende Journalistin, die mich fotografiert hat, nicht wahr? Teilen Sie dem Herrn Polizeipräsidenten mit, dass ich nur noch mit Ihnen zu sprechen wünsche. Ich rufe Sie in einer halben Stunde wieder an, aber jetzt bin ich etwas in Eile.«

Er zögerte einen Augenblick, dann fügte er noch hinzu: »Für eine Deutsche sind Sie recht hübsch«, und legte auf.

Kathrin ließ den Hörer sinken.

»Zu kurz«, sagte Köberlein resigniert, »natürlich wieder zu kurz.«

Von hinten meldete sich eine Stimme: »Wir haben's, Chef! Ein Privatanschluss in Gostenhof.«

»Natürlich«, sagte Köberlein matt, »es klappt ja nie … Wie war das? Sie haben's? Los, los, los!«, schrie er und alles raste los. Nur Kathrin blieb im Zimmer zurück. Allein.

Und heiser, schrecklich erkältet und furchtbar zerschlagen.

Sie setzte sich auf Köberleins Sessel. Das Telefon klingelte wieder. Sie nahm ab.

»So«, sagte der Mann am anderen Ende, »jetzt geht's wieder. Würden Sie heute Abend eventuell mit mir essen gehen?«
Eines der Hauptprobleme der Einsatzkolonne der Nürnberger Polizei lag darin, dass die Austraße, in der sich die Wohnung des Entführers befand, durch einen unendlich langen Stau blockiert wurde, an dessen Ende die Polizisten ein gevierteiltes Auto fanden.

Ein weiteres Problem war, dass ein kleiner, schmieriger und fetter Mann mittels eines halben (im wörtlichen Sinne) Kanisters Benzin die Wohnung des Entführers angezündet und somit sämtliche Spuren vernichtet hatte, die vielleicht in den Zimmern gewesen wären. Nur ein Zettel hing noch an der Tür:

»Wir machen Inventur. Kommen Sie nächste Woche wieder.«

Köberlein, der sonst nicht zu Überreaktionen neigte, gab Befehl, den Hausmeister wegen Beihilfe zu verschiedenen Straftaten zu verhaften, und ermunterte die Beamten, bei der Verhaftung nicht zimperlich zu sein.

Im Keller hätten die Beamten eine mit vielen roten Herzchen verzierte Unterhose gefunden, denn Fernando war vielleicht Ausländer, aber kein Unmensch. Er hatte dem Bürgermeister Wäsche zum Wechseln mitgebracht. Nette Wäsche.

Im Keller aber suchte kein Mensch.

14

Das Adjektiv, das Christoph beim Aufwachen durch den Kopf schwirrte, war »unmöglich«. Vor allem der Umlaut verhakte sich immer in den Kurven der Ganglien und verursachte rasende Kopfschmerzen. Es war auf der Suche nach einem Hauptwort. Christoph wollte es dabei nicht stören, er wollte schlafen. Aber das »Unmöglich« machte einen schrecklichen Lärm bei seiner Suche. Christoph bot »Schnapsmenge«, »Außerirdischer« und »Langlebigkeit« an, aber das Adjektiv zischte nur böse. Christoph machte seufzend die Augen auf. Bébé lag neben ihm auf dem Boden. Aus irgendeiner Küche drang Lärm. Christoph erbleichte. Womöglich war er in einer Zeitschleife gefangen. Er bot dem Adjektiv »Déjà-vu« an, kam aber zu einem schmerzlich negativen Ergebnis. Auf dem Weg zum Klo merkte er, dass er zumindest in seiner eigenen Wohnung war. Als er an der Küche vorbeikam, machte er Halt. Er zögerte. Dann nahm er seinen Mut zusammen und klinkte, auf alles gefasst, die Türe auf.

»Na«, sagte Gilead, der in irgendwelchen Töpfen herumrührte, »wieder fit?«

»Klo?«, krächzte Christoph und musste grinsen.

»Wie?«, fragte Gilead verblüfft.

»Nichts«, antwortete Christoph, »ich finde es schon alleine.«

Als er zurückkam, saßen Bébé und Gilead am Tisch, und Gilead versuchte, Bébé davon zu überzeugen, den Inhalt des Glases zu trinken, das er vor ihn hingestellt hatte. Bébé konnte zwar die Augen noch nicht öffnen, behauptete aber, dass allein der Geruch schon ausreichen würde, um ihn zu überzeugen, dass dieses Getränk keine Erfahrung war, die er in seiner Sammlung brauchte.

Christoph setzte sich.

»Was ist das?«, fragte er Gilead.

»Ein Antidot«, sagte der.

»Nicht doch«, stöhnte Christoph, »ich ertrage ein Déjà-vu ganz gut, aber nicht in vielen kleinen Einzelstücken.«

»Was?«, fragte Gilead verständnislos und sprach weiter: »Das hier ist die Essenz von über fünfhundert Jahren irdischer Katererfahrungen. Trink das und die Kaffeeindustrie geht bankrott.«

Todesmutig nahm Christoph das Glas. Es roch wirklich nicht gut. Er trank einen großen Schluck.

Knapp fünf Minuten später sagte Bébé, der gespannt zugesehen hatte, zu welchen spontanen Farbwechseln das menschliche Gesicht fähig ist: »Der Lorbeerkranz Cäsars.«

»Was?«, keuchte Christoph, der auf seinen Stuhl gefallen war. »Redest du irre?«

»Ich weiß, was er meint«, grinste Gilead, »eines der besseren irdischen Literaturerzeugnisse der letzten zweihundert Jahre. Um die Wahrheit zu sagen, habe ich das Rezept genau befolgt.«

»Offensichtlich hilft es«, sagte Bébé interessiert, denn er sah, wie Christophs Augen zu glänzen begannen und er sich sichtlich entspannte.

»Doch zu welchem Preis!«, fügte er nachdenklich hinzu und schüttete todesmutig den Rest des Glases in sich hinein. Auch er machte mehrere spontane Mutationen durch, die aber ebenfalls in wohliger Nüchternheit endeten. Gilead grinste.

»Und jetzt wollen wir wohl an die Arbeit gehen, nicht wahr?«

Christoph schüttelte den Kopf, als ihm endlich einfiel, was unmöglich war: Personentransmission. Beamen. Teleportation.

»Jetzt«, sagte er, »gehen wir das Ganze noch einmal von vorne durch.«

Gilead und Bébé sahen sich an und seufzten. Bébé wandte sich ab und schaltete den Fernseher ein, während Gilead sich zu Christoph setzte und sagte: »Also, was willst du wissen?«

Einige Zeit später saßen sich die beiden erschöpft gegenüber.

»Das ist, als würde ich einen Passagier im Zug fragen, wie eine Lok aufgebaut ist, wie man Schienen herstellt und wie elektrischer Strom erzeugt wird«, sagte Christoph etwas angewidert. »Weißt du eigentlich gar nichts?«

Gilead zuckte die Schultern: »Frag mich was über die blaue Periode in den spätarchaischen Bildern von Luap Eelk.«

»Jaja, schon gut«, sagte Christoph und starrte über Bébés Schulter hinweg auf den Bildschirm. Er dachte nach. Gilead, der die Unterhaltung fürs Erste als beendet betrachtete, setzte sich zu Bébé auf das Sofa. Plötzlich horchten alle drei auf und machten: »Pssst!«

»Hey, das ist ja Kathrin«, sagte Bébé.

»Klappe«, antwortete Christoph, »ich will zuhören.«

Der Sprecher berichtete von der Entführung des Bürgermeisters. Ein kurzes Interview mit Kathrin wurde eingeblendet, in dem sie von den Geschehnissen auf der Burg berichtete. Christoph war etwas bleicher geworden. Aber nicht so bleich wie Gilead, als das Bild des Entführers eingeblendet und die Bevölkerung um Mithilfe bei der Aufklärung gebeten wurde.

»Das«, sagte Gilead schwach, »ist Fernando Colon. Und ich weiß, was er will. Was für ein Schiet!«

Gilead hatte ja lange im Norden gelebt, deshalb sprach er manchmal so.

15

Die Kerzen auf dem Tisch flackerten ein wenig, als der Kellner Kathrin zu ihrem Platz führte.

Ja, führte. Diese Art Restaurant war das. Das hatte nicht einmal seine Sterne an der Tür, weil dafür kein Platz mehr war vor lauter Speisekarte. Eigentlich nur für Touristen – im Burgviertel. Kathrin setzte sich nervös. Wenn der Entführer irgendwelchen Blödsinn vorhatte, würde er sie wohl kaum in ein Restaurant bitten. Er war sehr höflich gewesen, dieser Mann. Und sie hatte – warum, wusste sie nicht – eingewilligt, ihn zu treffen. Zu Köberlein hatte sie nichts gesagt. Niemand wusste, dass sie hier war. Wieder durchfuhr sie ein kleiner Schrecken.

Aber dann stand schon der Entführer an ihrem Tisch.

»Guten Abend«, sagte er höflich. »Darf ich mich setzen?«

Kathrin wies auf den Platz ihr gegenüber. Er sah gut aus, fand sie; stolz und ein bisschen herrisch vielleicht, aber andererseits auch ziemlich verständnisvoll. Auf alle Fälle interessant.

»Und?«, fragte sie kurz. »Wer sind Sie?«

Der Mann erhob sich noch einmal und verbeugte sich leicht: »Don Fernando Colon, meine Dame, und wenn Sie den Namen nicht kennen, schlagen Sie ihn zu Hause im Lex–«

Kathrin unterbrach ihn.

»Nicht *der* Fernando Colon? Sind Sie verwandt mit Cristoforo Colon?«

»Ja«, sagte Fernando halb erstaunt, halb erfreut. »Cristoforo Colon, oder Christoph Columbus, wie man hier sagt.«

Er machte eine kleine Pause. Jetzt kam der schwierige Teil. Er schluckte. Bis jetzt hatte es noch nie geklappt, wenn er den Leuten nicht sein Schwert unter die Nase gehalten hatte.

»Mein Vater.«

»Das hab ich jetzt nicht gehört«, sagte Kathrin. »Wie war das?«

»Mein Vater«, knirschte Fernando, »und nicht so laut, bitte.«

»Sie sind bekloppt«, sagte Kathrin und wollte aufstehen. Fernando hielt sie zurück.

»Lassen Sie mich doch wenigstens erzählen, ja? Geben Sie mir eine Chance, okay? Sie sind doch Journalistin, oder? Das hier ist die größte Story, die Sie je haben werden.«

»Der größte Blödsinn, den ich je hören werde«, sagte Kathrin, fast schon erweicht.

»Aber immerhin bei einem hervorragenden Essen«, sagte Fernando gewinnend – und Kathrin setzte sich wieder.

»Also gut«, sagte sie, »dann fangen Sie mal an.«

Fernando fing an.

»Sie glauben mir?«, fragte Fernando ungläubig. Sie hatten das Dessert schon lange hinter sich. Der Raum war inzwischen ziemlich leer und Fernando und Kathrin waren bei der dritten Flasche Wein.

»Ich glaube alles«, verkündete Kathrin leicht angeheitert. »Nur weiß ich immer noch nicht, warum Sie den Bürgermeister entführt haben.«

»Schschsch!«, machte Fernando. »Dazu komme ich ja gerade: Ich war damals noch jung. Dass mein Vater so berühmt war, kotzte mich an, weil ich genau wusste, dass er überhaupt nichts Besonderes getan hatte, außer sich als Erster die Karten einmal richtig anzusehen. Eigentlich wollte ich gar nichts mehr mit ihm zu tun haben. Und als er gestorben war, ging ich zunächst auf Wanderschaft durch Europa. Ich bin nämlich ein echter Bibliophiler.«

»Pfui!«, sagte Kathrin schläfrig. »Und weiter?«

»Ja. Dann kam ich nach Nürnberg. Und die hatten Bücher

hier, unglaublich. Lauter Besonderheiten. Lauter wunderschöne Drucke. Ich bestellte und kaufte und ließ mir kistenweise Bücher ins Haus schicken.

Bis die Rechnungen kamen. Da wurde mir dann auf einmal klar, dass ich definitiv nicht genug Geld hatte, denn das lag alles in Spanien und Venedig. Von den Buchhändlern akzeptierte aber keiner meine Wechsel bei der Banka Rotta in Italien. Der bargeldlose Geldverkehr ist ja noch nicht mal heute in ganz Nürnberg möglich.«

Kathrin sah zur Sicherheit in ihrem Portemonnaie nach. Nein. Sie hatte nicht genug Geld dabei, falls Colon nicht bezahlen konnte. Das konnte ja heiter werden.

»Also habe ich denen zur Sicherheit ein Dokument dagelassen und bin losgezogen, um mir möglichst schnell Geld zu besorgen. Als ich aber nach achtzehn Tagen mein Geld per reitendem Boten von Venedig erhalten hatte, war mein Dokument weg. Die Buchhändler behaupteten, ich sei zu spät und der Burggraf hätte es ihnen abgekauft. Wie es das Schicksal will, starb der Burggraf überraschend, bevor ich ihn aufsuchen konnte. Und in seinem Nachlass fand sich mein Dokument leider nicht. Er musste es ins Archiv geschafft haben. Und ins Archiv, meine Liebe, kommt nicht einmal der Teufel persönlich, wenn er sich nicht angemeldet hat.

Ja. Und dann musste ich unverrichteter Dinge abziehen, und es ist die Sache mit dem See passiert, und ich bin seitdem unsterblich. Schön, gell?«

Kathrin sah ihn mit glasigen Augen an. Die Erkältung und der Wein nach dem opulenten Essen taten ihre Wirkung:

»Von was für einem blöden Dokument reden Sie eigentlich die ganze Zeit? Ich scheine da was verpasst zu haben, oder?«

»Entschuldigung«, sagte Fernando höflich. »Ich denke so oft daran, dass ich manchmal vergesse, dass es nicht jeder kennt. Passen Sie auf!«

Er fing an zu rezitieren, mit monotoner, leiser Stimme:

»Gegeben in unserer Stadt Granada, den 30. April 1492. Wir, Ferdinand und Isabella, von Gottes Gnaden König und Königin von Kastilien, Leon, Aragonien, Sizilien, Granada, Herzöge von Athen und Neopatrien, Grafen von Roussillon und Sardinien etcetera etcetera … verordnen ihre katholischen Majestäten als Oberherrn der westlichen Meere den Christoph Kolumbus von nun an auf alle folgenden Zeiten zu ihrem Admirale in allen Inseln und festen Ländern, die er in besagten Meeren entdecken und erobern wird, sowie zum Statthalter und Unterkönig über die zu entdeckenden und eroberten Länder, auch über das Gebiet, das im Verfolge seiner Reise von einem anderen gefunden werden mag … verordnen ihre katholischen Majestäten weiterhin, dem Don Christoph Kolumbus von allen Waren, die aus dem Bezirk der neuen Admiralschaft kommen, es wären selbige, von was für Gattung sie sein mögen, Perlen, Edelsteine, Gold, Silber, Gewürze, alle Waren aus den neuentdeckten Ländern, ein Zehnteil als sein freies Eigentum, der ihm und seinen direkten Nachkommen auf ewig zustehen soll … etcetera … Siegel des Königs und so weiter.«

Fernando schwieg.

»Schön!«, sagte Kathrin schläfrig. Sie hatte sich weit in ihren Stuhl zurückgelehnt. »So eine schöne Sprache.«

Dann fielen ihr die Augen zu. Nach einer halben Minute riss sie sie wieder auf.

»Waaaas?«, schrie sie durch das ganze Restaurant, dass alle Kellner zusammenzuckten und sich duckten, weil sie glaubten, ein häuslicher Krach stünde bevor. Das gab es häufiger in diesem Restaurant.

»Zehn Prozent?«, brüllte sie.

»Schsch«, machte Fernando, »etwas leiser, bitte. Bitte! Ja, genau. Zehn Prozent. Nach Abzug der Frachtkosten, versteht sich.«

Kathrin sah ihn an – mit einem Blick, den jede Frau instinktiv entwickelt, wenn sie ein begehrenswertes, reiches Männchen vor sich hat und schon in Erwägung zieht, sich ihm hinzugeben, um dann festzustellen, dass er ein kompletter Idiot ist, der zu Hause seine Schafe mit Hilfe seiner Zehen zählt und dem man alles klauen kann, was über zwanzig Stück hinausgeht.

»Sie … haben … ein Dokument aus den Händen gegeben, in dem steht, dass Ihnen zehn Prozent der Nettoausfuhr Amerikas zustehen?«

»Äääääh«, sagte Fernando, »nicht direkt aus der Hand gegeben. Sehen Sie, diese Bücher waren wirklich … äääh …«, er hatte »wertvoll« sagen wollen, ließ es dann aber, weil er merkte, dass es albern klang.

Er hätte ohnehin nichts mehr sagen können, denn Kathrin hatte ihn am Arm gepackt und mit erstaunlicher Kraft aus dem Restaurant gezogen, nicht ohne sich vorher ein Taxi rufen zu lassen. Als sie im Taxi saßen und gerade losfuhren, stürzte der Oberkellner mit der Rechnung aus der Tür und rannte ein Stück hinter ihnen her, wild mit dem Papier wedelnd. Er fiel jedoch bald zurück, wie Fernando erleichtert bemerkte. Er wandte sich Kathrin zu.

»Wir fahren jetzt zu mir«, sagte sie, »und dann will ich das noch mal hören.«

Fernando hatte sich eine Einladung in die Wohnung einer schönen Frau immer anders vorgestellt. Er sah eben zu viele amerikanische Filme. Aber immerhin, die Frau wusste, was sie tat.

Hoffentlich.

16

Bébé, Christoph und Gilead saßen im Auto. Christoph fuhr gerne mit Bébé. Gilead offensichtlich nicht. Er hatte das Fenster im Fond herabgelassen und atmete so viel frische Luft ein, wie ihm der tosende Fahrtwind erlaubte. Bébé fuhr die Fürther Straße mit einer Geschwindigkeit entlang, die normalerweise nur größere Passagierflugzeuge vor dem Start erreichen. Startbahnen sind allerdings meistens leer und eisfrei. Die Fürther Straße nicht. Deshalb musste Bébé Slalom fahren.

»Da drüben«, sagte er lässig und zeigte auf einen verwischten Farbfleck, den Gilead gerade noch in der Ferne entschwinden sah, »ist das Musikgeschäft, in dem ich immer einkaufe. Ups!«, fügte er hinzu, als ihm die halbgedrehte Zigarette entfiel und er sich nach ihr bückte. »War die Ampel da eben rot?«

»Egal«, kam es zittrig von hinten, wo Gilead saß. »Bei annähernder Lichtgeschwindigkeit beginnt die Rot-Grün-Verschiebung. Mach dir keine Sorgen.«

»Mach ich nicht«, kam es unter dem Lenkrad hervor. »Sind wir schon in Fürth?«

»Lass mal, Bébé«, sagte Christoph. »Ich dreh dir eine, ja?«

»Das wär prima«, sagte Bébé, tauchte auf und wandte sich zu Gilead um, der inzwischen seine Augen bedeckt hatte, weil zwei Laster vor ihnen atemberaubend schnell näher kamen. »Sag mal, wenn dieses Dokument so wichtig ist, warum lässt du es dann einfach irgendwo rumliegen?«

»Schau auf die Straße! Schau auf die Straße!«, schrie Gilead panisch.

Wuuuusch machte es, als Bébés Auto auf dem Gehsteig zwischen zwei sehr verblüfften Polizisten durchschoss, die eben im Begriff waren, eine Radarfalle aufzubauen. Sie drehten sich drei-, viermal um die eigene Achse und sanken dann sanft in Ohnmacht.

»Ich denke, du bist unsterblich?«, fragte Christoph nach hinten. Er hatte die Füße auf das Armaturenbrett gestützt und sah interessiert zu, wie sich das herrenlose Lenkrad leise bewegte. Der Wagen lag gut in der Spur.

»Alles ist relativ!«, kam es keuchend von hinten. »Unsterblichkeit ist keine Aufforderung, Gott zu versuchen.«

»Ach so«, sagte Christoph, »ich kann dir das erklären. Bébé ist nämlich Atheist, aber noch nicht hundertprozentig überzeugt. Deswegen neigt er dazu, Gott zu einer definitiven Antwort herauszufordern.«

»Im Augenblick fordert er bloß mich heraus«, stöhnte Gilead. »Warum muss immer ich Piloten über den Weg laufen!«

Er bückte sich und kramte unter den Sitzen herum.

»Was suchst du?«, fragte Bébé interessiert.

»Spucktüten«, sagte Gilead dumpf.

Bébé verlangsamte das Tempo.

»Hier links?«, fragte er Gilead.

»Ist das schon Würzburg?«, fragte Gilead unterkühlt. »Ja, hier links. In die Mathildenstraße.«

»Da hab ich auch mal gewohnt«, bemerkte Bébé versonnen. »Nette Gegend.«

»Für Sterbliche«, knirschte Gilead. »Auf Siron findet man sowas nur im Freilichtmuseum.«

Sie bogen in die Mathildenstraße ein und hielten. Es war ein Haus aus der Jahrhundertwende, ähnlich dem, das Bébé und Christoph bewohnten. Sehr romantisch. Gilead kramte seinen Schlüssel heraus und sie gingen hinein. Er wohnte im zweiten Stock.

»Willkommen in der Wohnung eines Außerirdischen«, sagte Gilead, nun wieder fröhlich. »Macht's euch bequem.«

»Hey!«, sagte Bébé, der ein bisschen herumstöberte. »Ist das eine sironische Gitarre?«

Gilead sah aus der Küche herüber.

»Nee«, sagte er, »das ist dafür, wenn das Klo verstopft ist.«

»Interessant!«, murmelte Bébé und stellte das Ding zurück. Gilead kam mit Kaffee.

»So«, sagte er, »und jetzt muss ich mal kucken, wo ich diese Dokumentenmappe habe.«

Er begann, in der kleinen Wohnung herumzukramen, fluchte, schaute in uralte Koffer, warf eine Kaffeetasse aus Meißen (18. Jhdt.) hinunter, rüttelte an der Schublade seines Barockschreibtischs und fand die Mappe schließlich unter den alten *Spiegel*-Ausgaben, die auf dem Klo lagen.

»Alte Handschriften bringen kein Geld mehr«, sagte er erklärend. »Alle wollen wissen, woher sie kommen und ob ein Echtheitszertifikat dabei ist. So, lasst mal sehen. Was haben wir denn da?«

Er fing an zu kramen.

»Ernennung zum Pfalzgrafen, Rechnung über die Reparatur der Burgmauer, 1. Hinrichtungsprotokoll Eppelein, 2. Hinrichtungsprotokoll Eppelein, Erstschrift der Goldenen Bulle, Patentschrift für die erste solarbetriebene Eisenbahn von Fürth nach Nürnberg, 1825, Schenkungsurkunde des spanischen Königs an Cristoforo Colon, ah ja. Da ist es.«

Er reichte eine imposant aussehende Pergamentrolle heraus, von deren Ende zwei handtellergroße Wachssiegel und eine kleine goldene Kapsel baumelten.

Bébé warf einen Blick hinein.

»Das ist Lateinisch«, sagte er, »davon kann ich nicht mehr viel. Du, Christoph? Du warst viel länger auf dem Gymnasium als ich.«

»Eben wegen Latein«, antwortete der, beugte sich dennoch darüber und begann zu übersetzen: »Gegeben am …«

Stille.

Dann sagte Bébé vorsichtig: »Äh, Gilead, du wusstest doch, was da drin steht, oder?«

Gilead wand sich: »In etwa, ja.«

»Warum hast du es Colon dann nicht zurückgegeben?«

»Weil ich erstens in der Nacht, als er zurückkam, gerade turnusmäßig starb und weil ich zweitens keine Ahnung hatte, dass er offensichtlich auch unsterblich ist. Das habe ich gerade erst erfahren. Und drittens habe ich schließlich seine Bücher bezahlt, um das hier zu kriegen. Ich dachte, er wollte es nicht mehr.«

»Na ja«, wandte Christoph ein, »zwischen 1521 und heute liegen etliche Jahre, in denen du annehmen konntest, dass er noch lebt. Warum hast du es ihm nicht zugeschickt?«

»Hört mal, Leute«, sagte Gilead, »ich hab's einfach vergessen. Ich war auf dem Weg nach Preußen, völlig bepackt und wirklich nicht in der Lage, an einen jungen Spanier zu denken, der sein Erbteil für ein paar Bücher verkauft. Außerdem war zu der Zeit gar nicht klar, dass Amerika so reich war.«

»Es war den anderen nicht klar«, sagte Christoph maliziös. »Du kamst ja gerade erst von da. Du wusstest ziemlich genau, was dieses Ding hier wert ist.«

»Na ja«, sagte Gilead und wurde knallrot, »ich dachte eben, ich könnte es irgendwann mal brauchen.«

Christoph lächelte.

»Ich hatte schon gewisse Zweifel daran, dass du nur von Siron verbannt wurdest, weil du Künstler bist.«

»Oh«, warf Bébé ein, »das kann ich mir aber sehr gut vorstellen.«

»Danke, Bébé«, sagte Christoph. »Ich sag's schon, wenn ich Unterstützung brauche.«

Bébé grinste und streckte ihm die Zunge raus. Christoph fragte weiter: »Was für eine Art … mhm … Künstler bist du eigentlich auf Siron gewesen?«

Gilead wand sich wieder: »Na ja, das war verschieden«, presste er heraus, »umfasste eine Menge Fertigkeiten, du weißt schon: Zeichnen, Modellieren, Objekte aufbauen und so …«

»Das reicht mir nicht«, sang Christoph fröhlich, »bitte spezifiziere.«

»Also gut«, sagte Gilead, in die Ecke gedrängt. »Sagt dir der Begriff Meisterdieb etwas?«

Er machte eine kleine Pause.

»Seid ihr jetzt sauer, oder was? Enttäuscht? Mein Gott, auf Siron ist Meisterdieb wirklich ein Künstlerberuf. Kein sehr anerkannter«, fügte er hinzu, »aber immerhin. Manche von uns sind in Ehren alt und reich geworden.«

Bébé grinste: »Sie haben sich nicht erwischen lassen und nach der Verjährungsfrist Ihre Memoiren herausgegeben, ja?«

Gilead sah verlegen zu Boden:

»Ja!«

»Weißt du«, sagte Christoph, »du könntest deinen terranischen Sprachschatz etwas aufpolieren. Dein Beruf heißt bei uns Politiker. Und was tun wir jetzt?«

»Wir geben Colon das Dokument«, sagte Bébé, »und die Sache hat sich. Unter der Bedingung allerdings«, fügte er nachdenklich hinzu, »dass er den Bürgermeister behält.«

»Ich kann ihm unmöglich das Dokument geben und sagen: ›Sorry, Don Fernando, aber ich bin aufgehalten worden.‹ Mein Gott«, sagte Gilead und sah die beiden Freunde an, »versteht ihr denn nicht? Der Mann sucht seit fünfhundert Jahren nach dem Stück Papier. Was glaubt ihr, wie sauer der ist?«

»Wir erklären ihm das«, sagte Christoph, »und jetzt rufen wir mal Kathrin an. Vielleicht weiß die mehr.«

Gilead blickte sehr zweifelnd. Er wusste, was fünfhundert Jahre Frustration einem Mann antun können. Er ist dann nicht mehr freundlich zu blinden, alten Mütterchen, die über die Straße wollen. Er neigt dazu, die Farben zu verwechseln und »Jetzt können Sie rüber!« nicht im ganz richtigen Moment zu sagen. Mein Gott, was ist eine halbe Minute gegen fünfhundert Jahre!

Kathrin und Fernando saßen auf dem kleinen Sofa in Kathrins Wohnzimmer.

Fernando hatte vierhundertfünfundsiebzig Jahre lang ein kleines, aber nicht ganz unwichtiges Gefühl erfolgreich und komplett aus seinem Bewusstsein verdrängt. Aus gutem Grund. Hätte er zugelassen, dass dieses Gefühl sich nur einmal aus der Ferne in seiner Seele zeigte, wäre er schon vor sehr langer Zeit weinend zusammengebrochen und hätte – natürlich vergeblich – versucht, sich das Leben zu nehmen. Das hätte seinem Selbstwertgefühl keinesfalls gutgetan, ganz abgesehen davon, dass er keinem einzigen seiner Gefährten jemals wieder in die Augen hätte sehen, geschweige denn ihnen Befehle hätte geben können. Eiserne Disziplin hatte ihn dahin geführt, wo er heute war – ausgerüstet mit einer kleinen, aber sehr gut trainierten Streitmacht, die durchaus in der Lage war, einen kleineren Staat erfolgreich zu überrennen. Aber eben nur einen kleineren.

Kathrins Tonfall nun holte das Gefühl binnen einer Sekunde hervor.

»Sie haben also zehn Prozent der Gesamteinnahmen aus den beiden Amerikas für zweihundert Bücher verkauft? Die Zinsen bis heute nicht gerechnet?«

Das Gefühl hatte einen Namen. Es hieß: »Extreme, nicht überbietbare, historisch einmalige und typisch männliche Dämlichkeit!«

Fernando sagte nichts. Aber Kathrin.

»Und dieses Dokument ist im Archiv, ja?«

Fernando nickte.

»Und Sie haben es in fast fünfhundert Jahren nicht finden können, ja?«

Das Gefühl hatte sich Verstärkung geholt – ein kleineres Panzerbataillon, aus dessen Kanonenrohren kleine Fähnchen herausschossen, auf denen in blutroten Buchstaben »Trottel« zu lesen war. Fernando schwitzte.

»Äh, ja.«

Dann machte er einen schwachen Versuch, sich zu rechtfertigen: »Sie wissen gar nicht, wie schwer es ist, ins Archiv zu kommen.«

Kathrin sagte nichts. Sie überlegte. Fernando machte sich so klein wie möglich. Das Panzerbataillon in seinem Selbstbewusstsein hatte mittlerweile von einem Geschwader Helikopter Unterstützung bekommen, aus denen Fallschirmjäger sprangen, die in der Luft Buchstabenformationen bildeten: »Idiot!«

»Haben Sie sich schon einmal überlegt, wie Sie Ihre Ansprüche durchsetzen können, wenn Sie das Dokument in der Hand haben?«, fragte Kathrin.

Napoleons Grande Armée, die Rote Armee und die gesamten NATO-Truppen hatten sich den Fallschirmjägern angeschlossen und jagten durch Fernandos Kopf auf der Suche nach seinem Selbstbewusstsein, das wie ein weißes Karnickel von Granattrichter zu Granattrichter hüpfte und darauf hoffte, dass niemand auf die Idee käme, taktische Nuklearwaffen einzusetzen.

»Äääääh, nicht direkt«, sagte Fernando.

Kathrin lächelte ihn an.

»Sie erinnern mich an jemanden«, sagte sie weich, »vielleicht sollten Sie ihn mal kennenlernen. Er kann auch so hübsch rot werden wie Sie.«

Waffenstillstand. Die Rote Armee spielte Poker mit den Franzosen und die NATO-Truppen fraternisierten mit dem Kaninchen.

»Aber Sie«, setzte Kathrin hinzu, »sehen dabei hübscher aus als er.«

Soldaten? Wo? Auf dieser blumigen Himmelswiese? Woher denn!

»Es ist nur«, sagte Fernando zögernd, »dass es ein bisschen her ist, seit ich mich … na ja … ich glaube, ich habe vergessen, wie man … äh.«

Er lief rot an.

»Das kriegen wir schon!«, sagte Kathrin überzeugt und beugte sich zu ihm vor. Und Fernando beugte sich zu ihr vor.

»Ich glaube, ich mag dich«, flüsterte Kathrin und küsste Fernando.

Das Telefon klingelte.

»Du bist das«, sagte Kathrin leicht ungehalten, »eben habe ich von dir gesprochen.«

»Hast du Besuch?«, fragte Christoph.

»Ja. Von einem alten Freund«, sagte Kathrin und log nicht einmal dabei.

»Hör mal«, sagte Christoph, »du warst doch bei dieser Entführung dabei und im Polizeipräsidium warst du auch. Hat sich der Entführer schon gemeldet?«

»Der Ver-, Quatsch, der Entführer?«

Kathrin schnappte nach Luft. Fernando hatte nämlich im Umgang mit Frauen gar nichts vergessen.

»Äh, ja.«

»Er will ein Dokument, ja?«

»Woher weißt du das?«, schrie Kathrin in den Hörer und sprang auf. Fernandos Kopf knallte gegen die Rückenlehne des Sofas, als sie ihren Arm wegzog.

»Weil …«, Christoph zögerte, »weil ich hier jemanden habe, der ihn kennt.«

Kathrin überlegte kurz.

»Wir müssen uns treffen!«, sagte sie dann.

»Gut!«, sagte Christoph. »Wo?«

»Bei euch.«

»Ich bin nicht zu Hause, sondern bei dem Freund«, sagte Christoph und gab ihr die Adresse.

»Gut«, sagte Kathrin, »wir kommen.«

»Wer ist wir?«, wollte Christoph wissen, aber Kathrin hatte schon aufgelegt.

»Und?«, fragten Gilead und Bébé gleichzeitig.

»Sie kommen hierher.«

»Sie?«

Ja. Sie. Ein Kleinbus voller bis an die Zähne bewaffneter Spanier, von denen einige trotz Estebans jahrelangem erbitterten Widerstand gegen jede Modernisierung auch 7.65er Pistolen und Uzis mit sich führten. Außerdem eine Journalistin und Don Fernando Colon. Alles in allem ein rollendes Altersheim. Sechstausend Jahre Minimum. Aber sehr schlagkräftig.

Christoph, Bébé und Gilead lagen auf dem Teppich vor Gileads Fernseher und verfolgten die Nachrichten. Der lokale Sender, bekannt für Geschmacklosigkeiten aller Art, hatte ein Team zu dem Haus geschickt, in dem der Bürgermeister gefangen gehalten worden war. Die hatten – anders als die Polizisten – im Keller nachgesehen. Und die Unterhose mit den Herzchen gefunden. Ein Standbild von mehr als einer halben Minute Länge, bei dem auch noch der Ton ausgefallen war, halbierte die zu erwartende Stimmenanzahl der CSU bei den Wahlen in zwei Wochen. Christoph grinste. Dann wurden Kathrins Bilder gezeigt. Der Ton kam wieder, aber der Kommentar war eigentlich überflüssig. Gilead grinste still vor sich hin.

»Nicht schlecht, Don Fernando«, meinte er. »Hat sich entwickelt, der Knabe.«

Es sei noch immer nicht bekannt, sagte der Nachrichtensprecher, wohin sich die Entführer zurückgezogen hätten. Seit dem späten Nachmittag sei der Telefonkontakt abgebrochen. Man zeigte ein Bild von Polizeichef Köberlein, der im Hof des Präsidiums zwischen den Teilen eines völlig zerlegten Autos stand und ein Croissant aß. Als er die Kamera bemerkte, kam er drohend auf sie zu – und plötzlich zeigte sie in den kalten Januarhimmel.

»Jammerschade«, bemerkte Bébé, »der Mann ist so fotogen.«

Die RAF, so sagte der Nachrichtensprecher, hätte einen offenen Brief an alle großen Zeitungen herausgegeben, dass sie, wenn sie schon einen Bürgermeister entführten, dies bestimmt nicht in Kostümen einer feudalen, frühkapitalistischen Gesellschaft getan hätten.

Die Antiimperialistischen Zellen hatten gleich zwei Bekennerschreiben aufgegeben. In dem einen behaupteten sie, dass sie den Bürgermeister in ihrer Gewalt hätten, in dem anderen wiesen sie jeden Verdacht von sich. Ein dritter Brief sei gerade aufgetaucht, in dem die Antiimperialistischen Zellen alle anderen Briefe für falsch erklärten und gleichzeitig einen Irrtum berichtigten: Man habe nicht den Bürgermeister von Nürnberg, sondern den von Dinkelsbühl entführt.

Die PKK hätte auch einen Brief geschrieben, aber der müsse erst übersetzt werden. Nur von den Jusos habe man bisher nichts gehört, die Polizei sei gerade dabei, die Parteizentrale zu durchsuchen.

In diesem Augenblick klingelte es an der Tür.

Gilead ging öffnen. Christoph und Bébé hörten, wie zwei Männer in höchstem Erstaunen: »Du?« fragten und dann etwas, was sich verdächtig nach einem äußerst üblen Handgemenge anhörte. Christoph sah Bébé an. Bébé sah Christoph an. Dann standen sie auf und schlossen leise die Tür. Man soll Begrüßungen zwischen alten Freunden nicht stören, das wussten sie aus Erfahrung.

Eine Viertelstunde später hatten sich die Wogen geglättet. Gileads Wohnzimmer erinnerte an ein Heerlager. Überall standen leere Rüstungen herum. Fernandos Truppe war in der Küche und kochte. Es roch sehr gut. Esteban mochte gute Degen machen, aber Carlos kam aus Cádiz, und dort konnten sie vor allem kochen.

Im Wohnzimmer saßen Kathrin, Fernando, Gilead, Bébé, Esteban und Christoph um den Tisch. Christoph sah ziemlich kühl zu Kathrin hinüber, die neben Fernando saß. Kathrin ihrerseits sah kühl zu Christoph hinüber, der neben Gilead saß. Bébé betrachtete interessiert Estebans Degen und spielte damit am Tisch herum, der daraufhin wackelte.

Der Blickaustausch zwischen Gilead und Fernando hätte eisiger nicht sein können. Gilead hatte ein dickes Auge, das langsam blau wurde.

»Also!«, grollte Fernando mit der tiefsten Stimme, die ihm zur Verfügung stand. »Wo ist mein Dokument?«

»Hier«, sagte Christoph und hielt es in die Höhe. »Sie sind draufgetreten.«

»Halt!«, sagte er eine Achtelsekunde später zu Fernando, der sich über den Tisch geworfen hatte und nun von Gilead und Bébé mit Hilfe von Estebans Degen festgehalten wurde, weshalb Esteban vor Wut fast platzte.

»Wir sollten vielleicht erst die Konditionen für die Rückgabe absprechen.«

»Du Zwerg«, flüsterte Fernando gepresst, was ziemlich schwierig war, weil Gileads Fuß auf seinem Nacken den Kehlkopf behinderte, »ich habe elf Männer hier. Ich brauche bloß zu rufen …«

Er stockte, dann erkannte er seine Lage. Rufen gehörte nicht zu den Dingen, die er gerade jetzt tun konnte.

»Esteban!«, stieß er fast tonlos hervor. »Tu was!«

Bébé schaltete sich ein: »Das ist wirklich monomolekularer

Stahl?«, fragte er interessiert und hielt den Degen dicht über Estebans Kopf.

»Ist ganz schön schwer dafür, finde ich.« Sein Arm senkte sich ein wenig.

»Äh, Chef«, sagte Esteban, »vielleicht solltest du mit den Leuten reden.«

Kathrin griff ein.

»So«, sagte sie zu Christoph und Bébé, »jetzt reicht es. Gilead, nimm deinen Fuß von Fernando, und du, Bébé, gibst Esteban den Degen wieder. Vielleicht können wir uns jetzt in Ruhe unterhalten.«

Es wurde schon bemerkt, dass Kathrins Tonfall zuweilen eine gewisse Autorität über männliche Gefühle ausüben konnte. Die fünf kamen sich ein wenig albern vor. Jeder setzte sich auf seinen Platz.

»Du wolltest etwas sagen, Christoph«, meinte Kathrin.

»Ja«, sagte Christoph und steckte das Dokument zurück in seine Jackentasche. »Es geht darum. Ich habe da einen Klienten«, hier sah er aufmerksam zu Kathrin, ob sie das auch gebührend zur Kenntnis nahm, »der daran interessiert ist, von der Erde zurück auf seinen Planeten zu kommen. Dafür braucht er ein Vehikel. Du, Kathrin, hast einen Klienten, der immens reich sein wird, wenn er dieses Dokument zurückerhält. Das Dokument gehört aber meinem Klienten, weil er die Bücher deines Klienten bezahlt hat. Mein Klient verzichtet auf die Bücher und gibt das Dokument zurück, wenn Fernando ihm, als rechtmäßigen Erben der halben Welt, ein Raumfahrtprojekt finanziert. Wir sollten einen Deal machen.«

»Er wird wie ein immenser Trottel dastehen, wenn er das Dokument in Händen hat«, sagte Kathrin erbittert, »weil er seinen Anspruch niemals durchsetzen kann. Gegen wen überhaupt? Gegen das heutige Spanien?«

Die Runde schwieg einen Augenblick. Gilead fühlte sich

vage schuldig. Aber dann kam ihm ein Gedanke und er fragte:

»Wieso seid ihr eigentlich unsterblich?«

Fernando sagte es ihm. Gilead grinste.

»Ich glaube, ich schulde dir gar nichts mehr, mein Lieber. Ich habe dich unsterblich gemacht.«

Nach einer Weile hatte Fernando verstanden. Aber es schien keine echte Dankbarkeit bei ihm aufzukommen.

»Toll, Gilead, wirklich toll. Du hast mich unsterblich gemacht, damit ich zwanzigtausend Jahre lang arm bin, ja? Alleine die fünfhundert Jahre Suche nach diesem blöden Dokument haben mich uralt gemacht. Und jetzt kann ich nichts mehr damit anfangen.«

Er wollte schon wieder auf Gilead losgehen. Kathrin hielt ihn zurück.

»Also, Christoph«, sagte sie wütend, »hier hast du endlich ein echtes Problem, du Spinner. Zeit für deine kosmischen Lösungen.«

»Ich habe eine«, verkündete der und sah von dem Dokument auf, das er studiert hatte. »Gibt es nicht so etwas wie Rechtsnachfolge? Was wir brauchen, ist ein guter Anwalt.«

»Ein sehr guter Anwalt«, assistierte Bébé hilfreich.

»Der beste Anwalt«, sagte Christoph nachdenklich. »Er wird teuer sein.«

»Vielleicht«, sagte Gilead spöttisch zu Fernando, »hättest du eine Rechtsschutzversicherung abschließen sollen.«

Diesmal musste Esteban dazwischengehen. Kathrin allein reichte nicht, um Fernando von Gileads Kehle zu lösen.

17

Der beste Anwalt der Welt war nicht von Jugend an darauf erpicht gewesen, Anwalt zu werden. Kein Gedanke.

Er hatte zur See fahren wollen, wie sein Vater. Ein guter, handfester Beruf. Teer, Segel, Wind, Fische. Und Robben. Der Robbenfang. Das hatte ihm immer am meisten Spaß gemacht. Und nun saß er in diesem 800-Quadratmeter-Büro in einer der schönsten Städte an der Ostküste und blickte sehnsüchtig auf den Hafen hinunter, wo eine Segelyacht vor sich hindümpelte. Er zündete sich eine Zigarre an, die er vorher mit einer kleinen, massiv goldenen Guillotine beschnitten hatte. Und nun war er nicht nur der beste und gefinkeltste Anwalt der Welt, er war auch der reichste Mann auf diesem Kontinent. Wahrscheinlich einer der reichsten der Welt.

Es hatte beileibe nicht danach ausgesehen, damals. Ganz und gar nicht. Als er, penetrant nach toter Robbe stinkend, mit dem kleinen Beiboot der *Emma* in den Hafen von Reykjavik eingefahren war, hatten sämtliche Wikinger des Landes an der Pier gestanden und sich halb totgelacht.

»Na, Erik?«, hatten sie gebrüllt. »Schöne neue Welt, was? Muss ja mächtig reich gewesen sein, wenn sie dir so ein Prachtschiff mitgegeben haben: Leben vom Robbenexport, wie?«, und hatten sich weggeworfen vor Lachen. Und das Schlimmste war: Emma, die echte Emma, war dabeigestanden und hatte Tränen gelacht. Erik war ausgestiegen, hatte das Boot an den Strand gezogen und war grimmig schweigend in das Büro von »Thor – Bootsversicherungsunternehmen« marschiert. Dort hatte er dem kleinen Männchen hinter dem rohen Eichentisch einen Fetzen Pergament hingeknallt.

»Zahl mich aus!«, hatte er gebrüllt. »Mein Boot liegt vor der Küste der neuen Welt auf dem Meeresboden.«

»Füllen Sie bitte dieses Formular aus«, hatte der Vertreter gesagt und Erik ein Stück Schafshaut hinübergeschoben. Erik setzte sich schnaubend und kritzelte die Sätze und Zahlen hin. Nach fünf Minuten schob er die Haut zurück und hielt die Hand auf.

»Tut mir leid«, sagte der Vertreter nach einem Blick auf das Formular, »unter diesen Bedingungen können wir nicht zahlen.«

Den Rest des Satzes sprach er eigentlich schon in der Luft, denn Erik hatte ihn am Kragen gepackt und wirbelte ihn durch den Raum. Ungerührt führte der Vertreter aus:

»Thors Donnerwagen am Himmel fällt nicht unter höhere Gewalt und auch nicht unter Sturmschäden. Hier, sehen Sie?«

Er wies auf eine kleine Klausel in Eriks Versicherungsschein, die Erik zum ersten Mal sah. Leider war zu diesem Zeitpunkt die Lupe noch nicht erfunden, sodass es einige Minuten dauerte, bis Erik den Passus entziffert hatte.

»Aber Thor ist ein Gott, oder?«, heulte er. »Höhere Gewalt also!«

»Tut mir leid«, sagte der Vertreter, »göttliche Eingriffe in die Natur müssen extra versichert werden.« Er seufzte bedauernd. »Hätte Sie nur zwei Otterfelle mehr gekostet.«

Erik hatte sein Schwert gezogen und stellte dem Vertreter – oder vielmehr seinem Kopf – in Aussicht, die nächsten Jahre auf einem Langspeer vor der Hafeneinfahrt von Reykjavik zu verbringen. Der Vertreter wies auf einen Passus der Allgemeinen Geschäftsbedingungen hin, nach dem Gewaltanwendung gegen einen Vertreter der Versicherungsgesellschaft automatisch zum Erlöschen aller Ansprüche führte.

Erik verließ das Büro schäumend vor Wut. Als er an Emma

vorbeiging, pfiff er auf alle Wikingerehre der Welt und knallte ihr eine. Und dann ging er heim.

Die nächsten dreißig Jahre hätten aus einem weniger langlebigen Mann einen winselnden Greis gemacht. Erik hatte den Kampf gegen die »Thor« aufgenommen. Und die »Thor« hatte in ihrer Existenz als zweitältestes Versicherungsunternehmen der Welt noch nie, kein einziges Mal, für einen Schaden bezahlt.[6]

Er studierte jeden Passus, kidnappte Rechtsgelehrte aus jedem bekannten Land der Erde und studierte alle Gesetzesbücher, die er heranschaffen konnte. Schließlich siegte er durch schiere Ausdauer – er überlebte fast alle Manager der »Thor« bis auf einen, gegen den er dann einen triumphalen Sieg auf dem berühmten Thing 1264 davontrug. Mit der Versicherungsprämie übernahm er die »Thor«, nachdem er den noch lebenden Manager im Zweikampf besiegt hatte, und wurde ein gewiefter Fachmann in allen Versicherungsfragen. Das war der Anfang seiner Karriere.

Ende des 17. Jahrhunderts gehörte Erik der Großteil der Hanse, Reykjavik, und er hatte Anteilsscheine auf Grönland. Außerdem florierte seine Anwaltskanzlei, denn er hatte sich tatsächlich die Mühe gemacht, auf der Universität Leiden und auf der Universität Prag seinen Doktor iuris utriusque zu bauen. Er wollte sich nie wieder auf einen anderen Juristen verlassen müssen. Aber es war ein langer, steiniger Weg bis dahin gewesen und Erik hatte eines Tages mit einigem Scharfsinn vorausgesehen, wie sich die amerikanischen Kolonien entwickeln

[6] Dass es heute Versicherungsunternehmen gibt, die tatsächlich zuweilen einen Schaden begleichen, hat damit zu tun, dass Erik durch die Vernichtung aller ursprünglichen Manager das unverfälschte genetische Material des perfekten Versicherungsagenten ausgelöscht hat. Als dann die Seitenlinien das Versicherungsgewerbe übernahmen, war deren Blut schon kontaminiert, weil sich manche mit Versicherungs*nehmern* verheiratet hatten.

würden. Kurz bevor diese revoltierten, verfrachtete Erik seine Habe (vierzehn Hansekoggen voller Akten und Büromaterial) in die Neue Welt. Er war nicht abergläubisch, sofern das einem Mann möglich ist, der aus unerfindlichen Gründen bereits gut fünfhundert Jahre alt ist. Trotzdem zog er den Kopf zwischen die Schultern, als er das zweite Mal amerikanischen Boden betrat. Aber diesmal geschah nichts. Kein Knall, kein Raumschiff.

1772 war er angekommen. Vier Jahre später, in denen Erik viel aus dem Verborgenen heraus gewirkt hatte, standen die dreizehn Kolonien gegen England auf. Die USA waren geboren. Ein ziemlich alter Wikinger war Hebamme gewesen, wenn er schon nicht Vater hatte sein können.

Dafür war Kolumbus aber auch tot, hatte Erik damals befriedigt gedacht.

In den darauffolgenden Jahren hatte er seine Anwaltskanzlei auch in der Neuen Welt zum Erfolg geführt. Erik hatte den Namen »Eriksen, Eriksen und Eriksen« abgelegt. Die Psychologie der Neuengländer geschickt einschätzend und eine geniale Werbestrategie des 20. Jahrhunderts vorwegnehmend, hatte er seine Kanzlei umgetauft. Sie hieß nun *Gierschlund & Raffke*.

Dem konnte keiner widerstehen. Schon gar nicht, wenn er Puritaner war und einen Anwalt brauchte.

So kam es, dass Erik mit dem Land wuchs. Er hätte schon zehnmal Präsident sein können, aber warum sollte er Macht abgeben?

Nur … diese Macht hatte einen Nachteil. Sie war anonym. Das Problem mit einer Demokratie ist nämlich, dass Gerichtsverhandlungen öffentlich sind. Und es hätte komisch gewirkt, wenn plötzlich irgendein cleverer Journalist in den Archiven geblättert und herausgefunden hätte, dass die gerissensten Anwälte, die in den letzten zweihundertfünfzig Jahren vor Gericht aufgetreten und jeden ihrer Fälle gewonnen hatten, einander verblüffend ähnlich sahen. Deshalb hatte Erik sich schon vor einiger Zeit dazu entschlossen, gleichzeitig mehrere Anwälte zu sein – etwa sechs. Dafür brauchte er das Büro. Von den 800 Quadratmetern waren 200 sozusagen Bühne: Büros, Schreibmaschinen, Computer, Akten. Die restlichen 600 waren Maske. Erik hatte eine der exquisitesten Maskenbildnereien der Welt in seinem Hinterzimmer. Er war ein Meister der Verwandlung geworden. Er konnte sich in einem Gerichtssaal – wenn er nur Gelegenheit hatte, sein Taschentuch nach einem Niesen vors Gesicht zu führen – in einer Viertelminute vom agilen Mr. Connors in den gesetzten, älteren Mr. King senior verwandeln. Tatsächlich hatte er das einmal tun müssen, als ein Richter darauf bestanden hatte, mit beiden Verteidigern zu sprechen. Er hatte oft geniest, aber den Fall gewonnen.

Natürlich widerte ihn das an. Schließlich war er Wikinger, dieses Versteckspiel, dieses Tuntengehabe mit der Schminkerei und dem ewigen Sterben, Auferstehen und dem neuen Namen, den man beim Unterschreiben nicht verwechseln durfte … Das hatte er schon lange satt. Immerhin war er Erik der Rote. Er hatte dieses blöde Land entdeckt. Er hatte ein Recht darauf, dass alle seinen Namen kannten. Aber so, wie es aussah … Er zuckte resigniert die Schultern. Vielleicht, wenn er starb.

Dann kam ihm ein Gedanke und er musste grinsen. Für ihn würden sie einen Acht-Meter-Stein brauchen, eng beschrieben.

18

Einige Tausend Kilometer südlich auf der geographischen Achse und achthundert Jahre auf der Zeitachse von Erik entfernt, verklangen die letzten Echos eines gewaltigen Donners.

»Was war *das* denn?«, fragte eine befehlsgewohnte Stimme verblüfft aus dem Dunkel.

»Caesars Flotte auf dem Weg, Britannien zu erobern!«, schallte es fröhlich zurück.

Schweigen.

Bedrohliches Schweigen.

Dann wieder die Stimme des Hohepriesters Huitzilipochtli:

»Wer war das?«

Die Novizen duckten sich, obwohl die Finsternis in der Höhle derart undurchdringlich war, dass nicht einmal der Hohepriester auch nur das Geringste erkennen konnte.

»Huitzilipochtli hat dich an der Stimme erkannt, Novize«, sagte der Hohepriester, der dazu neigte, von sich selbst in der dritten Person zu sprechen. Böse Zungen behaupteten, das käme daher, weil er sich auch nicht leiden könne. »Böse Zungen« war ein häufiges Gericht am Tisch des Hohepriesters, der jetzt drohend sagte:

»Morgen gibt es Kutteln für Huitzilipochtli.«

Schweigen.

Kichern.

Zähneknirschen.

»Mach mal einer das Licht an«, gab der Hohepriester schließlich auf. Irgendwo hörte man, wie sich jemand herumtastete, mit dem Schienbein an irgendetwas stieß und fluchte. Schließlich erklangen die typischen Geräusche, die ein

Radfahrer von sich gibt, wenn er versucht, den Mont Blanc auf einem Tourenrad hochzufahren. Ein paar primitive Bogenlampen flammten auf und zeigten eine Reihe aztekischer Wissenschaftler in weißen Kitteln über ihren Binsenröckchen, die in einer riesigen Höhle herumstanden und rätselten, was gerade mit ihnen geschehen war. Worüber sie nicht zu rätseln brauchten, war der Trümmerhaufen, der früher ihr wissenschaftliches Gerät und das neue Propellerflugzeug gewesen war. Sie standen nämlich mittendrin.

»Vielleicht sollten wir dem König Bescheid geben«, meinte einer der Novizen schüchtern.

»Gut«, sagte der Hohepriester bereitwillig, »geh und sag's ihm.«

Der Novize hätte sich die Zunge abbeißen mögen. Er war wieder zu vorlaut gewesen. Er wusste, wie der König auf schlechte Nachrichten reagierte, und konnte sich ein Leben ohne Herz schlecht vorstellen. Trotzdem machte er sich auf den Weg. Die sichere Aussicht darauf, geopfert zu werden, war immer noch um einen Prozentpunkt besser, als einen direkten Befehl des Hohepriesters zu missachten.

Eine Minute später kam ein gutgelaunter Novize zurück.

»Boss, ich bekomme die Tür nicht auf.«

»Du Trottel!«, fuhr der Hohepriester herum. »Diese Höhle hat keine Tür. Sie hat einen natürlichen Eingang von zwölf mal vier Metern.«

»Jetzt nicht mehr«, sagte der Novize sanft, »jetzt ist da eine Tür.«

Er machte eine kleine Pause.

»Oder besser, ein massiver Granitblock, der eben abkühlt und nach einer sehr effektiven Tür aussieht, wenn man Tür so definiert, dass sie meistens klemmt.«

Der Hohepriester stieß den Novizen beiseite und rannte in die vordere Höhle. Der Novize wartete.

Der Hohepriester kam zurück.

»Also gut, Leute«, sagte er zu seinen wenigen Kollegen, »das war's dann. Ich gebe uns noch eine Woche von heute an gerechnet, aber nur, wenn wir die Novizen essen.«

Die Novizen sahen sich an. Eine Woche bedeutete für einen aztekischen Jungwissenschaftler unter Huitzilipochtli eine nahezu unendlich lange Lebensdauer. Gleichzeitig bemerkten sie, dass sie alle jünger und kräftiger waren als Huitzilipochtlis Kollegen, zweimal so viele wie seine Leute und dass die Palastwache des Königs nicht die geringste Chance hatte, die Höhle jemals zu betreten.

»Geronimo!«, schrie ein Novize und stürmte los. Der Hohepriester erkannte seine Stimme wieder. Der war es gewesen! Der Beleuchter, auch ein Novize, verließ sein Fahrrad. Die Höhle war wieder in undurchdringliches Dunkel getaucht.

Eine Viertelstunde später ging das Licht wieder an. Auf dem Fahrrad saß Huitzilipochtli, mit den Füßen an die Pedale gekettet. Einer der Novizen rieb sich die Hände und sagte zu seinen Kollegen:

»So! Und jetzt können wir richtig arbeiten.«

Das taten sie.

Nachdem sie in den nächsten hundert Jahren kleine, aber nützliche Erfindungen wie Sauerstoffgeneratoren, Propeller- und Düsenmaschinen im Modellformat, Fusionsmotoren und die Mikrowelle erfunden hatten, richtete sich einer von ihnen eines Tages von seiner Werkbank auf und fragte:

»Sagt mal, Leute, die Woche ist doch allmählich rum, oder?«

Weil sie aber gerade eine Videokamera entwickelt hatten und damit beschäftigt waren, Huitzilipochtli auf dem Fahrrad aufzunehmen, ihm dann die Aufnahmen vorzuspielen und sich dabei halb kaputtzulachen, kümmerte sich keiner weiter darum. Kein Mensch dachte daran, eine Uhr zu erfinden.

Wozu?

Sie würden es schon merken, wenn diese herrliche Woche vorbei war.

Als sie zweihundert Jahre später herausgefunden hatten, wie das Universum entstanden war, dämmerte ihnen allmählich, dass mit Huitzilipochtlis Vorhersage irgendetwas nicht gestimmt hatte. Sie waren jetzt definitiv länger als eine Woche hier drin. Einer der Novizen kam auf die richtige Idee.

»Hey, Hutzi«, rief er lässig, »hast du Lust, dich mal auszuruhen?«

Huitzilipochtli, der seit dreihundert Jahren verbissen geschwiegen und getreten hatte, presste die Zähne zusammen.

»Ja, klar«, sagte er dann, »ich habe ja erst 179 Milliarden Mal getreten. Und die erste Woche«, fügte er hämisch hinzu, »habe ich noch nicht gezählt.«

»Oh, oh«, sagte der Novize, während Huitzilipochtli wütend weitertrat, »wenn ich zwei Umdrehungen die Sekunde rechne, was ungefähr hinkommt, dann sind wir schlappe dreihundert Jahre in dieser Höhle. Du kannst jetzt mal langsamer treten, Hutzi, wir müssen nachdenken.«

Die Novizen steckten die Köpfe zusammen und kamen zu dem Schluss, dass der König wahrscheinlich mittlerweile abgetreten war, weshalb es keine schlechte Idee sei, mal wieder nach draußen an die frische Luft zu gehen und nachzusehen, was sich dort tat.

Einer der Novizen hatte die sehr gute Idee, erst einmal die Videokamera auszuschicken, bevor man den Granit wegmeißelte und dann plötzlich vor der Palastgarde stand.

Sie bohrten ein Loch für die Videokamera in den Granit. Selbst das dauerte ein paar Tage. Dann banden sie die Kamera auf das Modelldüsenflugzeug und machten einen Probeflug in der Höhle.

Das Modellflugzeug, das sehr effektive Düsen hatte,

zündete, zischte über Hutzis Kopf hinweg und bohrte sich in die Granitwand der Höhle.

Wissenschaftler sind Wissenschaftler.

Überall.

Sie sind in erster Linie Theoretiker. Wenn sie nach ihren grandiosen Plänen und nach endlosen Streits darüber, ob Teil A jetzt an dem linken Kolben oder doch an der Aufhängung befestigt wird, endlich ein Gerät zusammengebaut haben, wollen sie es auf keinen Fall noch einmal bauen. Schließlich sind sie keine Techniker. Wenn der Prototyp nicht funktioniert, wird improvisiert.

»Zu schnell!«, sagte der älteste Novize und überlegte.

»Wir könnten es schwerer machen«, sagte sein Freund.

»Gute Idee.«

Sie sahen sich um. Da war nichts Schweres, das die richtige Größe gehabt hätte.

Das Licht flackerte, als Huitzilipochtli dem ersten Novizen etwas in die Hand drückte und dabei aus dem Takt kam.

»Hier, bitte«, sagte er.

»Prima, danke«, sagte der Novize überrascht, und sie banden das Gewicht mit einem Stück Elektrokabel an das Düsenflugzeug. Dann schickten sie es los.

Leider war zu der Zeit gerade Cortés im Land und machte keinen friedliebenden Eindruck. Die Bilder, die über den Monitor der Novizen flackerten, kamen einem modernen Splattermovie ziemlich nahe. Plötzlich ließ sich das Düsenflugzeug nicht mehr steuern, weil zwischen den Novizen wilder Streit darüber ausgebrochen war, wer die Funksteuerung haben durfte. Das Flugzeug ging in den Sturzflug über. Das letzte, was die Kamera zeigte, war eine Großaufnahme von Cortés' schreckensstarrem Gesicht, bevor das Bild schwarz wurde.

»Was war das eigentlich für ein Gewicht?«, fragte der

jüngste Novize. »Keine Ahnung«, zuckte der älteste die Schultern, »irgendwas Goldenes.«

Huitzilipochtli hatte Mühe, ein irres Lachen zu unterdrücken. Was er den Novizen als Gewicht gegeben hatte, war die in Gold gebundene einzige Ausgabe ihrer gesamten Laboraufzeichnungen.

Als die Novizen das drei Jahre später bemerkten, zuckten sie nur mit den Schultern. Sie hatten längst andere Dinge erfunden. Ein kleines Gerät zum Beispiel, auf dem man ein rasend schnelles Puzzle spielen konnte, aber immer verlor. Es ließ sich darauf auch rechnen, aber das konnten die Novizen selbst.

Sie beschlossen, den Ausbruch aus der Höhle auf zweihundert Jahre später zu verschieben.

Und das war eine gute Idee, denn in dieser Zeit erfanden sie eine Menge sehr nützlicher Dinge, die zu 90 Prozent auch auf der Oberfläche erfunden wurden. Allerdings etwas später.

Nur die Glühbirne erfanden sie nicht.

Wozu *alle* Traditionen über Bord werfen?

19

In der Gegenwart saßen noch immer ein gutes Dutzend Spanier, ein Außerirdischer und ein paar Deutsche in Gileads Wohnung, was den allgemeinen Bevölkerungsquerschnitt in Fürth ziemlich genau repräsentierte. Unter Christophs Leitung hatten sich Gilead und Fernando endlich geeinigt, und Kathrin war gerade dabei, ein Schriftstück aufzusetzen, das die Konditionen des Geschäfts regeln sollte. Esteban, Carlos und die anderen saßen um Bébé herum, der Salsa spielte. Sie klatschten begeistert bei jedem Lied. Ab und zu verschwand jemand, um mit dem Kleinbus Rotwein und Chips in der nächstgelegenen Tankstelle zu besorgen.

Schließlich war Kathrin fertig und trug die wichtigsten Punkte noch einmal vor.

»Also, hört zu. Gilead, Christoph und Bébé verpflichten sich, Fernando bei der Durchsetzung seines Rechtsanspruchs ohne Einschränkung zu helfen.

Fernando verpflichtet sich, sobald sein Anspruch anerkannt ist, zehn Prozent seines Vermögens für die Entwicklung eines Transportmittels für Gilead aufzuwenden.

Beide verpflichten sich, einander nicht mehr die Köpfe einzuschlagen.

So, was kommt dann?«

Sie wurde ein bisschen rot.

»Ah ja, das können wir überspringen. Unterschreibt das.«

Bébé unterschrieb, ohne hinzusehen, Christoph schlief schon fast und unterschrieb auch, Gilead las sich das Papier genau durch, grinste und unterschrieb; für Fernando, der eben auf dem Klo war, unterschrieb Esteban mit Fernandos Erlaubnis.

»So!«, sagte Kathrin. »Und jetzt?«

»Ich geh ins Bett«, sagte Christoph müde. »Vor morgen können wir doch nichts machen, okay?«

»Also, bei uns auf Siron«, sagte Gilead bedächtig, »feiern wir einen Vertragsabschluss eigentlich. Wollen wir nicht ein bisschen ausgehen?«

»Sehr guter Plan«, sagte Fernando, der gerade wieder hereinkam, »es ist Jahre her, dass ich aus war.«

Dann erbleichte er.

»O mein Gott«, stammelte er, »wir haben den Bürgermeister vergessen.«

Es war alles ein bisschen viel auf einmal gewesen und deshalb konnten sich die Spanier auch nicht sofort erinnern, wo sie den Bürgermeister hingetan hatten. Esteban schwor Stein und Bein, dass er noch im Bus gewesen war, als sie Gostenhof fluchtartig verlassen hatten. Und *er* hatte ihn nirgends verloren.

»Dann muss er noch im Bus sein«, sagte Carlos.

»Ups«, sagte Bébé, der vorhin Tabak holen war. »Dieser Dicke im Bus war der Bürgermeister?«

»Ja!«, sagte Fernando erleichtert. »Gut, dass du ihn gefunden hast.«

Bébé wurde – ein seltenes Phänomen bei ihm – ziemlich rot.

»Äh, ja, ich hab ihn gefunden«, sagte er gedehnt, »aber ich hatte keine Verwendung für ihn. Ich hab ihn rausgeschmissen.«

Tödliches Schweigen.

Bébé versuchte, sich klein zu machen.

Fernando räusperte sich.

»Na ja«, sagte er dann fröhlich, »er war sowieso lästig. Und das Dokument haben wir ja jetzt. Also, gehen wir einen trinken, in Ordnung?«

»Einen kleinen Augenblick noch«, sagte Kathrin müde zu Bébé. »Du hast ihn an der Tankstelle rausgesetzt, richtig?«

Bébé wand sich wie ein Aal. Er hätte viel darum gegeben, jetzt nackt auf einer Bühne stehen zu können und mit faulen Eiern beworfen zu werden.

»Na ja, eigentlich mehr vor dem Haus. Ich hab gedacht, er wollte das Auto klauen.«

In diesem Augenblick klingelte es an der Tür.

Alle erstarrten.

Dann gab Fernando Esteban einen Wink. Esteban ging todesmutig zur Tür. Gileads Zimmer war plötzlich fast leer. Die Unsterblichen hatten alle unter seinem Bett Platz gefunden, die Sterblichen standen in der Schusslinie.

Man hörte, wie Esteban die Tür öffnete und »Ja?« sagte.

Und dann hörte man eine fetttriefende Stimme: »Ist das euer Bus da unten in der Einfahrt, Kanake?«

20

»Wäre es irgendwie zu viel verlangt, wenn ich dich bitten würde, die Badewanne einen Augenblick lang zu verlassen und mit mir zu sprechen?«

Stinky Miller stand unruhig auf einem Bein, weil er gerade in die Seife getreten war und nun versuchte, die Sohle seines Wildlederschuhs von deren Resten zu befreien.

Leif lag in der Badewanne. Ganz. Die Langlebigkeit, verliehen durch ein sironisches Raumschiff, ermöglichte es ihm, stundenlang unter Wasser zu bleiben, wenn er Lust dazu hatte. Und im Augenblick hatte er Lust. Denn im Fernsehen wurde gerade die Verleihung der Platin-Schallplatte an die berühmte Rock'n'Roll-Band *Get Lost* live übertragen.

»Hau ab!«, blubberte er und versuchte, Stinky Miller zu überhören. Aber der klopfte mit einem seiner vielen Ringe gegen den Marmor des Badewannenrandes. Ein schwer zu ertragendes Geräusch.

»Leif, komm raus«, sang Stinky Miller schrecklich falsch, »komm raus, großer Leif, allmächtiger König des Rock'n'Roll.«

Leif schoss unvermutet hoch und versuchte, Stinky Miller beim Kragen zu fassen, um ihn zu ertränken. Aber Stinky Miller, obwohl noch immer von einer seifigen Sohle behindert, sprang zurück und rutschte erst in sicherer Entfernung auf dem Marmorfußboden aus. Dafür aber gründlich. Er knallte mit dem Kopf gegen das Waschbecken, setzte sich grinsend, schloss dann die Augen und kippte sacht vornüber. Leif sprang aus dem Bad und versuchte, Stinky zu wecken. Aber der war weit weg; vermutlich in irgendeiner Gegend, wo Rock'n'Roll-Stars Anzüge und Krawatten trugen und sich vor einem Auftritt nicht derartig mit Drogen zuschütteten, dass man einen kräftigen Bühnenarbeiter brauchte, der ständig hinter ihnen stand und ihre Beine und Arme im richtigen Moment hochhob. Er war dort, wo alle Stars Anzüge und Krawatten trugen und ihren Manager in allem unterstützten, was er mit ihnen vorhaben mochte, und auch noch Danke sagten, wo sie alle Anzüge trugen, deren Taschen *nicht* mit Slips, Crack, gepanschtem Schnaps und dem Briefwechsel mit einem Konkurrenzagenten vollgestopft waren; dort, wo ein Musiker eine Gitarre von einem Bass unterscheiden konnte.

Leif holte ein Glas frisches Wasser und wollte Stinky eben damit wecken, als ihm ein Gedanke kam, worauf er plötzlich wild vor sich hin grinste. Warum eigentlich nicht? Er stellte das Glas Wasser zurück, zog sich rasch an und schrieb dann mit Lippenstift[7] eine Notiz auf den Spiegel.

Als Stinky Miller einige Zeit später mit dröhnendem Schädel erwachte, fiel der Blick seiner schmerzenden Augen auf den Spiegel.

›Nicht das, dachte er, bitte nicht das.‹

Bin in Europa, stand auf dem Spiegel, *warte nicht mit dem Abendessen auf mich.*

Und Stinky Miller hatte für nächste Woche ein Konzert im Weißen Haus klargemacht – vor dem Präsidenten, den Abgeordneten und ungefähr 200 Millionen Fernsehzuschauern auf

---

[7] Fragen Sie nicht mich! Ich habe auch keine Ahnung, wo Leif den Lippenstift herhatte. Es ist anzunehmen, dass auch Langlebige zuweilen ein menschliches Bedürfnis verspüren, wenngleich die Groupie-Szene nach Leifs Ansicht seit dem 18. Jahrhundert stark nachgelassen hatte und er – nach den Maßstäben für Rock-'n'-Roll-Musiker – ein fast klösterliches Leben führte.
Jedoch nicht so klösterlich wie Michael Jackson, den Leif mit bissigem Spott die *Kinderüberraschung* zu nennen pflegte.
Klösterlich ist außerdem – wie alle Langlebigen bestätigen können – ein sehr relativer Begriff und wird von ihnen bei Rendezvous nur noch selten gebraucht, weil er in der Vergangenheit zu allerlei interessanten Missverständnissen geführt hat. Und zu Alimentenklagen.

der ganzen Welt. Der Verkauf der Fernsehrechte allein sollten ihm genug einbringen, um sich danach auf seinen Altersruhesitz zurückzuziehen. Er hatte daran gedacht, Kalifornien zu kaufen. Allerdings gab es da die kleine Klausel in all den Verträgen mit den größten Fernsehsendern der Welt, die etwas von Vertragsbruch und Konventionalstrafen murmelten, gegen die ein mittelalterlicher Schuldturm plus Folterkeller ein angenehmer Aufenthalt an der Riviera war.

Als er diesen Gedanken zu Ende gedacht hatte, sprang Stinky Miller auf, rutschte wieder auf der Seife aus und schlief noch einmal selig eine halbe Stunde.

Danach telefonierte er mit einem seiner Freunde im Weißen Haus und ließ alle Flughäfen an der Ostküste sperren.

Leif sah in den Himmel. Über ihm kreisten eine ganze Menge Flugzeuge in riesigen Warteschleifen über dem Flughafen von Boston. Sie sahen irgendwie wütend aus, dachte er, während er die Segel hochzog. Dann zuckte er mit den Achseln und sein Boot – ein Katamaran, 38 Knoten schnell – nahm Fahrt auf.

21

Köberlein schlief den Schlaf des düpierten Polizeichefs. Er träumte, er habe sich heimlich in die Asservatenkammer geschlichen und baue sich gerade den größten Joint der Drogengeschichte. Gerade, als er einen anderthalbpfündigen Harzbrocken mit einem Flammenwerfer aus der Waffenkammer anröstete und ein wohliger Duft den Raum durchzog, öffnete sich die Tür und ein Polizist, der einen Polizeiwagen an einer Schnur hinter sich herzog, sagte höhnisch grinsend:

»Telefon, Chef.«

Köberlein fuhr entsetzt im Bett hoch. Ogottogottogott. Hatte man ihn erwischt? Das Telefon klingelte immer noch. Bei dem Versuch, sich aus der Decke zu wickeln, in die er völlig verstrickt war, fiel er unter Mitnahme des Telefons aus dem Bett. Der Hörer landete irgendwo unter dem Kleiderschrank. Es war ein schnurloses Telefon – Köberlein war immer auf dem neuesten Stand der Technik –, das man natürlich nicht an der Schnur unter dem Schrank hervorziehen konnte. Köberlein kroch zum Schrank, presste sein Gesicht an den Spalt zwischen Schranktür und Boden und krächzte seinen Namen ins Dunkel. Unverständliches Quaken und Schnarren antwortete ihm.

»Einen Augenblick«, rief Köberlein, »ich bin gleich wieder dran.«

Dann stand er auf und versuchte, den Schrank von der Wand wegzuschieben. Er zog und zog, der Schrank bewegte sich, neigte sich und fiel auf das Bett, wobei er Köberleins Frau unter sich begrub. Zum Glück hatten sich im Fallen die Schranktüren geöffnet, und der Schaden hielt sich in Grenzen.

Wenn man davon absieht, dass es kein Vergnügen ist, mit einem Kleiderbügel im Mund aufzuwachen und festzustellen, dass man sich offensichtlich in seinem eigenen Sarg befindet, in den auch noch boshafte Angehörige die gesamte Garderobe gelegt haben, um sicherzugehen, dass die Tote wirklich alles mitnimmt, was an sie erinnern könnte. Schreien war jedenfalls nicht möglich. Deshalb konnte Köberlein sein Gespräch auch in Ruhe fortführen.

»Ja?«

»Ich bin's!«, knurrte eine bösartige Stimme.

»Is mir eg–«, Köberlein stockte.

Nein! Das konnte doch wohl nicht sein! So bald schon?

»Herr Bürgermeister?«, fragte er zaghaft.

»Wer sonst, du dumme … Sie Trottel! Vielleicht holen Sie mich sofort von dieser Tankstelle ab. Und bringen Sie Polizisten mit.«

Die Stimme wurde noch bösartiger. Man hätte meinen können, sie gehöre einem sehr großen, ausgestorbenen Tier mit grüner Haut, geifernden Lefzen und außerordentlich scharfen Zähnen.

»Viele Polizisten, Köberlein. Und Waffen. Schwere Waffen. Bringen Sie alles mit. Haben wir einen Panzer?«

Köberlein verneinte.

»Aber Flammenwerfer, ja? Wir haben Flammenwerfer. Bringen Sie die mit. Und diese anderen Teile, Sie wissen schon, diese Holzstäbe mit den spitzen Eisenkugeln an einer kurzen Kette. Bringen Sie die auch mit. Ich weiß, wo die Entführer sind.«

»Und Sie, wo sind Sie, Herr Bürgermeister?«

»In der Würzburger Straße an einer ARAL-Tankstelle. In Fürth.«

Plötzlich wurde Köberlein sehr fröhlich.

»Aber das fällt gar nicht in meinen Zuständigkeitsbereich. Das können doch die Kollegen …«, er kam nicht weiter. Die

Stimme war jetzt kein Knurren mehr. Es hörte sich eher so an, als bisse jemand in den Telefonhörer.

»Köberlein …!«

»Ich komme, Herr Bürgermeister!«, sagte Köberlein, verneigte sich vor dem Hörer und ging seine Uniform suchen.

Sie war im Kleiderschrank.

Esteban hatte Bébé die Sache mit dem Hausmeister erledigen lassen. Die beiden waren auf dem besten Wege, gute Freunde zu werden. Esteban hatte Bébés Geschicklichkeit im Umgang mit dem Degen gebührend bewundert, obwohl er fand, dass es ihm noch am nötigen Ernst mangelte. Er persönlich war für erhabene Schlichtheit, nahm aber großmütig hin, dass Bébé dem Reiz des Neuen verfallen war und gewissen Spielereien nicht hatte widerstehen können.

»Was ist das?«, fragte Christoph, der vor der Haustür auf ein seltsam angeordnetes Muster aus fröhlich glitzernden Metallplatten trat, die auf dem ganzen Gehsteig verteilt waren.

»Der Motorblock eines Opels in 48 Scheiben!«, sagte Bébé mit kaum verhohlenem Stolz. Aus der Parterrewohnung hörte man das ungewohnte Geräusch, das entsteht, wenn ein deutscher Mann weint.

»Wir sollten uns ein bisschen beeilen!«, sagte Kathrin, die eben mit Fernando und den Spaniern die Treppen heruntergekommen war. »Wahrscheinlich hat der Bürgermeister uns schon längst die Bullen auf den Hals gehetzt.«

»Ich bin ein sehr guter Toreador!«, sagte Carlos, der als letzter kam. »Um welche Bullen geht's?«

Don Fernando erklärte es ihm. Esteban schloss inzwischen den Kleinbus auf.

»Bist du wahnsinnig?«, fragte Kathrin zornig. »Wir können doch nicht mit dem Bus fahren!«

»Sie hat recht«, sagte Gilead. »Fahr ihn zurück in die Einfahrt, ja?«

Die ganze Gruppe stand mitten in der Nacht in der Januarkälte auf der Mathildenstraße herum und wirkte etwas abgehoben. Das war nur zum Teil dem Wein zuzuschreiben, den sie in Gileads Wohnung genossen hatten. Sie machten nicht den Eindruck, als seien sie in großer Eile. Sie wirkten auch nicht so, als ob sie annehmen würden, dass gerade drei Viertel aller verfügbaren Einsatzwagen der Polizei nach Fürth unterwegs waren. Sie standen herum und unterhielten sich mit einer Seelenruhe, die Christoph eine fast neidische Bewunderung abverlangte. Sicher, sie waren Langlebige, aber dennoch musste ihnen die Situation doch auch bizarr erscheinen: Ein Teil dieser Männer hatte vor kurzer Zeit den Bürgermeister entführt; Don Fernando war in den Besitz eines Dokuments gekommen, das er fünfhundert Jahre lang gesucht hatte; Gilead hatte feststellen müssen, dass es außer ihm und dem Piloten noch ein gutes Dutzend anderer Langlebiger auf der Erde gab. Aber so wie es aussah, war er der Einzige, dem die Situation absurd vorkam. Und er hatte sich immer für weltoffen gehalten! Er hatte ja keine Ahnung gehabt, was das bedeuten konnte. Außerdem fror er.

»Könnten wir vielleicht irgendwo hingehen, wo wir nicht in den nächsten zehn Minuten verhaftet werden?«, fragte er höflich.

»Klar«, sagte Fernando, »gleich!«, und wandte sich wieder Kathrin zu, mit der er gerade gesprochen hatte.

Christoph seufzte. Auch das noch! Kathrin stieg auf Don Fernando ein. Toll. Das konnte er ihr natürlich nicht bieten: Forever young und reich ohne Ende.

»Also, ich gehe jetzt«, sagte er. »Kommt ihr mit? Gilead? Bébé?«

»Yessir«, sagte Bébé, und damit kam allmählich Bewegung in die ganze Gruppe. »Und wohin?«

»Nicht ins *Café Eiland*!«, sagten Don Fernando, elf Spanier und Gilead gleichzeitig.

Carlos war beleidigt: »Und warum nicht, bitte schön?«

»Weil Langlebigkeit etwas Relatives ist, deshalb!«, sagte Fernando fest. »Wir gehen ins *Blue Ape*!«

Als sie durch den stillen Wiesengrund wanderten, ergab es sich, dass Fernando und Kathrin ein Stück zurückblieben und Fernando, auf dass Kathrin nicht stolpere, sie unterfasste. Christoph sah es mit Erbitterung und nahm sich vor, Gileads Anteil an Fernandos künftigem Reichtum zu verdoppeln.

Im *Blue Ape* fielen sie kaum auf, als sie eintraten. Ein großer Tisch am hinteren Ende des Raumes war frei, und sie bestellten diverse Alkoholika und fuhren mit der Feier dort fort, wo sie durch den unseligen Hausmeister gestört worden waren.

»Also, was ist jetzt?«, fragte Christoph nach einiger Zeit mit schwerer Zunge. »Rufen wir den Anwalt jetzt an?«

Fernando zog seine Taschenuhr aus der Weste.

»Wie spät ist es denn jetzt in der Neuen Welt?«, fragte er.

»Früh, würde ich sagen«, meinte Bébé.

»Wer ruft an?«

»Ich!«, sagte Fernando. »Ist doch schließlich mein Dokument, oder?«

»Klar«, sagte Kathrin, »du rufst an und sagst: ›Tag, hier ist Fernando Colon, Christophs Sohn, Sie wissen schon, der euer blödes Amerika entdeckt hat. Ich feiere gerade meinen 500. und hätte jetzt gern mein Geschenk.‹ Nee, mein Lieber, Christoph ruft an. War seine Idee, oder?«

»Also gut«, sagte Christoph, erhob sich und fragte die Chefin, ob er kurz telefonieren könne.

»Klar«, sagte die und schickte ihn mit dem Telefon in die Küche. Christoph hatte – bedingt durch Schlafmangel und zu viel Alkohol – mittlerweile jeden Sinn für Realität verloren und rief die Auslandsauskunft an, während er mit der freien Hand gedankenverloren im Kartoffelsalat wühlte.

»*Gierschlund & Raffke*«, murmelte er und malte die Nummer mit Ketchup an den Kühlschrank, »vielen Dank.«

Er legte kurz auf, hob wieder ab und wählte. Eine angenehme Frauenstimme meldete sich und fragte nach seinen Wünschen. Christoph erklärte, dass er den Boss sprechen wolle. »Welchen?«, fragte die Frauenstimme. Christoph antwortete, es sei ihm egal, wenn sie alle gleich gut seien. Das verstünde sich von selbst, sagte die Frau und verband ihn. Eine unendlich lange Zeit verging, in der Christoph einem elektronischen Fragment von Dvořáks *Aus der Neuen Welt* lauschte und Kartoffelsalat aß. Ab und zu sah die Wirtin vorbei und lächelte Christoph an, der geistesabwesend immer wieder Wodka nachbestellte. Endlich meldete sich jemand.

»*Gierschlund & Raffke*, Sie sprechen mit dem besten Anwalt der Welt. Und dem teuersten.«

»Tag«, sagte Christoph, »Sie haben gerade den reichsten Klienten der Welt am Apparat.«

»*Get Lost*?«, fragte die Stimme verunsichert.

»Was?«, fragte Christoph, ebenfalls aus dem Konzept gebracht. »Nee, es geht darum, die Vereinigten Staaten von Amerika zu verklagen.«

»Weswegen?«, fragte der Anwalt interessiert zurück.

»Auf Herausgabe von zehn Prozent ihrer Nettoausfuhr seit 1506.«

Pause. Schweigen.

Christoph stellte plötzlich fest, dass er Kartoffelsalat gar nicht mochte, und nahm angewidert die Hand aus der Schüssel.

»Hallo?«, fragte er unsicher in den Hörer. »Sind Sie noch da?«

»Ich rechne«, sagte der Anwalt, und nach einer kurzen Pause: »Ich nehme nicht an, dass Sie im Voraus bezahlen.«

Christoph lachte hohl.

»Wer ist der Klient?«, fragte der Anwalt.

»Sie kennen ihn«, meinte Christoph, »er hat einen ziemlich berühmten Vater. Und um genau dessen Erbe geht es. Die Amerikaner geben es nicht heraus. Oder die Spanier, ich blicke da noch nicht ganz durch. Sie sind doch Spezialist in internationalem Recht, oder?«

»Ich bin Spezialist in jedem Recht«, sagte der Anwalt schlicht. »Vielleicht sollten wir das näher besprechen. Kommen Sie hierher oder komme ich zu Ihnen?«

Christoph grinste. Der Mann hatte angebissen.

»Vielleicht kommen Sie besser hierher nach Nürnberg.«

Wieder eine Pause. Dann sagte der andere: »Sie holen mich morgen um 14 Uhr am Flughafen ab. Ich warne Sie, das kostet extra. Und gnade Ihnen Gott, wenn das kein Fall für mich ist.«

»Wenn das kein Fall für Sie ist«, sagte Christoph gedehnt, »werden wir alle hier für lange Zeit ins Gefängnis gehen. Woran erkenne ich Sie übrigens?«

»Ich bin rothaarig«, sagte der andere kurz und legte auf.

Christoph hatte während des Gesprächs ein bisschen viel Wodka getrunken und verstaute das Telefon nunmehr säuberlich im Kartoffelsalat. Dann ging er wieder zu seinen Freunden und berichtete ihnen die Neuigkeiten. Vom Rest des Abends bekam er nicht mehr viel mit, außer dass er, Esteban und Bébé Kicker gegen die Wirtin spielten und ständig neue Runden bezahlen mussten. Und dann wurde es dunkel in seinem Geist, denn es war ein langer und selbst für einen Physiker an Absonderlichkeiten reicher Tag gewesen.

»Woher kam dieser Anruf, Jenny?«, fragte Erik in die Gegensprechanlage.

»Augenblick, Chef«, sagte seine Sekretärin, »ich kriege es

eben rein. Ah ja, eine Kneipe in Deutschland, Fürth. Das ist bei Nürnberg. Das *Blue Ape*.«

»Das *Blue Ape*«, sagte Erik versonnen, »da war ich mal kurz nach dem Krieg. Nette Kneipe. Bisschen abgefahren. Also gut, Jenny, buchen Sie mir einen Flug nach Nürnberg, Ankunft gegen 14 Uhr.«

»Für wann?«, fragte sie zurück.

»Für jetzt!«, sagte Erik. »Und ich reise allein.«

Er hatte das Gefühl, als käme da eine *wirklich* interessante Sache auf ihn zu.

Es war eigentlich kein Gebrüll. Wahrscheinlich würde sich ein stimmbegabter Atomreaktor so äußern, wenn seine Brennstäbe beim Herausfahren klemmen – wortgewordener Ausdruck äußerster Wut.

»Ich bringe ihn um! Ich bringe ihn eigenhändig um! Ich spieße seinen Kopf auf ein Bajonett und lasse ihn auf dem Hauptmarkt verfaulen. Jahrelang! Ich mache die Lochgefängnisse wieder auf! Dieser gottverfluchte Spanier! Der wird sich noch wundern. Den kriege ich!«

Köberlein war versucht, sich die Ohren zuzuhalten, traute sich aber nicht. Der Bürgermeister raste. Was Bébé nicht für nötig befunden hatte, seinen Kameraden gegenüber zu erwähnen, war, dass er den Bürgermeister nur mit seiner Unterwäsche bekleidet aus dem Auto gesetzt hatte, denn er konnte Autodiebe nicht leiden, selbst wenn sie sich selbst gefesselt hatten und vorgaben, der Bürgermeister zu sein.

Die Unterwäsche, die Fernando dem Bürgermeister beschafft hatte, stellte gegen sein früheres Outfit keine wesentliche Verbesserung dar. Um genau zu sein, handelte es sich dabei um Damenwäsche der Größe 48.

Oder, um ins Detail zu gehen, um Damen*reiz*wäsche der Größe 48 in der Farbe Schwarz, von reizvollen Mustern durchbrochen. Mit dem Stoff selbst waren Dinge unternommen worden, die ein gesunder deutscher Stoff nicht über sich ergehen lässt, ohne vor Scham zu sterben. Es handelte sich um Shantungseide. Sehr zarte Seide. Eingewebt waren anstößige Szenen, die bei jeder Bewegung zum Leben erwachten. Fernando hatte Carlos in die übelsten Viertel Nürnbergs geschickt, und selbst in den Läden hinter der Mauer war sein spezieller Wunsch zwar nicht auf Erröten, aber doch auf eine wache professionelle Neugier gestoßen. Dadurch und durch Carlos' Zähigkeit hatte man den gewünschten Artikel auftreiben können.

Deshalb hatte der Bürgermeister auch gewisse Schwierigkeiten gehabt, jemanden zu finden, der ihn telefonieren ließ. In der Tankstelle war es ihm schließlich gelungen. Allerdings ist es nur für Menschen mit besonderer Geisteshaltung und Veranlagung ein echtes Vergnügen, in Damenunterwäsche (mit Eingriff) nachts in der einzig offenen Tankstelle der Stadt herumzustehen und auf die Polizei zu warten. Vor allem war sich der Bürgermeister sicher, dass der Tankwart ihn erkannt hatte, aber wahrscheinlich bei der SPD war – und deshalb steif und fest behauptet hatte, es gäbe in der gesamten Tankstelle keinen einzigen Fetzen Stoff, den er erübrigen könne.

Er war also, als Köberlein mit einer Hundertschaft Polizei eintraf, nicht gut gelaunt. Auch besserte sich seine Laune nicht, als einer der Polizisten, der außerdem ölverschmierte Hände hatte, ihn durch einen netten Scherz über sein Kostüm aufzuheitern versuchte.

Sie waren dann sofort in die Mathildenstraße gefahren und hatten die Wohnung gestürmt, die selbstverständlich leer war. Und in Gileads Wohnung war es denn auch, wo der Bürgermeister sich so echauffierte.

Etwas übertrieben, wie Köberlein fand.

»Wieso hat er Sie eigentlich freigelassen?«, fragte Köberlein in eine der Pausen hinein, die der Bürgermeister brauchte, um sich den Schaum vom Mund zu wischen.

»Er hatte ja noch gar keine Lösegeldforderung gestellt.«

»Er wollte kein Lösegeld!«, heulte der Bürgermeister und zertrümmerte eines von Gileads Regalen. »Er wollte ein Dokument aus dem Archiv!«

Köberlein glaubte, nicht recht gehört zu haben. »Er wollte was?«

»Ein Scheißdokument aus dem Archiv!«, schrie der Bürgermeister und versuchte, mit Hilfe seiner Zähne den Teppich zu zerreißen. Dann beruhigte er sich plötzlich.

»Augenblick mal! Mein Sekretär! Kretschmer! Der muss den Zettel doch noch haben! Wenn wir wissen, was das für ein Dokument ist, dann kriegen wir ihn wahrscheinlich. Los, Köberlein«, rief er und rannte schon die Treppen hinunter, »ins Archiv!«

Köberlein folgte ihm langsam. Er fühlte sich sehr müde. Und vielleicht hatte seine Mutter doch recht gehabt. Er hätte nie Polizeichef werden sollen. Gott hatte jemand ganz anderen vorgesehen, der dann plötzlich gestorben war. Und dann hatte *er* blind auf das Alphabet getippt – und ihn gefunden. Was für eine Nacht! Er sah auf die Uhr. Es ging gegen halb vier Uhr morgens. Croissants würde es frühestens um sechs geben, und bestimmt nicht im Archiv.

Um vier Uhr morgens schien der Gang des Kellers im Rathaus schier zu platzen, so voll war er. Fernando hatte zu Recht auf eine Hundertschaft Polizei gehofft. Sie war da. Und nicht nur hundert Polizisten – von denen zwei hochgekrempelte Ärmel hatten, damit sie ihre Hemden nicht mit Maschinenöl verdreckten –, da waren auch Köberlein und der Bürgermeister – der nun zumindest von der Hüfte aufwärts wieder respektabel aussah, denn er hatte eine Polizeijacke requiriert – und schließlich auch noch Kretschmer – der zwar einen Verband um den Kopf trug und ein schillerndes Auge hatte, aber dennoch voller Rachedurst und Energie die ganze Mannschaft anführte.

»So. Hier ist es!«, flüsterte er befriedigt. Es war sehr still. Hinter der Tür des Archivs konnte man das Schlurfen müder Füße und ab und zu ein trockenes Husten hören.

»Weshalb Sie so einen Wind um das Archiv machen …«, begann der Bürgermeister laut, aber Köberlein und Kretschmer verlangten absolute Ruhe. Kretschmer hatte schon von seiner ersten Attacke auf das Archiv berichtet. Köberlein war deshalb kein guter Polizeichef, weil er zu viel Fantasie hatte, was ihm erlaubte, kritische Szenen farbig auszugestalten. Und über zwanzig Jahre Erfahrung mit dem Polizeiarchiv. Wenn er dazu jemals Zugang bekommen hätte, wäre er heute Innenminister und müsste nicht mitten in einer schrecklichen Januarnacht auf einem zugigen Gang herumstehen.

»Also gut«, flüsterte er Kretschmer zu, »Sie klopfen auf mein Kommando.«

Er zählte leise bis drei. Kretschmer klopfte. Hinter der Tür war nichts zu hören. Kretschmer sah zu Köberlein, der nickte ihm aufmunternd zu. Kretschmer donnerte gegen die Tür. Wieder war ein Schlurfen zu vernehmen. Die Tür öffnete sich, und aus dem Munde des Archivars, der die Hundertschaft der Polizei schlichtweg übersah, drang ein tonloses »Ja?«.

»Jetzt!«, schrie Kretschmer – und die ersten Blendgranaten flogen. Der Nebelwerfer hatte den Gang in Sekunden in undurchdringlichem Dunst verschwinden lassen, und die Polizisten, gedeckt durch Schilde, rückten vor.

»Sind Sie angemeldet?«, drang eine ruhige Stimme klanglos durch den Nebel.

Ein wilder Kampfschrei, offensichtlich von Kretschmer ausgestoßen, feuerte die Polizisten an und die drangen, nunmehr mit barbarischem Gebrüll, vor und überrannten den Archivar einfach. Noch unter ihren Stiefeln sagte der röchelnd:

»Wir machen heute Inventur. Kommen Sie nächste Woche wie–«

Der Rest war nicht zu vernehmen. Kretschmer jubelte, als er im Vorraum des Archivs stand und den Zettelkasten erblickte.

»Da ist er! Zehn Mann zum Katalog, der Rest kommt mit mir.«

Johlend folgten ihm neunzig Polizisten, die sich sehr auf die Aussicht freuten, ungestraft üble Schäden an städtischem Eigentum anrichten zu dürfen. Köberlein stand an die Tür gelehnt und suchte nach einer passenden Zeile wie:

»Moment, Kretschmer, noch gebe ich hier die Befehle!« oder: »Zivilisten halten das Maul!« Aber er hatte ja nicht einmal stahlblaue Augen und außerdem war er sehr müde und sehnte sich nach einem Croissant.

Es ist nicht einfach, ein Archiv einzunehmen, das nicht eingenommen werden will. Zwar ist sich die Archivargilde noch nicht einig darüber, ob Polizisten tatsächlich menschliche Wesen sind und somit als »Unbefugte« gelten, die keine Einsicht in Dokumente nehmen dürfen, aber dieses (akademischen) Rechtsstreits ungeachtet, verteidigen alle Archivare ihr Hoheitsgebiet gegen jeden Eindringling bis zum Letzten. Daher nimmt es auch nicht wunder, dass in diesem kleinen, vormals wohlgeordneten Archiv ein Guerillakrieg entbrannte, wie er auch im vietnamesischen Dschungel kaum effektiver hätte geführt werden können.

Kretschmer bog gerade mit einer Vorhut Polizisten in den Gang »1521-1546, A-G«, als ein Schatten in den turmhohen Regalen über ihm weghuschte.

»Feuer frei!«, schrie er begeistert, was Köberlein vorne an der Tür dazu bewegte, still mit den Händen die Augen zu bedecken und sich ein duftendes Croissants vorzustellen.

Fünf oder sechs Polizisten rissen ihre Maschinenpistolen hoch und nahmen die rechte obere Hälfte des Regals unter Beschuss. Papier rieselte herab. Ein Buch, Folioformat, schob sich über den Rand des Regals, kippte, fiel und schlug klatschend auf dem Boden auf, wobei sich der schwere lederne Einband öffnete. Gelber Pergamentstaub wirbelte in einer Wolke auf und hüllte die Polizisten ein. Plötzlich griff sich der erste an die Kehle, röchelte, hustete, fiel nach Atem ringend zu Boden und kroch mit letzter Kraft davon. Die nächsten folgten bald mit vor Entsetzen aufgerissenen Augen.

»Buchgas!«, schrie ein junger Polizeianwärter in namenlosem Schrecken.

»Volle Deckung!«

Ein zweiter Zug, erfahrene Polizisten mit schwerem Atemgerät, rückte im Laufschritt an, stieg voller Verachtung über die noch immer keuchenden Opfer des ersten Angriffs hinweg und verteilte sich grimmig schweigend um das Regal »1509-1520, A-Q«. Schweres Geschütz wurde aufgefahren. Aus dem Halbdunkel, das voller Pulverdampf, Qualm und Buchgas war, zogen zwei Mitglieder einer Spezialeinheit einen kleinen Mörser. Knapp unter der Decke konnte man im unsteten Licht der schwankenden Deckenlampen viele grotesk verkrümmte Schatten eiligst auf den obersten Buchreihen umherhasten sehen. Auch die Archivare bezogen offenbar Stellung.

Köberlein und der Bürgermeister waren herangekommen, beide mit Gasmasken. Der Bürgermeister hatte einen Zettel aus dem Katalog in der Hand und machte Köberlein wilde Zeichen, welches Regal unbedingt erobert werden müsse. Köberlein nickte und gab die Anweisung wie selbstverständlich an Kretschmer weiter, der sich ebenfalls eine Gasmaske und ein leichtes Maschinengewehr beschafft hatte. Aus den entfernteren Teilen des Archivs drangen Geschützlärm und wilde Schreie, man hörte tonnenschwere Regale umstürzen und konnte nur hoffen, dass niemand darunter begraben wurde. Noch bevor Kretschmer sein MG aufgebaut hatte und der Mörser schussfertig war, tönte plötzlich von hinten ein wilder Schrei: »Die Nachhut wird angegriffen!«

»Streit um Asterix«, murmelte Köberlein düster in seine Gasmaske und duckte sich. Tatsächlich. Hinter ihnen konnte man sehen, wie bizarre Gestalten scheinbar aus den Regalen schmolzen und sich im Gang manifestierten. Es war ein Trupp junger Archivare, die sich jeweils vor Brust und Bauch einen Folianten als Rüstung gebunden hatten, sodass nur noch Arme, Beine und Kopf heraussahen. In den Händen trugen sie gewaltige Federhalter, deren Kolben sie rhythmisch niederdrückten und so Eisengallustinte auf die Angreifer spritzten. Sie torkelten ein wenig, als stünden sie unter Drogen, und skandierten bei ihrem unerbittlichen Vorrücken:

»In – ven – tur! In – ven – tur!«

Allein das bizarre Aussehen und die geschlossene Front der Archivare war schon angsteinflößend, aber wirklich panisch wurde Köberlein erst, als er bemerkte, dass die Archivare Gummiarabikum unter die Tinte gemischt hatten und er die Arme nicht mehr vom Körper lösen konnte. Kretschmers Maschinengewehr war verklebt und untauglich. Der Mörser ließ sich nicht mehr schwenken. Bedrohlich nah waren die schwarzgrauen Truppen des Feindes schon, als Kretschmer endlich einen Geistesblitz hatte. Er warf sich herum, riss mit roher Gewalt die festgeklebten Arme vom Jackett und raffte das erstbeste Buch aus dem Regal. Das warf er Köberlein mit dem Schrei zu: »Lesen Sie!«

»Was?«, schrie Köberlein verblüfft durch die Gasmaske zurück. »Jetzt?«

»Schnell!«, schrie Kretschmer in höchster Not, als ihn ein zweiter Schwall Eisengallustinte, vermischt mit Gummiarabikum, traf. »Schnell!«

Köberlein war plötzlich alles egal. Er öffnete das Buch mit klebrigen Fingern und warf einen Blick hinein, entzifferte mit Mühe den ersten Buchstaben der Überschrift.

Plötzlich war eine so absolute Stille, als hätte ein gewaltiger Gong weit jenseits der Hörbarkeitsgrenze alle Trommelfelle gesprengt. Köberlein erstarrte. War *er* dafür verantwortlich? Er wagte nicht, die Augen zu heben, sondern las einfach weiter Majuskeln und Minuskeln, um den Sieg nicht zu gefährden.

Er hätte die Augen vielleicht doch heben sollen.

Von seinem Standpunkt aus gesehen.

Kretschmer hingegen flehte zum Himmel, dass er es nicht tun würde.[8] Er war ja nicht umsonst Sekretär des Bürgermeisters geworden. Natürlich war er genialer als sein Chef, deswegen hatte er in einem raschen Blitz der Offenbarung erkannt, dass es nur eines gab, was die Archivare noch aufhalten konnte: Wenn man ihr drittes Gebot verletzte:

»3. Lass das Dokument nie – *nie* – jemanden außerhalb der Archivargilde sehen!«

Weil also Köberlein aus Angst, der Waffenstillstand könnte plötzlich enden, die Augen *nicht* vom Buch hob, konnte er auch nicht sehen, dass alle Archivare, wie von einem gewaltigen Magneten angezogen, auf ihn zurasten, um ihn ... na ja. Hätte Köberlein eine Sekunde später noch denken können, wäre sein Wunsch nach einem Croissant wohl übermächtig geworden. So gesehen bewahrten ihn die Archivare vor einem Trauma.

Die meisten Traumata kommen nur deshalb nicht zustande, weil sie vorher durch schlimmere ersetzt werden.

Kretschmer und der Bürgermeister hingegen suchten in aller Seelenruhe die Regale ab und zogen schließlich einen schmalen, hochformatigen, schwarzen Band aus dem Regal,

[8] 99 Prozent aller Wünsche gehen in Erfüllung!

auf dem stand: »KOPIEN ABGÄNGIGER DOKUMENTE 1521-1522«.

»Besser als nichts!«, sagte Kretschmer achselzuckend. »Gehen wir?«

Der Bürgermeister warf einen Blick auf das zuckende Knäuel von siebzehn Archivaren, unter denen irgendwo tief, tief unten Köberlein liegen musste.

»Ja!«, sagte er dann hasserfüllt und zupfte sein Höschen zurecht.

Kretschmer hob den Arm und rief den Polizisten zu: »Rückzug, Jungs! Keine Plünderungen mehr!«

Ein vielstimmiges Siegesgebrüll antwortete dem neuen Anführer, und die Polizei rückte geschlossen ab.

Was wieder eine Sache des Standpunkts ist.

Sie rückte geschlossen ab, wenn man ihren Chef nicht als Polizist zählte. Da Köberlein sich just in diesem Augenblick nichts so sehr wünschte, als kein Polizist zu sein, war der Ausdruck »geschlossen« wohl legitim. Außerdem kann ein Mann, der sich einbildet, ein großes, frisches, duftendes Croissant zu sein, nicht lange Polizist bleiben.

»*Gegeben in unserer Stadt Granada, den 30. April 1492.*

Wir, Ferdinand und Isabella, von Gottes Gnaden König und Königin von Kastilien, Leon, Aragonien, Sizilien, Granada, Herzöge von Athen und Neopatrien, Grafen von …

Kretschmers Stimme verhallte in den frühmorgendlich dunklen Zimmern des Rathauses. Schweigen. Dann sagte der Bürgermeister wütend: »Na und? Deswegen hat mich dieser Drecksack in einen Keller gesperrt und vor der ganzen Stadt lächerlich gemacht? Bloß weil er dieses Papier wollte? Amerika ist doch schon seit hundert Jahren unabhängig!«

»Seit zweihundertzwanzig«, korrigierte Kretschmer ihn

milde und fuhr fort, wobei er sich mit der Hand die Stirn rieb, »das ist nicht das Problem. Er hieß Fernando Colon, oder?«

Der Bürgermeister nickte.

»Dann ist dieser Mann entweder ein Spinner, der sich für Colon hält, oder er ist pervers alt geworden. Dieses Papier stammt von 1521.«

»Kein Mensch wird dreihundertfünfzig Jahre alt!«, rief der Bürgermeister erregt.

»Vierhundertfünfundsiebzig!«, sagte Kretschmer müde. »Das weiß ich auch. Aber warum wollte er dann diesen Fetzen im Original? Das Teil hat keinerlei Rechtsgültigkeit mehr.« Er überlegte lange. Der Bürgermeister zupfte an seinem Höschen herum. So betrachtet, fand er, stand es ihm gar nicht schlecht. Kretschmer sagte nachdenklich:

»Der Mann war Spanier! Wenn wir uns das noch mal ganz genau überlegen, dann steckt vielleicht die spanische Regierung dahinter. Wenn – nur mal angenommen, es könnte passieren –, wenn sie also dieses Dokument haben und sich ein Erbe von Kolumbus finden ließe, der seine Rechte an Spanien abtritt und Spanien am Internationalen Gerichtshof den Hauch einer Chance hätte, dass diese Rechte anerkannt werden, dann wäre Spanien mit einem Schlag das reichste Land der EU und Deutschland dagegen Drittes Reich. Äh, Dritte Welt, wollte ich sagen.«

»Quark!«, sagte der Bürgermeister. »Der Mann ist schlicht irre. Kein Gerichtshof der ganzen Welt kann das Rad der Geschichte zurückdrehen. Amerika hat eine Evolution gemacht.«

»Revolution«, sagte Kretschmer verzweifelt und rieb sich wieder müde die Stirn. »Ich glaube, wir kümmern uns besser wieder um Ihr Image im Wahlkampf, Chef. Wir müssen viel offensiver werden.«

»Ja«, sagte der Bürgermeister versonnen, »vielleicht sollten wir Plakate von mir in diesem Outfit machen. So à la:

›Bürgermeister räumt Rotlichtbezirk auf!‹«

»Klar, Chef«, sagte Kretschmer und wollte eigentlich weinen. »Aber vorher rufe ich mal unsere Rechtsabteilung wegen des Dokuments an.«

Er wählte die Privatnummer des Chefanwalts und steckte die wütende Tirade wegen des frühmorgendlichen Anrufs ohne Wimpernzucken weg. Dann erläuterte er kurz den Sachverhalt und fragte nach der Meinung des Anwalts. Als er diese zu hören bekam, musste er den Hörer ein Stück vom Ohr weghalten, und so erfuhr auch gleich der Bürgermeister die Antwort.

»Nein!«, schrie es aus der Muschel. »Niemals! Verjährt! Vergessen! Vorbei! Diesen Rechtsanspruch erkennt kein Gericht der Welt mehr an! Und rufen Sie mich nie, nie, nie, nie, nie wieder um sechs Uhr morgens bei meiner Freundin an! IST DAS KLAR? Sonst erzähle ich nämlich morgen im Radio ein paar interessante Dinge über die abgelaufene Legislaturperiode Ihres Chefs. KLAR?«

»Klar!«, sagte Kretschmer resigniert und legte auf. Nach diesen letzten vierundzwanzig Stunden begann er, den Spruch »Lieber tot als rot!« noch einmal zu überdenken.

22

»Kein Gerichtshof auf der ganzen Welt?«, fragte Erik, der zusammen mit Christoph, Bébé, Kathrin, Fernando, Esteban und Gilead im Nürnberger Flughafencafé saß und ein paar Hörnchen aß. »Das möchte ich so nicht sagen.«

»Ach?«, erwiderte Fernando. »Wie möchten Sie es dann sagen?«

»Gar nicht«, sagte Erik, der sich ein paar Krümel aus dem brandroten Bart wischte und aufstand. »Jedenfalls nicht hier und nicht, ohne das Dokument gesehen zu haben. Haben Sie eine vernünftige Bleibe oder muss ich ins Hotel?«

Christoph und Bébé boten ihre Wohnung an, und so nahmen sie zwei Taxen in die Innenstadt. Erik sah sich voller Neugier die Stadt an, als sie auf dem Ring gen Burg fuhren.

»Warum haben Sie denn das alles wieder aufgebaut?«, fragte er schließlich verwundert. »Kein Mensch braucht heutzutage noch eine Burg. Und ich spreche aus Erfahrung«, fügte er hinzu.

»Weil wir das erstens nicht waren«, sagte Bébé, »und weil das hier außerdem Europa und nicht Amerika ist, wo man eine Frittenbude unter Denkmalschutz stellt, wenn sie fünf Jahre alt ist. Sie wissen gar nicht, was wir hier alles *nicht* wieder aufgebaut haben.«

»Schon gut«, sagte Erik, »war nur'n Witz, okay? Ich finde diese Burg ja sehr nett. Eignet sich sicher prima für Empfänge.«

»Bedingt«, antwortete Christoph grinsend, »nur bedingt.«

Erik sah zu Gilead hinüber und runzelte die Stirn.

»Habe ich Sie nicht schon mal irgendwo gesehen?«, fragte er ihn. Gilead zuckte die Schultern.

»Kaum«, antwortete er, »ich war nur einmal in Amerika. Ganz kurz. Nur ein Zwischenstopp, sozusagen.«

»Na ja«, sagte Erik, »ich bin auch kein gebürtiger Amerikaner. Ich bin … äh … Norweger.«

»Aus Norwegen kommt nicht mal anständige Musik«, sagte Bébé, der wegen Eriks Bemerkung über die Burg noch etwas eingeschnappt war.

»Das stimmt«, sagte Erik voller Überzeugung, »aber gute Anwälte.«

»Das werden wir sehen«, sagte Christoph zweifelnd.

»Das werden Sie sehen«, sagte Erik.

»Scheiße!«, sagte Leif, der sich mitten auf dem Atlantik befand und soeben dreieinhalb Stunden damit zugebracht hatte, sein Boot zweimal komplett zu durchsuchen. »Ich hab nicht nur die Gitarre vergessen, sondern auch noch die Sixpacks im Auto liegen lassen.«

Die große Konferenz sollte am frühen Abend in Christophs und Bébés Wohnung tagen. Sie hatten das Wohnzimmer leer geräumt und alle möglichen Sitzgelegenheiten um den Tisch gruppiert. Carlos war gegen fünf Uhr gekommen, gefolgt von Esteban und zwei Spaniern, die kistenweise Gemüse, Brot und Wein nach oben schleppten. In der Küche angelangt, befahl Carlos den beiden Freunden, sich vor den Fernseher zu setzen und den Madeira zu probieren, was die beiden brav befolgten (wobei Christoph allerdings einschlief, denn er war ja nun schon seit sechsunddreißig Stunden auf den Beinen). Gilead war unterwegs, um ein paar Besorgungen zu machen, und Erik sah sich die Stadt an. Christoph hatte keine Ahnung, wo Kathrin und Fernando waren, aber er träumte von ihnen und war deshalb ziemlich sauer, als er von einem Streit in der Küche aufwachte.

Carlos entsetzte Stimme war plötzlich zu hören:

»Madre de Dios! Du hast diesen Wein *wo* gekauft? Hab ich das richtig verstanden? Du hast den Wein bei Aldi gekauft? Alle 24 Liter? Bist du komplett irre, du blöder Kastilier?«

»Ich habe den Wein da gekauft, wo er am billigsten war«, antwortete jemand beleidigt. »Don Fernando ist fast pleite. Schließlich mussten wir für diese blöde Entführung unseren Job bei der Müllabfuhr aufgeben. Und ich hatte mein dreizehntes Monatsgehalt noch zu kriegen.«

»Hör mal, José«, sagte Carlos mit unterdrückter Wut, »du bist Spanier, richtig? Du warst ein spanischer Ritter, ja? Wie kannst du dann Wein in Kanistern kaufen? Hä?«

»Ich bin zunächst mal Schatzmeister dieser ganzen blöden Truppe, die an einem Tag mehr Wein trinkt, als die EU in einem Jahr wegschütten kann. Ich kaufe den Wein, wo ich will, klar?«

»Diesen Wein«, knirschte Carlos, »verwende ich nicht mal zum Kochen! Don Fernando hat gesagt, ich soll dem Amerikaner ein Festmahl machen; von ermorden hat niemand gesprochen.«

»Diesen Wein oder keinen!«, sagte José fest.

»Wenn von diesem Gesöff ein Tropfen meine Bratensoße berührt, José, wirst du herausfinden, wie unsterblich du ohne Kopf bist! Du bringst diese Methylalkoholkanister zurück und kaufst Wein.«

»Diesen Wein oder keinen!«, beharrte José mutig. Der Streit begann, an Lautstärke zuzunehmen, aber José blieb fest, obwohl er nur halb so groß wie Carlos war.

»¡Tu tiene la megalomania, José!«, schrie Carlos. »Bring ihn zurück!«

»¡No!«

Man hörte einen erstickten Wutschrei, als Carlos auf José losging. Dann klirrte ziemlich viel Geschirr, und aus der

Küche kam eine Stichflamme, als die offene Madeiraflasche in den Gasherd fiel. José schrie schmerzerfüllt auf, als Carlos etwas Unaussprechliches mit ihm tat, was sich in einem dumpfen Knallen äußerte, und dann herrschte einen Augenblick Stille. Christoph und Bébé sahen sich besorgt an. Dann öffnete sich die Küchentür und José kam heraus. Sein Kopf steckte in einem Rotweinkanister, dessen brachial am Boden geschaffene Öffnung sehr gut an seinem Hals abschloss, sodass ihm kaum Wein aus dem noch immer gefüllten Kanister in den Kragen floss. José selbst wankte ins Wohnzimmer, sah aber durch den Rotwein und das milchige Plastik des Kanisters nicht genau, wohin er lief. Zwar konnte er als Langlebiger im Wein atmen, aber sein Selbstbewusstsein litt darunter, dass er wie ein zu großer Fisch in einem Rotweinaquarium aussah. Carlos hatte ihm außerdem die Hände mit Einweckgummi auf dem Rücken gefesselt, weshalb sich José im Augenblick nicht aus eigener Kraft befreien konnte. Allerdings auch nicht mit fremder Hilfe, denn Christoph und Bébé lagen unter dem Couchtisch und brüllten vor Lachen. José wankte weiter durch die Wohnung und suchte nach Rettung, indem er seinen Kopf samt Kanister gegen jede erreichbare Kante donnerte. An Bébés Verstärker jedoch hatte er schließlich Erfolg. Der Kanister platzte, und ein Schwall billigen Lambruscos ergoss sich in die Röhren des kostbaren *Marshall*-Gerätes. Bébé lachte plötzlich gar nicht mehr. Er war mit einem Sprung neben José und schleuderte ihn beiseite. Mit einem bösen Funkeln in den Augen stellte er sich schützend vor den Verstärker und sagte zu dem unglücklichen José:

»Gnade dir Gott, wenn du ihn kaputt gemacht hast!«

Dann schaltete er ihn an. Ein hustendes Puffen entrang sich der betagten Maschine und eine schwächliche Flamme schlug aus dem Lautsprecher. Dann explodierte er mit einem mittleren Knall und Christoph flogen diverse Magneten um die Ohren. Was ihn nicht hinderte, sich weiterhin seinem Lachkrampf hinzugeben. Mittlerweile hatte er Schwierigkeiten, Luft zu bekommen. Bébé auch. Aber aus anderen Gründen. Er stand fassungslos vor den rauchenden Trümmern seines Verstärkers, der ihm fünfzehn Jahre lang auf sämtlichen Bühnen Nürnbergs und Fürths treue Dienste geleistet hatte. Tränen standen ihm in den Augen. Seine Hände zuckten unkontrolliert, und José zog es vor, in einer Rotweinspur zu Carlos in die Küche zurückzukriechen.

»Das … glaube … ich … einfach … nicht!«, sagte Bébé fassungslos. »Dieser blöde José hat meinen *Marshall*-Ver–«, er stockte, schluckte und sah schließlich beleidigt zu Christoph. »Hör auf zu lachen, du Ratte! Das ist kein Spaß mehr.«

Christoph biss sich hart auf die Lippen. Trotzdem stieg noch ab und zu ein Kichern in ihm hoch.

»Lass mal«, sagte er schließlich tröstend. »Wenn Fernando mit seinem Erbe durchkommt, gehört ihm Amerika. Wir setzen ihm den Turm auf die Rechnung, okay?«

Bébé gab dem zerstörten Kanister einen Tritt, nickte aber widerstrebend. »Banausen«, murmelte er noch, bevor auch er wieder grinsen musste.

Carlos kam händeringend aus der Küche.

»Wir brauchen anständigen Wein für das Essen, aber wir haben kein Geld mehr!«

Christoph sah Bébé ratlos an. Bébé zuckte die Schultern. Dann kam ihm ein böser Gedanke. Er grinste Christoph breit an und fragte Carlos: »Sag mal, Carlos, du bist doch gläubiger Katholik. Du kannst die Ketzer nicht leiden, oder? Findest doch auch, dass man sie auf den rechten Weg zurückführen muss?«

Carlos bekreuzigte sich als Antwort. Bébé nickte zufrieden, dann wandte er sich wieder Christoph zu und sagte: »Du erinnerst dich sicher noch, als wir 15 waren und auch kein Geld für

Wein hatten? Weißt du noch, was wir damals gemacht haben?«

Christoph sah ihn an. Dann verstand er plötzlich. Er wich zurück:

»Oh nein, Bébé, auf keinen Fall. Das machen wir mit Sicherheit nicht. Nie wieder!«

»Der Zweck«, sang Bébé fröhlich, »heiligt die Mittel. Und wenn ich von heilig spreche, meine ich heilig, nicht wahr?«

Christoph wehrte sich mit Händen und Füßen: »Nein, nein. Niemals. Nicht so. Ich kann das nicht mehr.«

»Oh ja, doch«, sagte Bébé, »das kannst du noch. Sehr gut sogar.«

Er wandte sich an Carlos: »Wir sind in einer halben Stunde wieder da.«

Sprach's, nahm Christoph bei der Hand und zog den Widerstrebenden in sein Auto.

Ein Keller. Ein dunkler Keller. Kalt. Feucht. Unangenehm. Der Keller einer Kirche in Fürth. In dem Keller sind zwei Menschen. Wahrscheinlich sind sie eingesperrt worden, denn die Tür ist von außen abgeschlossen. Andererseits liegen da auch Scherben eines Kellerfensters herum. Innen. Vielleicht ist jemand durch das Fenster gekrochen, nachdem er das Eisengitter davor eingetreten hat. Das Fenster ist sehr schmal, aber der Koffer, den die beiden Menschen dabeihaben, könnte durchpassen.

»Um Gottes willen, sei endlich still«, zischte Christoph, »ich hör was.«

»Quatsch!«, gab Bébé zurück, senkte aber unwillkürlich die Stimme. Er fühlte sich plötzlich fünfzehn Jahre in der Zeit zurückversetzt. Da hatte er diese Situation schon einmal, ach was, mehrfach erlebt. Und die Angst war immer noch die gleiche.

»Kannst du das Etikett lesen?«

»Die sind alle gleich«, antwortete Christoph nervös. »Pack sie einfach ein!«

»Ich kann nicht mal sehen, welcher weiß und welcher rot ist«, beschwerte sich Bébé wieder lauter, weil er Lust an der Gefahr hatte und es genoss, Christoph Angst zu machen.

»Warum machen wir das Licht nicht an?«

»Weil«, gab Christoph nervös und scharf zurück, »Abendmahlswein meistens rot ist und wir zweitens nicht wissen, ob er da draußen nicht irgendwo rumschleicht. Das macht er immer.«

»Ach ja«, sagte Bébé mit gespielter Fröhlichkeit, »mit einer Taschenlampe, nicht wahr? So war das doch immer, oder? Und mit Pistolen«, setzte er mit masochistischer Befriedigung hinzu, »mit scharfen Pistolen. Immer auf alles vorbereitet, so war er!«

»Hör zu, Bébé«, sagte Christoph, »ich altere sehr schnell hier unten. Pack einfach die Flaschen in den Koffer und dann hauen wir ab, ja? Ich bin keine fünfzehn mehr.«

»Ja ja«, sagte Bébé, und dann hörte man eine Zeit lang nur, wie Kartons aufgerissen wurden und Flaschen klirrten, als sie in einen Koffer gelegt wurden.

Dann allerdings hörte man noch etwas.

Eine Stimme.

»Hallo?«, klang es fragend von außen.

Bébé und Christoph erstarrten. Beide kannten die Stimme. Beide dachten, weil sie schon so lange Freunde waren, genau das gleiche Wort: ›Scheiße!‹

Sie dachten es auch in der gleichen Betonung, aber das wussten sie nicht. Sie versuchten, nicht zu atmen, aber schließlich waren sie keine Langlebigen. Doch sie atmeten sehr flach. Man hörte, wie ein Schlüssel ins Schloss geschoben wurde. In diesem Augenblick kam Leben in die beiden. Jede Freundschaft war für Sekunden vergessen, als ein wilder Kampf um das Kellerfenster entbrannte, das wirklich sehr schmal und hoch war. Keiner hatte sich Gedanken gemacht, wie sie hier schnell wieder herauskämen, deshalb standen keine Kisten vor dem Fenster. Sie rutschten von der Wand ab und pressten sich panisch in die Ecke, als die Tür geöffnet wurde und das Licht anging. Blinzelnd sahen sie auf die dunkle Figur, die in der Tür stand. Die Freunde seufzten tief und ergaben sich in ihr Schicksal. Sie traten vor. Christoph hatte wieder einmal das unangenehme Gefühl eines Déjà-vu. Beide schluckten. Dann sagte Christoph: »Hallo, Papa.«

Und Bébé wünschte höflich: »Guten Abend, Herr Friedrich.«

»Kann mir einer von euch beiden Narren erklären«, fragte der erste Pfarrer der zweitgrößten Gemeinde in Fürth, »was ihr im Kirchenkeller mit einem Koffer voller Abendmahlswein tut?«

Die Erklärung. Das hatten sie beide verdrängt gehabt. Am Ende stand immer eine sehr schwierige Erklärung.

»Also«, sagten sie gleichzeitig, »es ist nämlich so ...«

Die Erklärung, fand Christophs Vater, war *unbefriedigend.*

Aber immerhin war sie interessant.

Dreieinhalb Stunden später lehnte sich Erik befriedigt und satt in seinem Stuhl zurück, wischte sich den Mund an einer Serviette ab, die ebenfalls aus Kirchenbeständen stammte, und sah in die Runde, in der auch Herr Friedrich saß.

»So. Und jetzt zum Geschäft. Erzählen Sie mir alles.«

Er machte eine kleine Kunstpause.

»Und alles heißt wirklich alles, ohne Ausschmückungen und ohne Weglassungen, okay?«

Christoph trank einen Schluck Wein und sah Gilead an, der ihm ermutigend zunickte. ›Der hat gut nicken‹, dachte Christoph, der sich gegenüber dem größten Anwalt der Welt so fühlte, als sei er der größten Lügengeschichte der Welt aufgesessen, und alle, einschließlich seines Vaters, hätten sich lediglich dazu verabredet, ihn als kompletten Idioten bloßzustellen. Plötzlich kam ihm selbst die Geschichte ein bisschen dünn und ein bisschen allzu unglaubwürdig vor. Er schluckte, nahm das Dokument, das neben ihm lag und fing an:

»Sie werden mir nicht glauben, aber es ist so …«

Zu jedermanns Erstaunen glaubte Erik jedes Wort.

»Ich bin sehr froh, Sie kennenzulernen«, sagte er, nachdem er die ganze Geschichte gehört hatte, und lächelte zum ersten Mal nicht sein professionelles Anwaltslächeln, sondern ein echtes Wikingerlächeln, das sich in seinem roten Bart wohlzufühlen schien.

»Denn Sie geben mir die Gelegenheit, nach dreihundert Jahren endlich wieder unter meinem echten Namen vor Gericht zu treten.«

Mit diesen schlichten Worten löste er bei den Langlebigen eine Sensation aus. Alles sprang auf, fragte nach Eriks Herkunft und Alter, klopfte ihm auf die Schulter und wollte mit ihm anstoßen. Anekdoten aus dem 16. Jahrhundert wurden ausgetauscht und gemeinsame Bekannte aus dem 18. durchgehechelt. Es war wie ein Klassentreffen in Hochpotenz, nur schlimmer. Christoph hingegen sank auf seinen Stuhl zurück und hatte plötzlich das Gefühl, alleine an einer großen Tafel zu sitzen. Er hatte das Gefühl, als sei dies das Ende seiner kleinen, kurzlebigen Welt, die er nichtsdestotrotz ganz gern mochte. Vor allem aber hatte er das Gefühl, im Vergleich zu seinen neuen Freunden verdammt alt und sehr müde zu sein.

Was er in Relation zu den jeweiligen, geschätzten Sterbedaten ja auch war.

Aber der Sturm bei den Langlebigen legte sich und Christoph kam wieder aus seiner Flaute heraus.

»Nachdem die Herren sich ein wenig beruhigt haben«, sagte er ironisch, »würde ich gerne wissen, was Sie zu tun gedenken, Herr Eriksen.«

»Das kann ich Ihnen sagen, mein Junge«, sagte Erik fröhlich.

»Ich werde mich morgen mit diesem Dokument nach Amerika begeben und Sie alle sehr reich machen. Vor allem aber will ich Ihnen sagen, was *Sie* tun sollten.«

»Und das wäre?«, fragte Kathrin.

»Ich kann Sie nur dann sehr reich machen«, sagte Erik plötzlich bedächtig, »wenn Sie alle noch am Leben sind. Deshalb halte ich es für ratsam, wenn Sie alle untertauchen. Spätestens ab nächster Woche Mittwoch, wenn ich vor dem High Court stehe, werden Sie zu den meistgesuchten Personen auf dieser Erde gehören. Und zu den potenziell totesten.«

»Es gibt keine Steigerung zu *tot*«, sagte Kathrin automatisch.

»Für Langlebige doch«, antwortete Erik, »und für *Sie* macht es keinen Unterschied. Deshalb möchte ich, dass Sie ab nächstem Dienstag unauffindbar sind – und sich in kleine Gruppen aufteilen. Ich werde Ihnen allen eine Telefonnummer geben, unter der Sie mich zu festgesetzten Zeiten anrufen. Sie bleiben so lange von der Bildfläche verschwunden, bis Sie vor Gericht erscheinen müssen. Alles klar?«

»Nein«, sagte Bébé, »ich habe nächsten Samstag ein Konzert.«

»Nicht, wenn Sie tot sind«, sagte Erik lächelnd. »Vielleicht geben Sie es besser jetzt gleich, wenn es schon sein muss.«

»Ich habe hier aber keinen Verstärker«, sagte Bébé und warf einen bösen Blick zu Carlos.

»Dann spielst du unplugged«, sagte Kathrin und schmiegte sich an Don Fernando. »Das ist sowieso viel romantischer.«

›Toll‹, dachte Christoph, während Bébé nach der Gitarre griff und die anderen Spanier ihre Kastagnetten herausholten, ›das läuft wirklich toll!‹ Alle feierten und er saß mit Liebeskummer herum und war noch dazu ein Kurzlebiger. Und als er hörte, wie sein Vater mit Carlos ein Gespräch über die transzendentale Seite der Unsterblichkeit begann und Carlos Gefahr lief, in Kürze zum Protestantismus, wie ihn sein Vater verstand, zu konvertieren, schnappte er sich zwei Flaschen Messwein und wanderte in Richtung seines Zimmers, um sich dort still zu betrinken. Als er jedoch die Tür öffnete, sah er, dass schon jemand in seinem Bett lag. Wütend ging er hin, riss die Decke fort und wollte sagen:

»Hau ab, Junge, schlaf in Bébés Zimmer.«

Was er tatsächlich sagte, war: »O Gott, was für eine verdammte Scheiße! Gisela!«

»Nee!«, sagte sein Bruder unter Gisela hervor. »Das ist Nicola.«

23

In einer mittleren Yacht in der Mitte des Atlantiks bei mittlerem Seegang war jemand weit von jeder Mittelmäßigkeit entfernt. Leif hatte nämlich entdeckt, dass mittels einiger Neonröhren und einem behelfsmäßigen Holzfeuer sowie zentnerweise Kartoffeln, die aus unerfindlichen Gründen im Lagerraum gebunkert waren, ein nicht ganz schlechter Schnaps herzustellen war. Zwar schmeckte er grauenvoll (Leif hatte vergessen, den Vorlauf wegzugießen), aber er tat seine Pflicht.

Eigentlich kann man es sich als Langlebiger leisten, so lange auf dem Atlantik herumzukurven, bis man an irgendeine Küste kommt. Vor allem, wenn man einen ausreichenden Vorrat an Rohmaterialien für Schnaps hat. Leif allerdings wollte nicht auf dem Atlantik herumkurven. Er wollte nach Europa. Leif war aber auch seit langer Zeit, um genau zu sein seit seiner Landung an der amerikanischen Küste vor einigen Hundert Jahren, auf keinem Schiff mehr gewesen. Und Erik hatte ihn schon damals nie steuern lassen. Die Yacht hatte er sich nur gekauft, weil ein Rockstar eben eine Yacht hat, auch wenn kein Aas diesen Rockstar kennt. Aus sentimentalen Gründen hieß die Yacht »Emma«. Das war aber auch das einzige, was an ihr noch entfernt norwegisch war. Leifs Yacht hatte einen Kreiselkompass, einen Autopiloten und ein Navigationsgerät, das dem Kapitän zu jeder Zeit die Position des Schiffes bis auf einen Meter genau angeben konnte.

Das alles muss jedoch angeschaltet sein, wenn es funktionieren soll.

Dazu braucht man einen Schalter. Und diesen Schalter muss man erst finden. Nun hatten die Konstrukteure der

Yacht – schließlich waren sie Amerikaner – die Möglichkeit in Betracht gezogen, dass ihr künftiger Eigner ein Rockstar und damit extrem doof sein könnte und nicht einmal in der Lage wäre, einen rot angestrichenen, großen Zentralschalter zu finden. Deshalb hatten sie sich dazu entschlossen, *keinen* rot angestrichenen, großen Zentralschalter in das Instrumentenpult zu bauen, sondern den Schalter direkt mit der Zündung zu koppeln. All diese netten Geräte schalteten sich automatisch ein, wenn man den Zündschlüssel herumdrehte.

Oder besser: falls.

Wikingerschiffe haben keinen Zündschlüssel. Sie werden einfach gesegelt.

Und Leif hatte nicht nur die Sixpacks im Wagen liegen lassen.

Einige Hundert Kilometer auf der geographischen Achse südlich von Leif verklang das letzte Echo eines gewaltigen Donners aus den Lautsprechern. Ein Projektor surrte. Es handelte sich dabei um einen 35mm-Projektor, der durch eine etwas eigenwillige Konstruktion, bei der Einweckgummis und Vorhangringe eine tragende Rolle spielten, dazu in der Lage war, jeden nur möglichen Moment der Vergangenheit auf die Leinwand zu projizieren.

»Was war *das* denn?«, fragte eine befehlsgewohnte Stimme verblüfft aus dem Dunkel.

»Caesars Flotte auf dem Weg, Britannien zu erobern!«, schallte es fröhlich zurück.

Schweigen.

Bedrohliches Schweigen.

Dann wieder die Stimme des Hohepriesters Huitzilipochtli: »Wer war das?«

Die Novizen duckten sich, obwohl die Finsternis in der

Höhle derart undurchdringlich war, dass nicht einmal der Hohepriester das Geringste sehen konnte. »Ich habe dich an der Stimme erkannt, Novize«, rief der Hohepriester. »Morgen gibt es Kutteln für Huitzilipochtli.«

Schweigen.

Vielstimmiges Kichern.

Einsames Zähneknirschen.

»Mach mal einer das Licht an«, gab der Hohepriester schließlich auf. Irgendwo hörte man, wie sich jemand herumtastete, mit dem Schienbein an irgendetwas stieß und fluchte. Schließlich erklangen die typischen Geräusche, die ein Radfahrer von sich gibt, wenn er versucht, den Mont Blanc auf einem Tourenrad hochzufahren. Ein paar primitive Bogenlampen flammten auf und zeigten eine Reihe aztekischer Wissenschaftler mit weißen Kitteln über ihren Binsenröckchen, die in einer riesigen Höhle herumstanden und rätselten, was eben mit ihnen geschehen war. Worüber sie nicht zu rätseln brauchten, war der Trümmerhaufen, der früher ihr wissenschaftliches Gerät und das neue Propellerflugzeug gewesen war. Sie standen nämlich mittendrin.

»Vielleicht sollten wir dem König Bescheid sagen«, meinte einer der Novizen schüchtern, als ihn ein hässliches Geräusch unterbrach …

»Ach Scheiße!«, sagte Quetzal, der Novize, plötzlich gelangweilt. »Das haben wir jetzt ungefähr tausendmal gesehen. Ich find's nicht mehr lustig.«

Zu Huitzilipochtli gewandt, der auf dem Fahrrad den Strom für den Projektor erzeugte, sagte er:

»Du kannst aufhören, Hutzi. Schließ die Lampe wieder an, okay?«

Huitzilipochtli, der mittlerweile so vollkommen in sein Schicksal ergeben war, dass er sich ein Leben ohne Pedale gar nicht mehr vorstellen konnte, bückte sich im Treten und wechselte die Kabel. Der Projektor erlosch und die Lampe flackerte auf.

»Ich gehe jetzt raus«, sagte Quetzal, »und es ist mir egal, ob ihr mitkommt. Ich hab's satt, seit Hunderten von Jahren in einer Höhle herumzusitzen und fernzusehen oder Dinge zu erfinden, von denen nicht einmal ich weiß, wozu sie gut sind. Ich will was erleben.«

Die anderen Novizen bewegten sich unruhig auf ihren Kinosesseln hin und her. Man lebt nicht völlig folgenlos jahrhundertelang in einer Höhle, in der es weder einen McDonald's noch Atomkraftwerke gibt und die auch von keinem Pizzalieferdienst der Welt erreicht wird. Die Novizen hatten, wie alle großen Wissenschaftler, eine Agoraphobie entwickelt. Auf Deutsch: Sie hatten Angst, nach draußen zu gehen.[9]

»Moment noch, Quetzi«, sagte Hitlichtlo. »Uns geht's doch gut hier. Ich meine, wozu hinaus in die weite Welt und so. Alles, was wir brauchen, haben wir doch hier!«

»Keine Hamburger, kein elektrisches Licht und keine Frauen!«, zählte Quetzal auf. »Ich gehe in jedem Fall.«

»Entweder gehen alle oder keiner«, sagte Hitlichtlo fest. »Wir stimmen ab.«

Sie stimmten ab. Es stand sechs zu sechs – Hutzi hatte sich seiner Stimme enthalten, weil Azteken abstimmen, indem sie entweder mit dem rechten oder dem linken Fuß

---

[9] Diese seltsame Übereinstimmung, dass kluge Wissenschaftler oft unter Agoraphobie leiden, sollte dem Rest der Bevölkerung zu denken geben. In Anbetracht der Tatsache, dass unsere Umwelt verseucht ist und draußen Menschen wie Angela Merkel, Ahmadinedshad und Dieter Bohlen herumlaufen, erscheint es zuweilen ganz vernünftig, im Haus zu bleiben und über den Neubau eines Bunkers nachzudenken. Bei Hitlichtlo allerdings hatte die Angst eine weniger reale Grundlage: Er hatte alle *Deutschland sucht den Superstar*-Staffeln gesehen und ein vages Gefühl entwickelt, dass er mit dieser Art Welt nicht zurechtkommen würde.

vortreten. Quetzal behauptete jedoch, Hutzi hätte zum Zeitpunkt der Abstimmung den rechten Fuß auf dem Pedal vorne gehabt und wertete seine Stimme für sich. Daraufhin prügelten sie sich und einigten sich schließlich auf eine erneute Abstimmung durch Handheben, die elf zu eins für Quetzal endete. (Quetzal selbst hatte in der Aufregung vergessen, die Hand für sich zu heben – und Hutzis Stimme zählte diesmal nicht.)

Kurze Zeit später erfüllte wieder ein gewaltiger Donner die so vertraute Höhle und eine Menge Steine flogen durch die Luft. Als sich der Staub gelegt hatte, sah man zwölf in nicht mehr ganz weiße Kittel gekleidete Männer aus den Trümmern wanken, die sich heftig stritten:

»Ich habe dir gleich gesagt: nach außen, nicht nach innen. Nach außen sprengen!«

»Ich wusste doch nicht, dass dieses Puddingzeug so stark ist!«

»Deswegen hättest du es trotzdem nicht auf dem *ganzen* Felsen ausrollen müssen. Statik, mein Junge, Statik ist die Wissenschaft des richtigen Punkts!«

Eine dünne, keifende Stimme mischte sich ein: »Wollt ihr mich hierlassen oder was?«

Sie hatten Hutzi vergessen, der unter seinem Fahrrad lag. Als sie ihn aufstellten, merkten sie bald, dass sie ihn tragen mussten. Er fiel immer um. Und dann machten sie sich unter Quetzals Führung fröhlich streitend auf den Weg zur Küste.

Einige Tage später war Leif aufgrund eines kleineren Navigationsfehlers ebenfalls an der Küste angelangt. Er hielt diese für Spaniens Gefilde und wunderte sich daher ein wenig über den Dschungel, der hier wucherte. Sein Erstaunen steigerte sich, als aus eben diesem Dschungel eine kleine Gruppe von Leuten trat, die genauso aussah, als hätten sich Dr. Seltsam, Dr. Mabuse und Dr. Jekyll mit den Professoren Heisenberg, Einstein und Weizsäcker für eine Urwaldexpedition zusammengetan und wären dabei in Streit geraten. Leif lehnte sich über die Reling seiner schief liegenden, auf Grund gelaufenen Yacht und betrachtete geistesabwesend das Näherkommen dieser offensichtlich Irren. Als sie nahe genug waren, sagte er trunken: »Hallo!«

Die Verrückten hörten auf zu streiten, sahen hinauf zu Leif und sagten: »Hi!«

Vor Leifs innerem Auge stand plötzlich Dieter Bohlen und sagte: »Hi!«

Er schrieb das seiner Betrunkenheit zu und entsann sich, dass er irgendetwas fragen wollte. Dabei versank er in tiefes Schweigen und seine Gedanken irrten ab. Die Novizen samt Huitzilipochtli schwiegen ebenfalls betroffen. *So* hatten sie sich die Menschen im 21. Jahrhundert irgendwie nicht vorgestellt. Offensichtlich waren diese Fernsehfilme doch nur ein reines Fantasieprodukt. Plötzlich nahmen Leifs betrunkene Augen die Novizen wieder wahr und er erinnerte sich auch an seine Frage.

»Hallo noch mal«, sagte er unsicher. »Ist das hier Spanien?«

Die Novizen starrten ihn mit offenem Mund an. Hatte hier draußen etwa nie eine Aufklärung stattgefunden? Lehrten sie die Menschen immer noch, dass die Erde flach sei? Wurde die Bevölkerung immer noch unwissend gehalten?

»Äh«, sagte Quetzal nicht sehr gehaltvoll. »Nee! Nein. Das hier ist Mexiko.«

»Oh, oh!«, sagte Leif mit schwerer Zunge. »Ist das ganz sicher?«

»Ja!«, sagte Hutzi giftig, »das ist ganz sicher, es sei denn, wir hätten eine tektonische Verschiebung von größeren Ausmaßen gehabt. Können wir diesen Idioten jetzt verlassen?«, fragte er die anderen.

»Tektonische was?«, fragten Leif und Hitlichtlo gleichzeitig.

»Oh, schon gut«, winkte Quetzal ab. »Wo wolltest du denn hin?«

»Nach Europa«, antwortete Leif nach kurzem Nachdenken. »Ich glaube, es war Europa. Obwohl …«, er kam ins Grübeln, »ich bin mir da gar nicht mehr so sicher. Will mich nicht festlegen, wenn Sie verstehen, was ich meine. Zu viele Kartoffeln und so.«

»Klar«, log Quetzal, »verstehen wir völlig. Können wir mit?«

»Hm?«, fragte Leif, bis er begriff. »Ja, klar. Kommt an Bord, Jungs. Sowieso besser, 'ne Mannschaft zu haben. Nicht leicht zu steuern, dieses Teil. Kommt an Bord.«

Die Novizen folgten seiner Einladung rasch. Hutzi hatte etwas Mühe.

»Euer Freund da«, sagte Leif zu Quetzal, der schon neben ihm stand, »er läuft irgendwie komisch. Kommt mir eigentlich gar nicht wie Laufen vor. Eher wie Wassertreten.«

»Oh, das!«, sagte Quetzal und machte eine wegwerfende Handbewegung. »Das ist gar nichts. Der Mann ist viel Rad gefahren.«

»Ah ja«, sagte Leif und ließ sich in einen Korbsessel auf dem Vorderdeck fallen. »Denn mal los, Jungs!«, schrie er und nahm einen Schluck Schnaps. »Bringt mir den Kahn wieder zum Laufen!«

Das taten die Novizen. Mit Satellitenpeilung kannten sie sich aus, und einen Zündschlüssel nachzumachen, war für keinen von ihnen ein Problem.

Es war gut, dass sie den Autopiloten schnell einschalteten, denn womit die aztekischen Novizen *wohl* ein Problem hatten, das war Leifs Kartoffelschnaps. So verloren sie ihre fünfhundertjährige alkoholische Jungfernschaft in einer ziemlich rauschenden Hochzeitsnacht auf dem Weg über den Atlantik zum Rhein-Main-Donau-Kanal.

24

Als Erik aus dem Flugzeugfenster sah, bemerkte er weit, weit unter sich ein winziges Pünktchen auf dem Wasser. ›Ach ja‹, seufzte er in sehnsüchtiger Erinnerung still vor sich hin, ›in so einer Nussschale sind wir damals auch gefahren. Emma, ach, Emma.‹ Er verlor sich in den Erinnerungen, die der Namen hervorrief, und kam erst wieder in die Wirklichkeit zurück, als er neben sich die nette Figur einer Stewardess sah. Das Gesicht war nicht so nett. ›Aber immerhin‹, dachte sich Erik, ›man kann nicht alles haben.‹ Und damit waren seine Gedanken wieder bei dem Fall, der in seiner Aktentasche aus Robbenfell lag. Er grinste breit, als er sich vorstellte, welches Gesicht die Richter machen würden, wenn er ihnen Fernandos Dokument unter die Nase hielt. Das würde der interessanteste Fall seiner Anwaltschaft werden, und er hatte eine *lange* Berufserfahrung. Er öffnete die Tasche und holte die beglaubigte Kopie des Dokuments heraus. Wie war nun vorzugehen? Was musste zuerst getan werden? Vor seinem geistigen Auge entwickelte sich bereits ein verzwickter Plan, in dem Langlebige als Zeugen aufgerufen, uralte Bilder aus Gemäldegalerien in der ganzen Welt geholt und Unterschriftenvergleiche anhand vergammelter Schriftstücke vorgenommen wurden, um die Gerichte von der Existenz Langlebiger zu überzeugen. Dann musste er plötzlich noch breiter grinsen. *Das* war ja eigentlich kein Problem. Er konnte ja mühelos seine eigene Langlebigkeit beweisen, indem er Jahre alte Prozessakten hervorkramte und seine Unterschriften vergleichen ließ.

Aber dann verging ihm das Grinsen wieder, als er an den Hauptteil der Geschichte dachte. Das würde wirklich knifflig werden, und er hatte noch keine Ahnung, wie er Fernandos Anspruch durchsetzen konnte. Er sah aus dem Fenster. Der kleine Punkt war längst verschwunden. Die Stewardess teilte die üblichen Zettel aus, die jeder vor der Einreise in die USA ausfüllen muss, wenn er nicht eine Woche auf dem Flughafen verbringen will. Erik hatte sie schon tausendmal ausgefüllt.

Haben Sie vor, amerikanische Kinder zu schänden? – Nein!

Sind Sie vorbestraft? – Nein!

Führen Sie Getreide, Pflanzen oder größere Mengen Heroin mit sich und beabsichtigen Sie, diese in den USA zu vertreiben? – Nein!

Sind Sie Mitglied einer kriminellen Vereinigung? – Nein!

Wenn ja, welcher? – Anwaltsvereinigung!

Haben Sie vor, den Präsidenten oder die Regierung der Vereinigten Staaten zu stürzen? – Nein!

Nein?

Erik stutzte, las den Satz noch einmal und kam plötzlich ins Überlegen. Den Präsidenten stürzen? Die Regierung? War der Präsident nicht durch die Unabhängigkeitserklärung erst zum Präsidenten geworden? Da war die Revolution gewesen, 1776. Eine Revolution ist rechtsfreier Raum, oder? Oder doch nicht? Erik kam ein Gedanke. Er schob ihn weg. »Du bist ja irre«, sagte er zu sich selbst, »vollkommen bescheuert!«

Der Gedanke kam wieder. Erik sah ihn sich näher an. Prüfte ihn. Drehte ihn hin und her. Und als das Flugzeug landete, grinste er. Auch deshalb, weil er diesmal unter seinem eigenen Namen vor Gericht treten würde.

Judge Apo Calipsee war kein ruhiger Mann. Er war klein, und die wenigen Haare, die er noch besaß, waren nur deshalb noch nicht der Vernichtung anheimgefallen, weil er selbst bei seinen gefürchteten Wutanfällen mit den Händen nicht an jede

Stelle seines Kopfes kam, wenn er seine Robe trug. Die hatte er sich extra so anfertigen lassen, dass sie seine Bewegungsfreiheit etwas einschränkte. Aber er brauchte weder Hände noch Arme, um furchterregend zu wirken. Er hatte Augen. Er hatte solche Augen, dass selbst seine Frau ihn gebeten hatte, im Bett die Sonnenbrille aufzubehalten. Der Mann, der zuerst davon geschrieben hat, dass Augen Blitze schleudern können, muss Judge Calipsee gekannt haben. Niemand mochte Calipsee, und seine Kollegen hatten ihn nur deshalb sofort zum Vorsitzenden Richter des High Court gewählt, weil sie ihn dann weniger sehen würden. Calipsee kannte seinen Ruf. Er mochte es, wenn an den Gerichtshöfen, an die er berufen wurde, die Zahl der Streitfälle drastisch zurückging. Und er verurteilte gerne. Er hatte schon immer gern und viel verurteilt. Die Summe der Gefängnisstrafen, die er ausgesprochen hatte, überstieg selbst die der Strafen auf Siron. Seine große Schmach war, dass er zwar schon viele Todesurteile gesprochen hatte, aber noch keines einer Revision hatte standhalten können. Judge Calipsee war der Ansicht, dass die meisten Menschen nur deshalb nicht im Gefängnis waren, weil sie noch nicht vor seinem Gericht gestanden hatten. Verbrecher aber waren sie alle. Deshalb befand er sich seit seiner Berufung zum High Court der USA in einem Zustand ständiger Wut, denn am High Court kann man niemanden verurteilen. Man kann nur Recht sprechen. Nun war Judge Calipsee schon im Normalzustand nicht der Richter, vor dem man sich wegen einer Geschwindigkeitsübertretung verantworten möchte, weil die Wahrscheinlichkeit zu acht Jahren Zwangsarbeit relativ hoch ist – wenn man dem Richter nicht widerspricht und echte Reue zeigt. In Wut aber war Judge Calipsee ein Richter, bei dem sich wahrscheinlich alle Seelen am Jüngsten Tag freiwillig für das Fegefeuer entscheiden würden, damit sie bei ihm keine Verhandlung hätten.

Judge Calipsee schob seine Brille hoch und sah also mit einem Blick kalter Wut auf Erik. Calipsees Kollegen hüllten sich fester in ihre Roben. Sie froren vor Angst, obwohl sie doch nicht *vor* der Richterbank standen. Hätten sie dazu die Kraft und den Mut gehabt, hätten sie Erik bedauert. Calipsee sah Erik sehr lange an. Erik lächelte still zurück, was Calipsee in noch größere Rage versetzte. Er wusste ja nicht, dass Erik lange Jahre geübt hatte, dem Blick toter Robben zu widerstehen.

»Mr. Eriksen«, sagte Calipsee schließlich mit flacher Stimme, die den Gerichtsdiener draußen erschauern ließ. »Nur dem Umstand, dass Sie einer der besten Anwälte des Landes sind und die älteste Kanzlei der Vereinigten Staaten vertreten, nur diesem Umstand – und nicht etwa Ihrer Person, die ich zutiefst verabscheue – verdanken Sie es, dass ich Sie nicht wegen grober Missachtung des Gerichts festnehmen lasse. Nehmen Sie dieses Papier«, Judge Calipsee ließ es aus seiner Hand fallen wie eine tote Ratte, »und gehen Sie schnell fort. Sehr schnell. Weit fort. Rennen Sie, bevor ich die Hände wieder aus den Taschen nehme.«

Er machte eine Pause, in der Erik ihn interessiert, aber ungerührt betrachtete, was Calipsee wahnsinnig erboste.

»Wenn Sie sich allerdings«, sagte Calipsee endlich in das eiskalte Schweigen des Sitzungssaals hinein und senkte seine Stimme zu einem Flüstern, das dem Gerichtsdiener Übelkeit erregte, »nicht nur einen flachen Spaß erlaubt haben, sondern diesen Antrag im Ernst stellen, dann sollten Sie sich besser auf eine lange Zeit einrichten, die Sie ohne Anwaltslizenz auf den Straßen der Bronx verleben werden. Klar?«

»Klar!«, antwortete Erik fröhlich.

»Klar, *Euer Ehren!*«, sagte Calipsee mit wuterstickter Stimme.

»Klar, Euer Ehren, Judge Calipsee, Sir«, sagte Erik fröhlich. »Und jetzt können wir wohl zur Sache kommen, okay?«

»Was für eine widerliche Art, ›Sache‹ zu einem Ding wie

diesem zu sagen«, bemerkte Calipsee angeekelt. »Das ist keine Sache, und schon gar kein Fall, sondern ein abstoßender Auswurf internationaler Verbrecherbanden.«

Erik fragte scheinheilig: »Auswurf, Euer Ehren? Meinen Sie nicht eher Rauswurf?«

»Was?«, schrie der Richter. »Wenn ich Auswurf sage, dann meine ich Auswurf. Wenn Sie mich noch einmal unterbrechen, werfe ich Sie raus.«

»Das hab ich gemeint, Euer Ehren. Aber *Sie* haben mit Auswurf angefangen, nicht ich. Wenn ich was auswerfen wollte, würde ich das bestimmt nicht in einem Gerichtssaal tun. «

Judge Calipsee knirschte mit den Zähnen, wobei deutlich zu hören war, wie ein Backenzahn splitterte:

»Wenn Sie hier das Geringste auswerfen, bringe ich Sie für sehr lange Jahre hinter Gitter!«

»Können wir dann vielleicht davon ausgehen, dass hier gar nichts geworfen werden darf? Weder aus noch raus?«

»Ich hasse Sie, Eriksen«, sagte Calipsee aus der Tiefe seiner Richterseele. »Sie stehen für alles, was nicht in dieses Land gehört. Sie werfen hier gar nichts. Oder«, verbesserte er sich hastig, »werfen Sie Ihren abstoßenden Körper hier raus.«

»Abstoßend?«, fragte Erik beleidigt. »Mögen Sie keine Rothaarigen? Oder finden Sie nur diesen speziellen Körper abstoßend? Man sollte nicht meinen«, fügte er nachdenklich hinzu, »dass ein Verfassungsrichter so viel Erfahrung mit männlichen Körpern hat!«

Calipsee fasste sich ans Herz und schnappte pfeifend nach Luft. Die anderen Richter verhüllten ihre Gesichter. Ihre Schultern zuckten.

»Wollen Sie etwa andeuten«, kreischte Calipsee, »dass ich Erfahrung mit männlichen Körpern habe?«

»Das haben *Sie* gesagt, nicht ich, Euer Ehren«, sagte Erik. »Ich habe all diese Körper hier gar nicht reingebracht.«

»Tun Sie sie raus. Ich will nichts mit männlichen Körpern zu schaffen haben. Ich finde sie widerwärtig. Ich will mit keinem Körper was zu schaffen haben. Schon gar nicht mit Ihrem. Es sei denn, er ist tot.«

»Das finde ich aber bedenklich, Euer Ehren«, sagte Erik bedächtig. »Sie sollten nicht gerne mit toten Körpern verkehren. Das tut niemand in diesem Land. Es ist irgendwie krank.«

Calipsees Atem ging rasend schnell. Alles an ihm zitterte vor grausamer Wut, als er schrie: »Ich verkehre überhaupt nicht mit Körpern. Sie stoßen mich ab. Ich will keine Körper! Ich will nur Sie vernichten. Ich habe noch nie jemanden erlebt, der mir in derart bösartiger Weise die Worte im Munde verdreht!«

»Das möchte ich nicht, Euer Ehren. Ihren Körper in allen Ehren, aber ich möchte nicht in Ihren Mund fassen, um dort irgendwas zu verdrehen. Er sieht schon jetzt nicht sehr gut aus.«

Calipsees Zähne splitterten in Reihen, als er versuchte, sich zusammenzureißen. Er zwang sich selbst den Mund auf und tat eine Menge verschiedenfarbiger Pillen hinein. Dann beruhigte er sich etwas und schäumte lediglich vor Wut. Immerhin war er jetzt fähig, sich auf den eigentlichen Gegenstand dieser Vorverhandlung zu besinnen, und zwang sich zur Ruhe. »Sie stellen also im Ernst den Antrag, dass dieses Gericht die Existenz der USA für rechtswidrig erklärt, weil sie aus einem verbrecherischen Akt der Gewalt entstanden ist?«

„Ja, Sir Boss, Euer Ehren Judge Calipsee, *Sir*!«, antwortete Erik mit mehr Sicherheit, als er wirklich hatte.

»Die Revolution 1776 war ein rechtswidriger Akt der Auflehnung von Untertanen gegen ihre rechtmäßige und anerkannte Herrschaft. Die Tatsache allein, dass diese abscheuliche Rebellion Erfolg gehabt hat, rechtfertigt nicht ihre prinzipielle Illegalität. Da die heutige USA Rechtsnachfolgerin der aufständischen

Kolonien ist, muss sie sich nach den rechtsstaatlichen Grundsätzen, auf denen sie beruht, selbst für inexistent erklären und den vorhergehenden Zustand wiederherstellen.«

»Und Sie glauben«, sagte Judge Calipsee mit einer Stimme, die einen seiner Kollegen vor Angst weinen ließ, »dass Sie damit durchkommen?«

»Ja, Euer Ehren«, sagte Erik, »und dann klagen wir gegen Frankreich wegen 1789.«

»Wen vertreten Sie eigentlich?«, fragte Judge Calipsee tückisch.

»Einen Erben von Cristoforo Colon, besser bekannt als Christoph Kolumbus. Ihm stehen aufgrund eines Dokuments, das bei Ihren Akten liegt, der Titel und das Einkommen eines Vizekönigs von Amerika zu.«

Judge Calipsee starrte ihn fassungslos an. Und dabei schlich sich eine vage Erinnerung in sein Gehirn. Er konnte sie nur noch nicht festmachen. Er sah sich selbst auf einem dunklen Dachboden, auf den ihn seine Eltern gesperrt hatten, weil er mehrere seiner Klassenkameraden zum Tod durch den Strang verurteilt hatte und dabei erwischt wurde, wie er das Urteil vollstrecken wollte. Auf diesem Dachboden lagen alte juristische Blätter herum, die er vor Langeweile gelesen hatte. Und in einem dieser Blätter war ein Bild aus einer Gerichtsverhandlung im Jahr 1911, das den Anwalt zeigte. Und dieser Anwalt hatte eine verdammte Ähnlichkeit mit Eriksen. Irgendetwas war faul. Irgendetwas stimmte hier nicht. Aber er konnte es noch nicht fassen. Und es machte ihn wütend, wenn er etwas nicht fassen konnte. Er hatte die Dinge gern sicher hinter Gittern. Oder tot. Lieber tot.

»Sie bekommen noch eine letzte Chance, Mr. Eriksen, Ihren lächerlichen Antrag zurückzuziehen«, sagte er.

»Nein danke, Euer Ehren«, antwortete Erik unbefangen. »Mein Klient möchte doch lieber das Geld und den Titel.«

Das war die falsche Antwort gewesen. Nachdem der Richter die Sitzung vertagt hatte, musste Erik dem abstoßenden Schauspiel beiwohnen, wie Judge Calipsee vor Wut heulend in die schwere eichene Tischplatte biss und die anderen Verfassungsrichter schreiend an ihm vorbei ins Freie rannten.

Erik wartete, bis Calipsee sich wieder beruhigt hatte. Außer ihnen war nur noch der Schreiber im Saal. Calipsee richtete die Sonnenbrille auf Erik, hinter deren Gläsern ein rotes Leuchten flackerte.

»Sie wissen«, sagte er gefährlich leise, »wenn dieser Antrag durchgehen sollte, dann befindet sich dieses Land in einem Zustand der Rechtlosigkeit.«

Er machte eine Pause und starrte Erik an.

»Und dann gibt es kein Gesetz mehr, das mich daran hindert, Sie zu töten. Das wäre der einzige Grund, diesen Antrag wohlwollend zu begutachten.«

Erik sah ihn nachdenklich an.

»Ich möchte nicht, dass Sie mir wohl wollen, Euer Ehren. Aus Ihrem Mund hört sich das wie ein Sittlichkeitsverbrechen an.«

»Rauuuuuus!«, schrie Calipsee in den höchsten Tönen.

Erik verließ nachdenklich den Sitzungssaal, trat auf die Stufen des High Court hinaus und sah auf die Straßen Washingtons, die im blauen Januarlicht glänzten. Er holte tief Luft. ›So!‹, dachte er, ›der Stein rollt.‹ Ab jetzt würde er sehr vorsichtig sein müssen. Er stieg in seinen gepanzerten Wagen und fuhr los. Und nicht nur er, dachte er weiter, er konnte bloß hoffen, dass Don Fernando und all die anderen sich gut versteckt hielten. Es war nicht nur Calipsees Wut zu fürchten. Er konnte kaum annehmen, dass ganz Amerika gelassen zusehen würde, wie es für illegal erklärt wurde.

Und für bedeutend ärmer, fügte er schmunzelnd hinzu.

Bill klopfte an die Tür. Als von innen ein »Ja« kam, trat er schnell ein. Dann stand er verlegen herum. Er fühlte sich immer noch fremd in diesem Raum. Aber er kam ja auch nicht oft hierher.

»Was ist denn?«, kam es hinter dem Schreibtisch hervor. Bill scharrte mit den Füßen auf dem Teppich.

»Äh, da ist ein Anruf, Schatz, von Judge Calipsee.«

»Und?«, fragte die Stimme kühl. »Warum redest du nicht mit ihm?«

»Er will mit dir sprechen, Schatz, er sagt, es sei wichtig.«

Hillary stand seufzend auf und kam um den Schreibtisch herum.

»Also gut«, sagte sie, »stell ihn durch. Und lass mich allein.«

›Nichts lieber als das‹, dachte Bill, als er das komisch ovale Zimmer wieder verließ, ›bei Gott!‹

Das Telefonat war nicht sehr lang, aber informativ. Die darauffolgenden Telefonate mit den Chefs von CIA, FBI und mehreren geheimen Eliteeinheiten der Armee waren dafür umso länger, obwohl sie im Grunde nur einen kurzen, klar verständlichen Befehl umschrieben:

»Tötet den Mann, der sich für Kolumbus' Erben ausgibt, und alle seine Freunde. Tötet auch alles, was dabei herumsteht und euch beim Töten zusieht. Tötet zur Sicherheit noch ein paar Unschuldige. Und macht schnell!«

Ein Befehl, der immer gern befolgt wird.

Die Gattin des Präsidenten hatte die Hände aneinander gelegt und dachte nach. Dann schaltete sie die Gegensprechanlage ein.

»Bill?«

»Ja?«, kam die eilfertige Antwort. »Was ist?«

»Ach nichts«, sagte Hillary, die es sich plötzlich anders überlegt hatte. »Denk daran, dass nächste Woche *Get Lost* im Weißen Haus spielt. Du musst die Kinder von der Uni abholen.«

»Klar, Schatz«, sagte Bill, »ich freu mich schon!«

Dann klickte es. Im ovalen Zimmer war es sehr still, als Hillary in Gedanken das amerikanische System verfluchte, das immer nur Männer zu Präsidenten wählte, die entweder zu früh erschossen wurden oder extrem dämlich waren. Letztlich lief es auf dasselbe hinaus: In beiden Fällen mussten die Frauen regieren. Obwohl sie es manchmal lieber gesehen hätte, wenn der jetzige, extrem dämliche Präsident erschossen werden würde. Nur wäre sie dann leider nicht mehr die mächtigste Frau der Welt. Sie seufzte und fuhr fort, die NATO-Akten zu unterschreiben. Schließlich hatten sie den gleichen Nachnamen.

25

»BLAMM! BLAMM! BLAMM!«

Der Knall dröhnte im Gebälk des Dachbodens und Christoph hielt sich die Ohren zu.

»BLAMM! BLAMM! BLAMMGONGSIRR!«

Christoph duckte sich, obwohl er wusste, dass ihm, wenn er den Querschläger hörte, nichts mehr passieren konnte. Die Kugel war von der großen Glocke abgeprallt und hatte sich ins Uhrwerk gebohrt. Christoph hockte auf dem schmalen Laufgang des Kirchenbodens und sah sehr unglücklich zu, wie sein Vater Bébé das Schießen beibrachte. Pfarrer Friedrich war in seinem Element – Bébé offensichtlich auch.

»Wer eine Gitarre bedienen kann«, hatte er vor drei Tagen gesagt, »kann auch schießen. Es sind nur zwei unterschiedliche Formen von Gewalt.«

»Untertauchen!«, hatte Erik ihnen gesagt. »Taucht in kleinen Gruppen unter!«

Das stellte der sich so leicht vor! Wie tauchte man in einer Stadt wie Nürnberg oder Fürth unter? Aber klar, sein Vater hatte Bescheid gewusst. Von dem Augenblick an, als sein Vater hörte, wie Erik in düsteren Farben die Methoden der CIA und des FBI schilderte, hatte er glänzende Augen bekommen und einen Schlachtplan entworfen. Eigentlich hatte sich Christoph ja vorgestellt, mit Kathrin irgendwo untertauchen zu können. Aber was wäre dann mit Bébé und Gilead gewesen? Außerdem war Kathrin am nächsten Morgen, bis Christoph aus der Badewanne gestiegen war, in der er die Nacht verbracht hatte, schon mit Don Fernando verschwunden. So saßen er, Gilead und Bébé also nun den dritten Tag hier auf dem Dachboden der Kirche und übten WingTsun, Karate und den Umgang mit Faustfeuerwaffen und Schwertern. Bébé hatte von Esteban einen Ersatzdegen bekommen, und auch Pfarrer Friedrich hatte ihn begeistert ausprobiert, weshalb von den vier Glocken der Kirche nur noch drei voll funktionsfähig waren. Alles in allem konnte Pfarrer Friedrich seine eigentliche Begabung endlich ausleben und bereitete die drei Freunde auf einen mittleren Krieg vor. Es war unglaublich, dachte Christoph, während Bébé eine Uzi auswählte und den Schalldämpfer aufschraubte. Sein Vater hatte ein unerschöpfliches Arsenal an Taschenlampen, Tarnanoraks, Zelten, wassergeschützten Streichhölzern, Taschenmessern und natürlich Handbüchern zum Überleben in allen Situationen. Und die Waffen – er mochte nicht darüber nachdenken, woher die stammten. In den letzten Tagen hatten des Öfteren schwere Wagen vor der Hintertür der Kirche gehalten, und Christoph hatte von oben zugesehen, wie sein Vater eifrig mit slawisch anmutenden Gestalten verhandelt hatte. Kurz danach tauchte meist eine neue Kiste mit Munition und Waffen auf. Zur Rede gestellt, hatte Pfarrer Friedrich nur gesagt:

»Das ist ein Notfall, Junge! Harte Zeiten erfordern harte Maßnahmen.«

Aber er hatte wieder diese glänzenden Augen – und die Zärtlichkeit, mit der er die Panzerfäuste auspackte, hatte Christoph in seiner Kindheit zuweilen vermisst.

Bébé und Gilead allerdings waren begeistert und schossen nun bereits seit Tagen den Dachstuhl zu Kleinholz. Manchmal knirschte er nachts schon unter der Last der Ziegel, und Christoph schlief recht unruhig in seinem Armeeschlafsack.

»PACKAPACKAPACKAPACKAPACKAFETZKRACHKLIRR!!!«

»Oh, oh!«, sagte Christoph süffisant in die betretene Stille. Bébé und Gilead hatten um die Wette den schmalen Gang entlanggefeuert und einer von den beiden hatte das Seil durchgeschossen, an dem der Kronleuchter heruntergelassen werden konnte. Nun, sie *hatten* ihn heruntergelassen. Pfarrer Friedrich schluckte kurz, rang sich dann aber zu einer männlichen Haltung durch.

»Das macht gar nichts, Jungs. Außerdem habt ihr jetzt genug geschossen. Übt noch ein bisschen WingTsun, während ich nach unten gehe und aufräume, okay?«

»Ja, Papa!«, sagte Christoph in genau dem gleichen Ton, den er als Sechzehnjähriger drauf hatte, wenn er wollte, dass sein Vater ihn endlich mit Steffi allein ließ.

Als sein Vater gegangen war, wandte er sich seinen beiden Freunden zu.

»Okay, das war's. Wir hauen ab von hier. Ich halte das keinen Tag länger aus, ist das klar?«

»Nicht doch, Alter«, sagte Bébé. »Das hier ist die Zeit meines Lebens! Ich bin doch Atheist. Wann krieg ich je wieder die Chance, in einer Kirche rumballern zu dürfen?«

Gilead wiegte den Kopf und sah nachdenklicher aus: »Na ja, aber Christoph hat recht. Mich wundert eigentlich, dass die Bullen noch nicht hier waren – bei dem Krach, den wir machen.«

»Die Nachbarn sind's halt gewöhnt«, seufzte Christoph und dachte an seine Kindheit zurück. »Aber wir hauen trotzdem ab. Wir gehen zurück in die Wohnung. Kein Mensch glaubt, dass wir uns da verstecken.«

»Klasse«, freute sich Bébé, »ich hab meine Gitarren seit Tagen nicht gesehen.«

»Oh nein«, sagte Gilead, »keine Konzerte. Wir verhalten uns ganz still.«

»Fernsehen?«, fragte Bébé ängstlich.

Gilead nickte.

Sie packten zusammen und verschwanden, noch ehe Pfarrer Friedrich die nächste Gewehrkiste nach oben geschleppt hatte. Immerhin versahen sie sich mit so viel Artillerie, wie sie gut tragen konnten.

Das mit der Wohnung war natürlich eine extrem dumme Idee – selbst für einen arbeitslosen, kurzlebigen Physiker. Aber andererseits: Wo taucht man in einer Stadt wie Nürnberg unter?

Ja. Wo taucht man unter? Carlos, Esteban, José und drei andere Spanier waren vor demselben Problem gestanden. Kein Mensch vermietet kurzfristig eine Wohnung an sechs Ausländer, die noch nicht einmal genug Geld flüssig haben, um die Ausländerkaution zu bezahlen, die dreimal so hoch wie üblich ist. Andererseits brauchen Langlebige nur sehr wenig Schlaf. Also waren die sechs überein gekommen, dass sie schlicht in den Kneipen und Cafés der drei Städte Erlangen, Nürnberg und Fürth untertauchen würden, getragen von der Hoffnung, dass dieses Untertauchen nicht allzu lange dauern würde – denn wir wissen ja schon, dass auch Langlebigkeit relativ ist. Nun waren sie also schon seit drei Tagen von Kneipe zu Kneipe gezogen, immer auf der Flucht vor der Sperrstunde und mit kurzen Schlafperioden in einem Taxi, das sie zur nächsten Kneipe brachte. Im Augenblick befanden sie sich trotz Estebans wütender Proteste im *Café Eiland*. Es war ein schöner klarer Januarmorgen, ein Sonntag, wie ein kneipengeschultes Auge dem aufgebauten Frühstücksbüfett entnehmen konnte. Die sechs saßen um ihren Kaffee herum und waren trübselig. Sie hatten sogar im Archiv schon lustigere Zeiten erlebt, und mit diesem Kneipenleben mutete ihnen Don Fernando schon ziemlich viel zu. Carlos fand, dass dafür mindestens der Titel eines Gubernador in New Hampshire herausspringen müsste, wenn Fernando sein Erbe erst einmal angetreten hatte.

»Davon sind wir noch weit entfernt!«, murmelte Esteban, der dieses spezielle Café sowieso nicht leiden konnte, weil er einstmals eine Kakerlake in seinem Kakao gefunden hatte. Seitdem konnte er nur noch Kakao trinken, wenn er die Herstellung selbst überwacht hatte. Und Kakerlaken hießen seitdem bei ihm »Kakaolaken«. Er rührte vorsichtig in seinem Kaffee herum.

»Können wir nicht woanders hingehen? Ich hab sowieso keinen Hunger.«

»Ach komm«, sagte Carlos, »sei nicht muffig. Es ist kalt und ich hab keine Lust, nach draußen zu gehen. Und Taxifahren steht mir bis hier!« Er machte die entsprechende Geste.

»Aber es ist langweilig«, beschwerte sich José. »Ich will mich irgendwo hinlegen und fernsehen.«

»Du kannst dir einen Sender kaufen, wenn das hier zu Ende ist«, sagte Esteban dumpf. »Wenn es jemals zu Ende geht. Im Augenblick sieht es so aus, als würde ich den Rest meines Lebens damit verbringen, in irgendwelchen Cafés keinen Kakao zu trinken. Es wird nichts mehr passieren. Mein Leben ist an einem absoluten Tiefpunkt angelangt.«

Auf eine Weise hatte Esteban recht. Sein Leben *war* gewissermaßen an einem Tiefpunkt angelangt. Er hatte nicht recht mit seiner Vermutung, dass nichts mehr passieren würde. Aber Esteban wusste ja auch nicht, dass er an diesem Sonntag noch viel Spaß haben sollte.

Das *Café Eiland* war eines jener Cafés, in denen die selbst ernannten Intellektuellen einer mittleren Stadt gerne verkehren, weil sie sich dann den Alternativen, die ebenfalls dieses Café besuchten, weit überlegen fühlen. Es war hell und wirkte auf den ersten Blick ziemlich freundlich, weil es riesige Schaufensterscheiben hatte, vor denen eine ganze Menge verstaubter Palmen stand. Die Hauptfarbe war Rot, die Tische hingegen waren in einem undefinierbaren Grau gestrichen, das es den Bedienungen leicht machte, den sich beschwerenden Gästen gegenüber zu behaupten, sie hätten den Tisch eben erst abgewischt. Die Alternativen verkehrten gerne in dem Café, weil sie mit ihren Kindern zum Sonntagsfrühstück kommen konnten und sich außerdem den Intellektuellen weit überlegen fühlten, wenn sie keinen Schnaps tranken und keine Wiener Würstchen aßen, sondern Orangensaft und Müsli zu sich nahmen. Beide Arten von Gästen wurden von den Bedienungen mit grimmig schweigender Verachtung gestraft, weil die Bedienungen sich ihnen weit überlegen fühlten. Denn das Personal bestand aus Studenten in höheren Semestern, die sich hier zähneknirschend ihren Unterhalt in dem Bewusstsein verdienten, dass sie selbst zu Höherem berufen waren – was leider noch niemand erkannt hatte, weshalb sie kein Stipendium bekamen. Für sie war das Kellnern nur eine Durchgangsstation wie ein schmutziger Bahnhof, und die Gäste waren die Reisenden, denen man nie wieder begegnet.

Für die Sonntagsschicht allerdings dauerte der Aufenthalt nun schon sieben Jahre, weil die vier Bedienungen alle schon in ihrem zweiten Studiengang und dementsprechend frustriert waren. Früher einmal waren sie weltoffene, liberale junge Menschen gewesen, die an das Gute geglaubt hatten und daran, dass alle Menschen gleich seien. Das Leben an der Universität und das Arbeiten in der Kneipe für die Universität hatte sie über die Jahre hin vom Gegenteil überzeugt. Unmerklich waren sie politisch vom linken, lebensfrohen Rot nach rechts zum tiefsten Schwarz hinübergewandert und schielten nun begierig nach einem befriedigenden Braun. Für sie waren die Gäste nicht wie für ihre Kollegen einfach nur lästiges Getier, das man irgendwie abfüttern musste, nein, diese vier Menschen hassten Gäste aus tiefster Seele. Sie hassten überhaupt alle Menschen, aber Gäste besonders. Und innerhalb der Gästeschaft stuften sie ihren Hass noch einmal fein ab – bis in Niederungen, die niemand mehr schildern möchte. Die vier hatten vor kurzem beschlossen, ihren Hass endlich zu kanalisieren und in die – im wahrsten Sinne des Wortes – rechten Bahnen zu lenken, und so vor zwei Wochen die *Humanfaschistische Liga* gegründet. Das Programm der *Humanfaschistischen Liga* las sich so:

Der Gast ist ein Tier! Ein widerliches Tier! Eine Gattung, die Gott nach seinem ersten Schöpfungsversuch vergaß auszulöschen. Die *Humanfaschistische Liga* hatte beschlossen, Gott ein wenig unter die Arme zu greifen.

Zu der Zeit, als Esteban, José und die anderen Spanier den Gastraum betraten, war die Situation bereits im Begriff zu eskalieren. Denn kurz vorher war ein Trupp alternativer Mütter samt ihren Bälgern in der Kneipe eingefallen und belagerte nun das Frühstücksbüfett. Ganz im Gegensatz zur landläufigen Meinung sind Muttertiere der alternativen Art keineswegs unfähig, sich einen Platz an der Futterkrippe zu erkämpfen. Die Intellektuellen, die sich zu ihrem Espresso das ein oder andere Hörnchen holen wollten, traten schnell den Rückzug an gegen den Ansturm schurwollener Strümpfe und Gesundheitssandalen. Schlecht erzogene Kinder in schmutzigen, schurwollenen Pullovern kreischten und bissen in anzugbewehrte Beine. Wenn aber der ein oder andere Journalist zaghaft versuchte, sie abzuschütteln, erhielt er sofort einen gnadenlosen Rippenstoß von einer grimmig starrenden Frau, deren hennarotes Haar ungekämmt unter einer (schurwollenen) Rastamütze hervorsah. Dann schleppte er sich keuchend zurück zu seinem Grappa. Die Frauen schnappten sich die gigantische Müslischüssel vom Büfett und transportierten die Beute zu ihrem Tisch, auf dem gerade ein Baby mit einer schurwollenen Windel gewickelt wurde. Der Lärm war unbeschreiblich. Der Geruch auch. Das Ganze fand jeden Sonntag im *Café Eiland* statt und lief unter der Bezeichnung: Wochentreff des *Verbandes lediger Eigenurintrinkerinnen*.

Man versteht nun, warum sich die *Humanfaschistische Liga* gebildet hatte.

Bedauerlich war nur, dass sich die verständlichen Aggressionen der Bedienungen gegen die unschuldigen Spanier richteten.

»Kann ich noch einen Espresso haben?«, rief Esteban einem der Kellner nach, der gerade mit einem schweren Tablett voller schmutzigem Geschirr über diverse Kinder stieg und vorgab, taub zu sein.

»Kann ich noch einen Espresso haben?«, rief Esteban fünf Minuten später wieder, als der Kellner blicklos an seinem Tisch vorbei zu den Eigenurintrinkerinnen eilte und vorgab, taub zu sein.

»Kann ich noch einen Espresso haben?«, rief Esteban ein drittes Mal, nun schon etwas lauter. Der Kellner sah sich gehetzt nach dem Tisch der Hyänen um, prüfte, ob er beobachtet wurde, und kickte einem der sich auf dem Boden windenden Kinder in die Rippen. Das darauffolgende Gebrüll erschütterte das ganze Café außer den Tisch der ledigen Mütter.

Esteban wurde allmählich missgestimmt. Er stand auf und ging vor zur Theke.

»Kann ich BITTE noch einen Espresso haben?«

Der Kellner sah ihn lange voller Verachtung an. Dann antwortete er mit unerträglicher Überheblichkeit:

»Ich komm an den Tisch. An der Theke wird nicht bestellt.«

Esteban erwog kurz, den Kellner mit dem Kopf in die Joghurtschüssel zu tauchen, erinnerte sich dann aber, dass sie ja unauffällig bleiben wollten. Er kehrte zu seinen Freunden zurück, setzte sich und sah auf die Uhr, wobei er unaufhörlich mit den Fingern auf den Tisch trommelte. Esteban war geduldig. Die Zeit verging. Die Minuten dehnten sich zu Viertelstunden. Aber Esteban war zäh. Nach einer Stunde und zehn Minuten war seine Geduld trotzdem zu Ende. Er stand auf und ging wieder zur Theke.

»Ich bekomme einen Espresso!«, sagte er laut zu den drei

Kellnern, die untätig hinter dem Tresen standen und sich unterhielten. Einer drehte sich um und fragte in ungläubigem Ton: »Wie war das?«

»Ich bekomme einen Espresso!«, wiederholte Esteban.

»*Bitte!*«, sagte der Kellner.

Jetzt war es an Esteban, ungläubig »Wie war das?« zu fragen.

»Ich bekomme einen Espresso, *bitte!*«, sagte der Kellner und rührte sich nicht. Esteban holte tief Luft. In ihm brodelte es.

»Ich bekomme einen Espresso!«, sagte er. »*Jetzt!* Denn ich warte seit genau einer Stunde und zehn Minuten darauf, eine Bestellung aufgeben zu können.«

»Wo sitzt du denn überhaupt?«, fragte der Kellner. Esteban wies mit dem Finger auf den Tisch seiner Gefährten.

»Nicht mein Tisch!«, sagte der Kellner und drehte sich wieder zu seinen Kollegen um, mit denen er sofort in eine erregte Diskussion über die unglaubliche Frechheit der Gäste geriet. Esteban machte einen letzten Versuch in Güte.

»Soll ich ihn mir selbst machen?«

»Hau ab!«, sagte der Kellner, ohne sich noch einmal umzudrehen.

Es gab ein sehr befriedigendes Klirren, als das gesamte Büfett zusammenbrach, weil Esteban die Stützen mit seinem Degen gekappt hatte. Vom Intellektuellentisch kam zaghafter Beifall. Joghurt vermischte sich mit langsam herabtropfendem Honig zu einem unappetitlichen See. Milch sickerte in Richtung Toiletten. Rollmöpse glitschten auf dem Fliesenboden unter verschiedene Tische, wo sie sich wohl fühlten und den weiteren Fortgang interessiert beobachteten. Einer der Intellektuellen pulte sich die Reste des Rühreis aus dem Haar. Ansonsten herrschte plötzlich reinste Stille. Alle Bedienungen fuhren herum und starrten Esteban an, der sagte: »Ich hätte gerne noch einen Espresso!«

»Du bist doch Afghane?«, fragte der Kellner tückisch.

»Nein«, antwortete Esteban, »ich bin Spanier.«

»Gegen Spanier habe ich nichts«, sagte der Kellner, der langsam näher kam und Esteban dabei um einen Kopf überragte, »aber gegen Afghanen. Und du siehst aus wie ein Afghane.«

»Ich bin Spanier«, sagte Esteban ungerührt, »und ich möchte gerne einen Espresso.«

»Wer Spanier ist, bestimme ich«, sagte der stämmige Kellner und packte Esteban am Kragen. »Du bist Afghane.«

Es gibt Dinge, von denen man sich noch Jahre später wünscht, sie nicht getan zu haben. Dinge, bei denen allein der Gedanke an die Konsequenzen einen noch Jahre später schweißgebadet aufwachen lassen. Esteban am Kragen zu packen, war eines davon.

Der Kellner wusste zwar nicht, wie es geschehen war, aber plötzlich lag er am Boden in einem Joghurtsee und hielt sich wimmernd die Hand, während Esteban seinen Degen gezogen hatte und ihm seine Kameraden zu Hilfe eilten. Am Tisch der ledigen Mütter entstand Unruhe. Einige sprangen auf, zerschmetterten ihre Stühle und prügelten sich mit Hilfe der Stuhlbeine zur Theke vor, wobei sie gemeinsam schrill skandierten: »Keine Gewalt! Gewalt ist chauvinistische Männerscheiße!«

Die Intellektuellen versteckten sich im Männerklo und im künstlichen Brunnen. Esteban kappte die Zapfhähne, und vier Fontänen mittelmäßigen Biers schäumten zur Decke hoch. Carlos trümmerte mit der Faust in das Sichtglas der Kaffeemaschine, und ein Schwall brauner Brühe – mit einigen hässlichen Käfern darin – ergoss sich hinter die Theke. José machte sich auf die Suche nach brauchbarem Wein und rutschte dabei auf einem der alternativen Kinder aus. Daraufhin stürzten sich die Eigenurintrinkerinnen gesammelt auf ihn, obwohl er noch auf dem Kind lag, und alle anderen Spanier mussten ihm zu

Hilfe eilen. Die Kellner hatten sich der Sahnesiphons bemächtigt und sprühten ranzige Sahne in Richtung Angreifer. Esteban fuchtelte halb blind mit seinem Degen herum, woraufhin das Regal mit den Schnapsflaschen auf die Kellner kippte. Einer der mutigeren Intellektuellen kroch aus seinem Versteck, sicherte sich eine der heil gebliebenen Grappaflaschen und leistete dann wieder den Rollmöpsen Gesellschaft. »Rettet den Wein!«, schrie José, der sich freigekämpft hatte. Carlos stürzte folgsam in die Küche, erfasste mit professionellem Blick die Lage, übergab sich und kam wieder zurück.

»Keinen Wein aus dieser Kneipe!«, brüllte er entschlossen und wich einem herabsausenden Stuhlbein aus. Dann überlegte er kurz, entschied sich gegen die Annahme, dass dieses kreischende Wesen vor ihm eine Frau sei, und trat es vors Schienbein. Ein befriedigendes Knacken deutete zumindest auf einen einfachen Bruch hin. »Ein Verband aus Kampferblättern und Schurwolle«, riet er der am Boden Liegenden hilfreich und klemmte sich hinter Esteban, der sich eifrig fechtend allmählich zurückzog. José zündete sich ein Zigarillo an, zog daran und warf es schließlich in die riesige Schnapspfütze, die mit einem sanften Knall explodierte. Noch immer zischte das Bier aus vier Hähnen an die Decke. Nein, aus dreien. An den einen hatte sich José gehängt, der nichts verkommen lassen wollte. Von draußen konnte man Polizeisirenen hören.

»Weg hier!«, drängte Esteban. »Schnell weg!«

Sie rannten zum Ausgang.

»Hey, Afghane«, schrie eine wuterstickte Stimme aus dem Joghurt. »Du hast deinen Espresso noch nicht bezahlt!«

Esteban stockte, überlegte kurz und hieb dann mit einer eleganten Drehung den Stützpfeiler des Gebäudes schräg von oben nach unten durch. Man konnte den Schnitt nicht sehen, aber ganz allmählich verschoben sich die Flächen gegeneinander, als der Pfeiler unter dem Gewicht nachgab. Esteban und die anderen sprinteten nach draußen und konnten nur noch befriedigt miterleben, wie es innen gewaltig krachte und eine Staubwolke durch die schief hängende Tür entwich. »Na ja«, sagte José, »ich hatte sowieso keinen Hunger mehr.« Und dann kippte er sanft um, denn er war zu lange am Bier gewesen.

Die *Humanfaschistische Liga* sowie das *Café Eiland* gehörten der Geschichte an.

Nicht überall ging es so heiter und unbeschwert zu, obwohl man sich die größte Mühe gab.

Don Fernando war mit Kathrin in ihrer Wohnung, denn auch sie waren zu dem Schluss gekommen, dass es dort am sichersten sei. Zuvor allerdings waren sie noch einmal in Fernandos Wohnung gewesen, denn er war allmählich knapp bei Kasse, seit er nicht mehr als Müllmann bei der Stadt arbeitete. Also hatte er eine Kiste mit den wertvollsten Büchern zusammengepackt, die er besaß. Diese Schätze lagen nun ausgebreitet auf Kathrins Wohnzimmerteppich. Kathrin war fast in Ehrfurcht erstarrt, als Fernando die Kiste einfach umgekippt hatte. Wunderschöne Bücher waren da herausgefallen: eine Erstausgabe der Gutenberg-Bibel, ein Original der Schedelschen Weltchronik, einige von Luthers Handschriften und die komplette Erstausgabe von Asterix. Fernando griff mit beiden Händen ein wunderbar in Gold gebundenes Buch heraus und sagte: »Das hier! Das kann ich sowieso nicht lesen.«

Kathrin kam interessiert näher und nahm das Buch in die Hand. Es entfiel ihr sofort, so schwer war es. Sie nahm es wieder an sich und schlug es auf. Die Seiten waren aus sehr dünn ausgewalztem Goldblech und mit feinen Schriftzeichen bedeckt, die sie nicht kannte.

»Wo hast du das her?«, fragte sie.

Fernando zuckte die Schultern.

»Weiß ich nicht mehr ganz genau. Ich glaube, ich habe es

in Sevilla gekauft, irgendwann im 16. Jahrhundert. Von Hernando, schätze ich mal.« »Fernando?«, fragte Kathrin, die ihn nicht verstanden hatte.

»Nein«, sagte Fernando, »Hernando. Hernando Cortés. Du weißt schon, der Mexiko erobert hat. Aber es ist ihm so gegangen wie mir: Man hat ihn vergessen und er ist arm gestorben.«

»Du bist aber nicht arm gestorben«, sagte Kathrin.

»Nee«, sagte Fernando, »aber vergessen bin ich wohl.«

»Na ja«, sagte Kathrin, der eben etwas anderes eingefallen war.

»Sag mal, Fernando«, fing sie zögernd an, »hast du eigentlich … äh … ich meine, du bist doch schon ziemlich lang am Leben, hast du da eigentlich viele … na … Dings, äh, Frauen gehabt?«

»Hä?«, fragte Fernando, der als typischer Mann nicht gleich verstand, worauf Kathrin hinauswollte. »Wie ›gehabt‹? Was meinst du?«

»Na, du weißt schon«, sagte Kathrin, »gehabt eben. Mit ihnen geschlafen und so …«, sie errötete etwas. »Ich meine bloß, als Journalistin muss ich alles über dich wissen, wenn ich über dich schreiben soll.«

Fernando, dem die Sache nun klarer wurde, sagte genüsslich: »Na ja, du sagst ja selbst, dass ich schon ziemlich alt bin. Das läppert sich.«

Kathrin wurde ziemlich rot.

»Wie, das läppert sich? Wie viele? Du spanisches Chauvischwein! Wahrscheinlich hast du die Hälfte schon vergessen. Männer sind Tiere!«

Fernando grinste still und fragte dann süffisant: »Und du willst es wirklich genau wissen?«

»Nein!«, fauchte Kathrin. »Gib hier bloß nicht an mit deinen Weibergeschichten. So was kann ich gar nicht ab. Und du schläfst im Bad, damit das klar ist.«

»Also«, sagte Fernando langsam, »da war diese Frau, damals im 17. Jahrhundert in Frankreich. Emma hieß sie. Gott, war ich damals verliebt«, fügte er versonnen hinzu.

»Und?«, fragte Kathrin schnippisch. »Weiter?«

Fernando wurde plötzlich ernst.

»Nichts weiter«, sagte er dann düster. »Ich bin ein Langlebiger. Und ich gehe jetzt schlafen. Wo ist das Bad?«

»Hier!«, sagte Kathrin und öffnete ihm die Tür. Fernando ging hinein.

»He«, meinte er fragend, »hast du ein Bett im Bad?«

»Klar«, sagte Kathrin, »das hat man heute so.«

»Aha«, antwortete Fernando nicht ganz überzeugt. »Und wo ist das Waschbecken?«

»Moderne Apartments haben ein Zweizimmerbad«, antwortete Kathrin. »Geh schlafen.«

»Musst du nicht noch mal ins Bad?«, fragte Fernando frech. Kathrin lächelte.

»Doch«, sagte sie, »aber ich störe dich nicht.«

»Hoffentlich!«, murmelte Fernando still lächelnd und log dabei.

Einige Stunden später lagen sie im Dunkeln und sprachen so leise, wie es Verliebte tun, auch wenn niemand da ist, einfach deshalb, weil es so vertraut klingt. Kathrin lag mit eigenartigen Gedanken neben Fernando, einem Langlebigen, einem Mann, der fünfhundert Jahre alt war und noch Tausende von Jahren leben würde.

»Manchmal denke ich«, sagte sie ein wenig traurig, »dass wir Menschen nicht wegen der Fortpflanzung miteinander schlafen und auch nicht wegen der Liebe, sondern nur wegen der zwei Minuten Unsterblichkeit danach. Diese zwei Minuten, in denen du unangreifbar bist, in denen nichts zu hoch erscheint, in denen du das Gefühl hast, für immer zu leben.«

Fernando lag still. Dann, nach einer langen Pause, sagte er: »Ich weiß schon, was du meinst. Es ist eine andere Art von Unsterblichkeit. Nicht das Wissen, dass man noch lange leben wird, sondern dass man aus diesem Augenblick nicht vergehen kann, dass man seine Spuren auf der Erde hinterlässt, dass die Welt ohne dich nicht die gleiche ist, auch wenn nur ein winziger Bruchteil der Menschen dich kennt.«

Er schwieg wieder. Dann sagte er: »Es wird schwierig werden mit uns, Kathrin. Ich habe mich lange Zeit nicht verliebt. Ich hatte Angst davor. In einem Leben von Tausenden von Jahren sind zwanzig oder dreißig Jahre so wenig. Aber vielleicht sind sie so ausgefüllt, dass man davon zehren kann.«

Er lächelte bitter: »Ich kann dir nicht anbieten, ein Leben mit dir zu verbringen. Es wäre ziemlich zynisch, oder?«

»Biete mir an, mein Leben mit mir zu verbringen«, sagte Kathrin, »das reicht mir schon.«

Und dann waren sie wieder still, weil man nicht gut reden kann, wenn man geküsst wird.

26

Die terranische Psychologie ist in den letzten zwanzig Jahren immerhin so weit fortgeschritten, dass sie schwere Traumata wenn nicht heilen, so doch wirksam mit schweren Medikamenten bekämpfen kann, damit der deutschen Volkswirtschaft keine Arbeitskraft auf Dauer verloren geht.[10] Polizeipräsident Köberlein war also nach drei unschönen Tagen in der Psychiatrie Erlangen wieder zurück im Dienst und starrte ungläubig auf ein Blatt Papier, das vor ihm auf dem Schreibtisch lag und seine Unterschrift trug.

»Nein«, sagte er mit schwerer Zunge, »ich bin mir ziemlich sicher, dass ich beim FBI, dem CIA und der amerikanischen Armee *nicht* um Amtshilfe nachgesucht habe. Ich meine, das hier ist ein simpler Entführungsfall. Wir haben nicht mal bei der Schleyer-Entführung um ausländische Hilfe gebeten.«

»Schon«, sagte Kretschmer, »aber das hier sind keine harmlosen Terroristen wie die RAF. Hier geht es um eine internationale Verbrecherbande: Spanier, Afghanen und womöglich auch noch Russen.«

---

[10] Interessanterweise treten die schwersten Traumata bei den Menschen auf, die Machtpositionen innehaben. Eine Folge dieses Phänomens ist die bedauerliche Tatsache, dass Deutschland im Großen und Ganzen von einer Horde schwer drogensüchtiger Krawattenträger regiert wird. Andererseits spricht es für Deutschland, dass es trotzdem eines der wirtschaftlich stärksten Länder auf Terra ist. Man muss das aber vielleicht der Tatsache zurechnen, dass »Beschaffungskriminalität« auf der Ebene drogenabhängiger Politiker im allgemeinen »Diätenerhöhung« oder »Steuergesetzgebung« heißt. Dass sich für den jeweiligen Bundeshaushalt stets eine Mehrheit findet, dürfte daran liegen, dass bei den Abstimmungen drei Viertel der Abgeordneten völlig stoned in ihren Sitzen hängen.

»Warum haben wir dann nicht den KGB angefordert?«, fragte Köberlein.

»Weil«, sagte Kretschmer geduldig, »der KGB keine Ahnung von moderner Verbrechensbekämpfung hat, sondern nur von moderner Verbrechensbegehung. Die Einheiten treffen morgen hier ein und sollen von Ihnen in jeder Hinsicht unterstützt werden.«

Köberlein nickte müde. Tief in sich verspürte er Heißhunger auf ein bestimmtes französisches Gebäck, dessen Name ihm partout nicht einfallen wollte. Er beschloss, im Lexikon unter »Gebäck« nachzusehen, sobald Kretschmer endlich gegangen war.

»Kommen die dann hierher?«, fragte er Kretschmer.

Der Sekretär, der mittlerweile auf Drängen des Innenministers zum außerordentlichen Polizeiberater mit kommissarischen Vollmachten ernannt worden war, nickte.

»Ich sehe Sie dann morgen«, sagte er noch. »Wir wollen möglichst bald losschlagen.«

Köberlein winkte geistesabwesend mit der Hand, als sich die Tür hinter Kretschmer schloss. Baguette? Nein, das war es nicht. Brioche? Nein, sicher nicht. Pain Complet? Er kam einfach nicht darauf, und das machte ihn unglücklich. Er zog die Schreibtischschublade auf und beschloss, noch eine dieser gelben Tabletten zu nehmen. Vielleicht half das seinem Gedächtnis auf die Sprünge.

Sobald die Filmindustrie in Amerika Mitte der zwanziger Jahre ein angemessenes Niveau erreicht hatte, trat einer der gewaltigsten Langzeitpläne des damaligen FBI-Chefs Hoover in Kraft. Über eine geheime Order, die in den Safes aller Filmbosse lagerte, war verfügt worden, dass Geheimdienstleute in allen amerikanischen Filmen einer bestimmten Kleiderordnung unterlagen. Sie hatten stereotyp Trenchcoats, Hüte und Sonnenbrillen zu tragen und ihre Gesichter hatten hart, kantig und männlich zu sein. Phase I dieses Plans zielte darauf ab, die wirklichen Geheimdienstleute, die meistens wie Düngemittelvertreter aussahen und selten mit mehr als Federhaltern bewaffnet waren, im Bewusstsein der amerikanischen Gesellschaft unsichtbar zu machen. Selbstverständlich klang der Erfolg der Phase I – wie Hoover berechnet hatte – nach kurzer Zeit ab, weil jeder Amerikaner mittlerweile ahnte, dass echte Geheimdienstleute selten wie Cary Grant oder Humphrey Bogart aussahen.[11] In Phase II wurden Polizisten und FBI-Leute in den Filmen als Düngemittelvertreter dargestellt, aber immer noch von Humphrey Bogart und Cary Grant gespielt. Das verwirrte die Öffentlichkeit insofern, als nunmehr Düngemittelvertreter *und* finstere harte Männer im Trenchcoat für Geheimdienstleute gehalten wurden. In Wirklichkeit hatten Hoover und seine Nachfolger zu jener Zeit meistens Chinesen unter Vertrag, die in Wäschereien arbeiteten. Wie jeder weiß, der seinen Anzug jemals in die Wäscherei gebracht hat, steckt aufgrund eines unabänderlichen Gesetzes genau jener Zettel in einer Anzugtasche, auf dem all die Informationen stehen, die man *nicht* in fremden Händen zu sehen wünscht. Mit dem Aufkommen der elektrischen Waschmaschinen in den vierziger Jahren lief allerdings auch Phase II aus, und die Filmleute kehrten in einer Renaissance zu den harten Typen zurück. In dieser dritten Phase, die nicht ganz erfolgreich verlief, wusste nicht einmal der Chef des FBI, wer eigentlich für ihn arbeitete. In Wirklichkeit arbeitete zu jener Zeit überhaupt niemand für die Geheimdienste. Die Agentenberichte wurden von einem fehlgeleiteten Verwaltungsangestellten der Steuerbehörde verfasst, der sie zu einem Großteil aus Jerry-Cotton-Romanen

---

[11] Ein netter Nebeneffekt der Phase I war, dass niemand Humphrey Bogart und Cary Grant als Geheimdienstleute erkannte, obwohl sie und einige andere nahezu zwanzig Jahre lang für verschiedene Organisationen sehr erfolgreich tätig waren.

übernahm. Das Gesetz der Wahrscheinlichkeit sorgte dennoch für einige nette Erfolge zu Kriegszeiten.

Phase IV setzte Ende der fünfziger Jahre ein. Mittlerweile sahen Polizisten und Geheimdienstleute in amerikanischen Filmen wie der Durchschnittsbürger aus, was aber beim Publikum auf Desinteresse stieß, weil in einer Art ironischer Umkehrung jetzt nahezu jeder Amerikaner für FBI und CIA tätig war und kaum Zeit für Kinobesuche hatte.

Phase V, die jetzige, lässt der Filmindustrie völlig freie Hand und die FBI- und CIA-Agenten tragen wieder Sonnenbrillen und Trenchcoats, weshalb sie kein Mensch für das hält, was sie sind. Ihre Anonymität ist nahezu vollständig. Deshalb lächelten die Zollbeamten in Nürnberg auch nur ungläubig, als etwa dreißig gleich gekleidete Männer und Frauen einer Sondermaschine entstiegen und ihre Koffer nicht durchsucht werden durften, weil jeder der dreißig diplomatische Immunität genoss. Ein Polizeibus holte sie ab und verfrachtete sie in die Innenstadt. Es war ein diesiger Morgen, nicht mehr allzu kalt, aber in den Straßen lag Schneematsch und es nieselte ein wenig. Nürnberg zeigte sich seinen Gästen nicht von der freundlichsten Seite. Andererseits war das nur gerecht, denn die dreißig Männer und Frauen hatten auch nicht vor, Nürnberg *ihre* freundlichste Seite zu zeigen. Ganz im Gegenteil. Das Wort »blutdürstig« hätte ihren emotionalen Zustand treffend umschrieben. »Gewaltbereit« hingegen wäre etwas schwach gewesen. Diese Leute waren nicht deshalb ausgesucht worden, weil sie Hemmungen hatten, einem Kind einen Lutscher wegzunehmen und ihm dann die Zunge herauszustrecken.

Sie waren als Einsatztruppe noch nicht vollständig, aber die Marines waren aufgehalten worden.

Einige Hundert Seemeilen vor Europa zischte ein Katamaran schnurgerade durch den Atlantik. Schnurgerade, obwohl kein

Besatzungsmitglied am Steuer stand. Es saß auch keiner am Steuer. Um ganz genau zu sein, lag nicht mal einer vor dem Steuer. Sie lagen überall, aber nicht vor dem Steuer. Da jedoch der Autopilot von vormals geschickten Händen in Gang gesetzt worden war, zog die Yacht trotzdem schnurgerade und schnell ihre Bahn.

Die vormals geschickten Hände Quetzals zitterten nicht unerheblich, als er sich mit beiden Händen an den Kopf fasste.

»Oh, oh, oh, oh«, stöhnte er vor sich hin, »ich trinke nie wieder, nie, nie wieder auch nur einen einzigen Tropfen Alkohol. Ich will, dass diese Fahrt zu Ende ist. Ich will, dass dieses blöde Schiff aufhört zu schaukeln. Ich will, dass mir nicht mehr schlecht ist.«

Leif torkelte auf die Brücke.

»Hallo?«, sagte er fragend in den leeren Raum neben Quetzals Kopf.

»Hast du einen Wal gesehen?«

»Nein!«, sagte Quetzal.

»Und schrei nicht so.«

»Ich schreie nicht, ich brülle«, sagte Leif selbstzufrieden. »Ich will einen Wal fangen.«

Titlichtlo tauchte mit einer Flasche in der Hand aus der Kombüse auf.

»Hast du einen Wal gefunden, Leif?«

»Nein«, sagte der nachdenklich, »ich glaube, auf diesem ganzen verdammten Boot ist kein einziger Wal.«

»Ist ein Wal nicht ziemlich groß?«, fragte Quetzal mit gequältem Interesse. Er war ein bisschen nüchterner als die beiden anderen.

»Doch«, sagte Leif versonnen, »riesengroß. Groß wie ein Elefant. Vielleicht noch größer.«

»Wie soll er dann«, fragte Quetzal mit leicht perverser Neugier, »auf dieses Boot passen?«

»Soll er nicht!«, sagte Leif bestimmt. »Deshalb suchen wir ihn. Ich will ihn nicht in diesem Boot haben. Bist du sicher, dass du ihn nicht gesehen hast?«

Quetzal betrachtete Leif und Titlichtlo mit Faszination. Er wusste mittlerweile, wie es ist, betrunken zu sein, aber die gnadenlose Unlogik Leifs erweckte eigenartige Bewunderung in ihm.

»Hast du schon mal daran gedacht, dass du an Bord dieser Yacht keinen Wal finden kannst, weil ein Wal gar nicht auf dieses Boot passt?«

»Finde ich auch«, sagte Titlichtlo. »Azteken, ja. Norweger, ja. Wale, nein. Wale passen nicht hierher. Wale trinken keinen Alkohol und verderben jede Cocktailparty, weil sie in den Ecken herumstehen und Wasser trinken.«

»Wale trinken kein Wasser«, belehrte ihn Leif, »Wale trinken Krillsekt.«

»Aber sie stehen öde rum«, sagte Titlichtlo, »und sie essen die Kaviarbrötchen.«

»Wir haben keine Kaviarbrötchen an Bord«, warf Quetzal ein und versuchte damit, sich dieser verrückten Unterhaltung anzupassen.

»Sollten wir aber«, meinte Leif mit trunkener Stimme. »Vielleicht könnte man den Wal damit herauslocken.«

»Wo rauslocken?«, fragte Titlichtlo eifrig.

»Egal«, sagte Leif, »lock ihn einfach irgendwo raus, dann haben wir ihn schon. Und dann fliegt er von Bord. Wale sind zu schwer für das Boot. Machen es langsam. Und ihre Fluken liegen immer im Weg rum.«

»Ich mag das Wort nicht«, beschwerte sich Titlichtlo, »hört sich nicht gut an. Man sollte alle Fluken schließen.«

Quetzals Kopf ging es nicht gut, aber er hielt standhaft die Stellung. »Du meinst Luken, Titlichtlo, nur Luken kann man schließen.«

»Recht so«, meinte Leif in trunkenem Vergnügen, »machen wir die Luken dicht, dann kann er nicht raus und wir locken ihn mit Kaviar in den Keller. Da kann er Kartoffeln schälen.«

Titlichtlo und er machten sich begeistert daran, alle Luken zu schließen. Titlichtlo versuchte mit trunkener Stimme den Wal anzulocken: »Waliwaliwali, komm! Komm, Waliwaliwali!«

Quetzal drehte gepeinigt den Kopf zum Bug, weg von den Irren. Er sah, nicht weit entfernt von der Spitze der Yacht, ein großes, graues Ding, das seinen gesamten Horizont ausfüllte, sehr schnell näherkommen.

»Ein Wal!«, schrie er auf in der Angst, nun auch irre geworden zu sein.

»Den Kaviar, Titlichtlo, hol schnell den Kaviar!«, schrie Leif und rannte nach vorn ans Steuer. Dort trat er versehentlich in den empfindlichen Autopiloten, der eben ein kompliziertes Ausweichmanöver eingeleitet hatte, und übernahm selbst das Rad. Titlichtlos Kopf verschwand in der Kombüse. Das Grau war inzwischen ganz da. Genauer gesagt, war es fast schon durch sie durch. Man hörte ein schreckliches Knirschen und das Kreischen von gemartertem Holz, als die Yacht *Emma* an der Bordwand des US-Marinekreuzers *USS Kill* zersplitterte. Hutzis Kopf tauchte plötzlich aus dem Priel auf und er schrie hocherfreut, wenn auch schwer alkoholisiert:

»Ich hab ein g'oßes Leck entdeckt, ich hab ein g'oßes Leck entdeckt!«

Quetzal bedeckte die Augen, und es kam ihm zum ersten Mal der Gedanke, dass Kurzlebigkeit durchaus seine Vorteile hatte. Die Yacht sank schnell. Und dann holten die Marines, die auf dem Weg nach Deutschland waren, sie aus dem Wasser.

»Tag«, sagte Leif fröhlich, als er über die Bordwand gehievt wurde. »Haben Sie Wale an Bord?«

Den Rest der Fahrt verbrachten sie in einem gut abgeschlossenen Raum auf der Krankenstation.

27

Erik saß in seinem gut versteckten Landhaus in Maine in einem bequemen Sessel, hielt seine Akten und ein Glas Aquavit auf dem Schoß, starrte gedankenvoll in den Kamin, über dem einige prachtvolle Robbenfelle hingen, und machte sich Sorgen. Nicht wegen John Irving, der hier irgendwo in der Gegend herumwanderte und über einem neuen Buch brütete – obwohl Erik Irvings Bücher hasste. Aber Erik machte sich richtige Sorgen wegen seiner Klienten. Zwar hatte er ihnen eingeschärft, ihn frühestens nach fünf Tagen anzurufen, aber mittlerweile war ihm eine Vorladung des High Court für den kommenden Dienstag ins Büro geflattert. Man hatte seinen Fall, was ihn nicht wunderte, zur Chefsache erklärt und zum frühestmöglichen Termin anberaumt, um ihm möglichst wenig Zeit für Recherchen und Zeugenbeschaffung zu geben. Und vor Montag würden seine Freunde in Deutschland ihn nicht anrufen. Er konnte nur hoffen, dass sie so vorsichtig wie er waren und sich schnellstmöglich aus der Stadt begeben hatten. Er hoffte, dass sie im Ausland waren, oder wenn schon in Deutschland, dann irgendwo in Schleswig-Holstein oder in Hessen, aber wenigstens nicht in Reichweite der bayerischen Polizei. Denn er hatte mittlerweile über seine Spitzel erfahren, dass von dort ein Amtshilfeersuchen an FBI, CIA und Armee eingegangen war, dem man offensichtlich auch prompt Folge geleistet hatte. Und nun machte er sich ernsthaft Sorgen. Er kippte den Aquavit. ›Was soll's‹, dachte er, ›im Augenblick kann ich sowieso nichts machen.‹ Er stand auf, nahm die sorgfältig gepflegte Harpune von der Wand und ging nach draußen, um sich ein wenig mit den Robben zu zerstreuen.

Bébé, Christoph und Gilead machten sich auch Sorgen.

»Glaubst du wirklich, dass dieser Käse noch frisch ist?«, fragte Bébé seinen Freund zweifelnd und hielt ihm ein nicht sehr appetitlich aussehendes Ding unter die Nase. »Damit kannst du vielleicht noch Gilead füttern, der ist langlebig, aber ich esse das nicht.«

»Wir verkochen ihn«, entschied Christoph, der eben einen großen Topf mit Wasser aufgesetzt hatte. »Hol Gilead, er soll Kartoffeln schälen.«

Bébé wanderte hinüber ins Wohnzimmer, wo Gilead auf dem Sofa lag und fernsah.

»Sieh mal«, sagte er zu Bébé, als der hereinkam, »der Polizeichef hat die Amerikaner geholt, damit sie ihm bei der Aufklärung der Entführung helfen.«

Auf dem Bildschirm waren Archivbilder zu sehen, besonders lange verweilte die Kamera auf den Fotos, die den Bürgermeister in Spitzenhöschen während des Angriffs auf das Archiv zeigten. Die anschließend eingeblendeten Wahlprognosen verzeichneten einen dramatischen Stimmeneinbruch für die CSU.

Bébé schaltete grinsend den Apparat aus und schleppte Gilead in die Küche. Während sie Kartoffeln schälten und eine Käsesoße vorbereiteten, meinte Bébé:

»Morgen ist Montag. Dann rufen wir Erik an. Wenn alles klappt«, fügte er zweifelnd hinzu.

»Was soll denn noch schiefgehen?«, fragte Christoph und ließ eine Kartoffel ins Wasser plumpsen. »Ich hab dir doch gesagt, dass wir hier am sichersten sind.«

»Na ja«, sagte Gilead, »ich wüsste da noch eine ganze Menge. Vielleicht finden sie Fernando und sperren ihn so lange ein, bis er eine Verzichtserklärung unterschreibt. Oder sie bringen ihn einfach um. Oder Erik hat gar keine Chance vor Gericht. Oder …«

Christoph unterbrach ihn: »Du siehst immer nur schwarz, Gilead. Du hast die Langlebigkeit überhaupt nicht verdient. Wenn Fernando nicht gewinnt, kommst du nie zurück nach Siron. Ich kann dir jedenfalls keine Rakete bauen, die schnell genug ist. Und überhaupt, du willst doch gar nicht mehr zurück. Dir gefällt es doch hier, oder?«

Gilead sah von der Kartoffel auf, die er in der Hand hielt. Langsam, aber betont, sagte er: »Ich kann es aushalten. Aber die Aussicht auf ein paar weitere Tausend Jahre hier ist ungefähr so verlockend wie der Käse, den du da in die Soße schneidest. Wenn es überhaupt Käse ist. Für mich sieht das wie geronnene Böswilligkeit aus.«

»Wir können aber nicht einkaufen gehen«, sagte Christoph oberlehrerhaft, »weil laut Erik der gesamte amerikanische Geheimdienst nach uns sucht. Was natürlich völliger Blödsinn ist, weil kein Aas weiß, dass wir Fernando überhaupt gesehen haben. O shit!«, sagte er plötzlich, weil ihm der Käse aus der Hand in die Soße gefallen war.

»O shit!«, sagte auch Gilead, als der erste Fallschirmjäger das Fenster eintrat und wild auf alles feuerte, was sich bewegte. Zum Glück bewegten sich die drei nicht. Sie waren paralysiert vor Angst. Die Käsesoße allerdings wurde gründlich getötet.

Es heißt, dass im Augenblick höchster Todesangst das gesamte Leben vor dem inneren Auge vorbeizieht. Aus verständlichen Gründen dauerte das bei Bébé und Christoph wesentlich kürzer als bei Gilead. Zum Glück für Gilead wurde der Fallschirmjäger bei der Ausführung seiner löblichen Mordtätigkeit dadurch behindert, dass mittlerweile ein Kollege auf seinem Kopf stand und ebenfalls nach einer Möglichkeit gierte, das Feuer eröffnen zu können. Das folgende Gerangel der beiden um einen guten Fensterplatz nutzten Bébé und Christoph, um Gilead zu Boden zu reißen und mit ihm aus der Küche zu kriechen. Alle drei zitterten unkontrolliert, was nicht sehr hilfreich bei der Fortbewegung war. Sobald sie aus der Schusslinie waren, richteten sie sich auf und rannten zur Tür, rissen sie auf, rannten den Hausmeister über den Haufen – der gerade fragen wollte, wer seinen Polizeibus in der Einfahrt geparkt hatte – und rannten, immer vier oder fünf Stufen auf einmal nehmend, in den Hauseingang hinunter.

»Toll!«, keuchte Bébé. »Die haben keine Ahnung, wo wir sind, was? Die Bullen sind blöd, ja?«

»Klappe!«, sagte Christoph, als er die letzte Treppe in zwei Sprüngen nahm. »Halt bloß die Klappe.«

Unten angekommen, hielt Gilead sie am Ärmel fest und zeigte auf die Hintertür:

»Vorn haben wir überhaupt keine Chance, wir klettern über die Mauer in den anderen Hinterhof.«

In der Altstadt zu wohnen, hat den unschätzbaren Vorteil, dass die Hinterhöfe der Häuser eng zusammenliegen und ein unentwirrbares Labyrinth von Gärten, Garagen und Werkstätten bilden, sodass man einen ganzen Block durchqueren kann, ohne ein einziges Mal auf die Straße zu gehen. *Durchqueren* ist dabei allerdings nicht gleichbedeutend mit »gehen«. Das Ganze gleicht viel eher einem Offroad-Rennen, wobei allerdings auch bei den berühmtesten Rennen dieser Art keine Behinderungen durch neugierige Hausmeistergattinnen erlaubt sind, die mit Besen nach dem ohnehin gehetzten Läufer werfen oder mit der Polizei drohen.

»O nein!«, japste Gilead, als er auf einem Bretterstapel balancierte und die Mauerkrone des nächsten Hinterhofs zu erreichen suchte.

»So hab ich mir das nicht vorgestellt. Nein, nein! So nicht. Ich will bloß zurück auf meinen Planeten. Ich hab mit diesem hier gar nichts zu tun. Er geht mich überhaupt nichts an. Ich will bloß heim.«

Hundert Meter weiter weg klang der Lärm einer wilden

Schießerei herüber. Sirenenklänge erfüllten die kalte Januarluft, und wilde Schreie, wie: »Hier sind sie lang!« und: »Schneidet ihnen den Weg ab!« sowie: »Tötet sie einfach. Gar nicht erst mit ihnen reden!«, machten den dreien keinen Mut.

»Ja ja«, stieß Bébé, nach Atem ringend hervor, »wegen dir sind wir doch in diese Scheiße erst reingerutscht. Ich wollte Rockstar werden. Ich hätte vorgestern in aller Ruhe mein Konzert geben sollen. Spanier! Hoffentlich schießen diese Verbrecher nicht auf meine Gitarren!«

Er konnte sich nicht mehr festhalten und fiel von der Mauer in die Biomülltonne auf der anderen Seite, die offenstand, sodass er einigermaßen weich fiel.

»Wo steht das Auto?«, fragte Christoph, während sie Bébé herauszogen.

»Sag ich dir, wenn ich weiß, wo wir hier eigentlich sind«, sagte Bébé und klopfte sich ab. Glücklicherweise war der Müll halb gefroren gewesen. Sie gingen vom Hinterhof in den Hausgang, öffneten vorsichtig die Haustür und spähten die Straße hinauf und hinunter. Sie waren zwei Ecken von ihrem Haus entfernt in einer stillen Seitenstraße, in der Bébé das Auto zu parken pflegte, wenn die Einfahrt nicht frei war. Er grinste breit: »Okay, Jungs, da vorne steht es. Nichts wie ab!«

Er zog den Schlüssel aus der Tasche und rannte los, die beiden anderen gebückt hinter ihm her. Sie erreichten das Auto, ohne erschossen zu werden, stiegen hastig ein und Bébé startete.

»Wohin?«, fragte er und trat so nervös auf das Gaspedal, dass der Motor aufheulte.

»Keine Ahnung!«, sagte Gilead von hinten. »Nur weg von hier. Versuche, aus der Stadt rauszukommen.«

»Klar!«, antwortete Bébé sarkastisch. »In fünf Minuten aus der Altstadt. Du bist echt nicht von dieser Welt.«

Aber er fuhr los und bog vorsichtig um die Ecke. Da die

Straße eine der vielen Sackgassen in der Altstadt war, blieb ihm nichts anderes übrig, als durch die Straße zu fahren, in der sie wohnten. Er hoffte nur, dass sie nicht gesperrt war, denn sonst tappten sie in die Falle.

Natürlich war sie gesperrt.

Die drei saßen in Bébés Wagen, der nun mit laufendem Motor an der Ecke stand, und hatten entsetzliche Angst. Dreihundert Meter vor ihnen versperrten zwei schräg stehende Polizeiwagen die Straße. Über der Straße hing ein Polizeihubschrauber in der Luft und gab den Fallschirmjägern Feuerschutz, die immer noch die Wohnung stürmten. »Also gut«, sagte Christoph und holte tief Luft, »jetzt zeig mal, was du kannst, Bébé. Fahr durch.«

»Nee!«, sagte Bébé aus tiefster Überzeugung. »Wenn ich da durchfahre, sind wir tot. Wir ergeben uns.«

Schweigen. Es war, als stünde die Zeit still. ›Scheiße!‹, dachte Christoph aus ganzem Herzen. ›Es hat doch gerade erst angefangen. O Scheiße, wie kommen wir da bloß je wieder raus?‹

Er konnte sehen, wie die Fallschirmjäger mittlerweile ihren Hausrat aus den Fenstern warfen. Er schwankte. Sollten sie aufgeben? Er fasste einen schnellen Entschluss.

»He, Bébé«, sagte er mit erzwungener Lässigkeit, »siehst du das? Die Säcke schmeißen deine Schallplatten aus dem Fenster.«

Man hat nur selten das Vergnügen, beobachten zu können, wie sich klare grüne Augen vor Wut zu einem feurigen Rot verdunkeln, wie sich Finger in erbarmungslosem Zorn so stark um ein Lenkrad krampfen, dass es knirscht, und wie ein Fuß derart hart auf ein Gaspedal gepresst wird, dass es sich dort untrennbar mit dem Bodenblech verbindet. Ein unmenschlicher Wutschrei stieg aus einem orangefarbenen Golf, dessen Motor gequält aufschrie, bevor die Kupplung fasste und er einen gewaltigen Satz nach vorne machte, angetrieben nicht allein von profanem Diesel, sondern von dem Feuer echten, tiefen Rachedursts.

»Bob Dyyyyyyyllllaaaaaaaaaaaan!«, schrie Bébé und raste los. Gilead und Christoph schlossen die Augen, als sie immer schneller dahinschossen, direkt auf die Polizeiwagen zu. Polizeichef Köberlein stand wie erstarrt mitten auf der Straße, ganz allein. Aufgrund einer durch gewisse medizinische Drogen verlangsamten Reizleitung erfasste er nicht schnell genug den Ernst der Lage. Er setzte sich langsam in Bewegung und wanderte gemächlich auf den Bürgersteig zu.

»Gott, Bébé!«, schrie Christoph. »Brems! Wir kommen nicht durch!«

Aber Bébé hörte nicht. Dreißig Meter vor der Sperre zog er das Auto mit einem plötzlichen Schwenk auf den Bürgersteig, der Gilead unmöglich schmal erschien. Die Außenspiegel wurden von der Mauer und den parkenden Wagen weggefetzt. Bébé beschleunigte immer noch und raste mit einem durchdringenden Hupen auf die Sperre zu. Dummerweise war Köberlein ja nun auf dem Bürgersteig. Und der war für einen Golf und einen Polizeichef eigentlich zu schmal. Bébé sah Köberlein, bewegte das Steuer um eine Winzigkeit nach links und schrammte mit nervenzerfetzendem Kreischen an der Hauswand entlang. Funken sprühten in hohem Bogen hinter ihnen auf den Bürgersteig, als Bébé sich an Köberlein vorbeidrängelte und die Türgriffe diesem lediglich Hemd und Hose vom Leib rissen.

»Jimi Hendriiiiiiiiiix!«, schrie Bébé – und dann waren sie durch und Gilead ohnmächtig, während Christoph vom Beifahrersitz auf die Knie gerutscht war und nur noch »dankedankedankedanke« betete. Von den Ruinen der Türgriffe flatterten zwei zerfetzte Kleidungsstücke wie Beutefahnen, als Bébé zurück auf die Straße zog, bei Rot über die Kreuzung raste und schließlich auf den Burgring einbog, auf dem natürlich, wie zu jeder Tages- und Nachtzeit, Stau herrschte. Bébé erfasste die Lage mit einem Blick und holperte auf die Straßenbahnschienen, was den Tramfahrer zu einer derartigen Vollbremsung zwang, dass die Bahn aus den Schienen sprang und diese blockierte. Sie rasten, vom Plärrer kommend, den Ring aufwärts in Richtung Tiergärtnertor nach Norden. Gilead, der aus seiner Ohnmacht erwacht war, drehte sich um.

»Sie folgen uns.«

»Ach was«, meinte Bébé in überraschtem Ton, »wieso denn bloß?«

Christoph war ebenfalls auf seinen Sitz zurückgekehrt und hatte seine normale Farbe gerade wiedererlangt, als er aus purer Gewohnheit einen Blick auf den Tachometer warf.

»O nein!«, flüsterte er. »Das ist nicht wahr. Das ist einfach nicht wahr.«

»Was denn?«, rief Bébé und erbleichte ebenso, als seine Augen Christophs zitternd ausgestrecktem Zeigefinger folgten.

»…«, sagte er entsetzt.

»Was ist denn?«, schrie Gilead nun von hinten.

»Nichts!«, sagte Christoph dumpf. »Außer dass wir jetzt sterben werden. In zwei Kilometern bricht Bébés Auto zusammen. In voller Fahrt wahrscheinlich, wenn sie uns nicht vorher kriegen.«

»Aber wieso?«, rief Gilead völlig verunsichert.

»Verstehst du nicht!«, schrie Bébé wütend und hämmerte auf das Lenkrad ein. »Ein scheißmetaphysisches Gesetz extra für mich! Gott, wir sind tot. Es sind 25.000, Christoph, das Auto fällt auseinander. Wir sind tot!«

Hinter ihnen waren mittlerweile acht bis zehn Streifenwagen, holten ab und zu auf, fielen wieder zurück – und aus den Fenstern hängende Polizisten schossen wie nebenbei auf die Reifen. Bébé fuhr wie irre. Sie rasten mit gut 130 Stundenkilometern den Ring entlang. Bébé jagte mit kreischenden Reifen in falscher Richtung in eine Einbahnstraße am Burgberg.

Mit Schrecken sah Christoph, wie auf dem Tachometer der letzte Kilometer erschien. Er war wie erstarrt. Bébé beschleunigte und fuhr mit zwei Reifen auf den Bürgersteig. Von der Jugendherberge her jubelte man ihnen begeistert über den Graben hinweg zu.

»So!«, sagte Bébé plötzlich ganz ruhig. »Tschüs, Jungs! Vielleicht im nächsten Leben wieder!«

Die Zahl im Tachometer schob sich nach oben, als Christoph plötzlich panisch das Handschuhfach aufriss, blind hineingriff, einen Schraubenzieher zu fassen kriegte und ihn wütend durch das Glas in den Tachometer rammte, bevor die 25.000 voll waren. Der Zähler war blockiert. Der Motor schrie gequält auf, aber er lief weiter.

»Fahr zu!«, schrie Christoph, und Bébé trat aufs Gas. Diesmal hatten sie das Auto überlistet. Aber hinter ihnen hingen noch immer die Streifenwagen.

In einem dieser Streifenwagen saß neben einem Polizisten, dessen Ärmel hochgekrempelt waren, weil er ölverschmierte Arme hatte, der Polizeichef Köberlein in Unterwäsche. Sie war bei Weitem nicht so reizvoll wie die des Bürgermeisters, aber selbst in Köberleins sediertes Bewusstsein drang allmählich die Erkenntnis, dass er von den Verbrechern im Wagen vor ihnen unendlich gedemütigt worden war. Aber das war es eigentlich nicht, was ihn störte. Er war es ja gewohnt, gedemütigt zu werden. Was ihn wirklich fertig machte, war die Art, wie der Polizist neben ihm mit seinem Auto umging. Er johlte vor Vergnügen, während er alles versuchte, um den Golf vor ihm zu rammen. Während sie die enge Einbahnstraße an der Burgmauer in einer wahnwitzigen Geschwindigkeit entlangrasten, klemmte der Polizist seine Knie unter das Lenkrad, kurbelte die Scheibe herunter und beugte sich halb heraus, während er mit einer Maschinenpistole auf die Flüchtenden feuerte.

»Ich krieg sie, Chef!«, jubelte er. »Ich mach sie alle!«

»Nicht!«, bat Köberlein schwach. »Fahren Sie langsamer, bitte. Der Hubschrauber macht das für uns!«

Aber sein Protest verhallte ungehört im Klang des Martinshorns, dessen Geheule wieder diesen seltsamen Wunsch nach französischem Gebäck in Köberlein wachrief. Er schloss müde die Augen, als sie mehrere Straßenschilder niedermähten und über den Bordstein krachten, während der Wagen vor ihnen Vorsprung gewann. Köberlein wünschte sich zurück an seinen Schreibtisch. Und auf dem Schreibtisch sollte ein Teller mit vielen ... na ... Dingern eben ... ach Gott. Er kam nicht darauf.

Hundert Meter vor ihm raste Bébé mit zusammengebissenen Zähnen auf die Kreuzung zu, als dort plötzlich mehrere Streifenwagen auftauchten und sie endgültig in der Falle saßen.

»Ich möchte nach Hause!«, sagte Gilead mit fester Stimme, so als würde sein Wille allein ausreichen, um dieser entsetzlichen Situation zu entkommen.

»Bitte!«, flüsterte Christoph flehentlich. »Bitte! Bitte! Bitte!«

Es war nicht klar, ob das ein Gebet oder eine Aufforderung an Bébé war. Wahrscheinlich beides. Und beide, Gott und Bébé, hatten ein Einsehen. Bébé bremste scharf ab, ließ das Auto sich um seine eigene Achse schleudern, was kein Problem war, denn die Straße war nass und glatt, gab wieder Gas und fuhr nun direkt auf den Wagen zu, in dem Köberlein saß. Das war ein kluger Schachzug, denn Köberleins Bewusstsein trat im Angesicht der sehr schnell auf ihn zukommenden Lebensgefahr den endgültigen Rückzug an und überließ ihn achselzuckend seinen Instinkten. Von diesen Instinkten war vor allem einer stark genug, um die gesamte Situation zu entschärfen: der extreme Wunsch nach einem duftenden, frischen, zarten

Croissant. Endlich war Köberlein der Name wieder eingefallen. Bedauerlich war nur, dass Köberleins Bewusstsein ihm nicht mehr sagen konnte, dass der ölverschmierte Arm, in den er genüsslich biss, kein Croissant war. Deshalb verriss der Polizist in jähem Schmerz das Lenkrad, der Streifenwagen durchbrach die äußere Mauer des Burggrabens und stürzte in die Krone einer blätterlosen Kastanie. Dort blieb er hängen. Die Straße vor Bébé war auf den nächsten zweihundert Metern frei, das war alles, was er brauchte. Über ihnen hing noch immer der Hubschrauber, aus dem Polizisten auf den Golf schossen. Bébé bog in dem Augenblick von der Straße ab, als ihn der nächste Streifenwagen fast erreicht hatte, raste über die Holzbrücke über den Burggraben und in den langen, dunklen Torweg hinein, der in den Innenhof der Burg führte. Der Hubschrauber, dessen Pilot ebenfalls ölverschmierte Hände hatte und der eigentlich gar keinen Hubschrauber fliegen konnte, versuchte, ihm zu folgen. Man hörte ein hässliches Krachen, als wichtige Teile der Maschine in brachialen Kontakt mit der Mauerkrone der Burg gebracht wurden und die unwichtigeren Teile, die nun nicht mehr flugfähig waren, fluchend den Trümmern entstiegen und hinter Bébé die Fäuste schüttelten. Aber der sah nichts davon, denn er fuhr gerade durch den Innenhof der Burg, auf der anderen Seite hinaus, an den ehemaligen Marställen vorbei und die Treppen hinunter ins Zentrum der Stadt. Frei von Verfolgung passierte er das Rathaus, raste durch die Fußgängerzone – wobei er die letzten noch nicht abgebauten Hütten des Christkindlesmarktes zerstörte –, rollte triumphierend über die Brücke und fuhr in den U-Bahnhof unter der Lorenzkirche ein, wo er bremste, indem er einen der Fahrkartenautomaten rammte. Der Motor des Wagens lief gurgelnd aus. Man konnte den Hass auf Bébé beinahe spüren, als der Golf ein letztes Mal widerwillig ruckte. Er war ein gebrochenes Auto. Man hatte ihn unter Missachtung eines kosmischen

Gesetzes gezwungen, weiterzulaufen. Er hatte nicht zum richtigen Zeitpunkt zusammenbrechen dürfen. Der Wagen verabscheute Bébé und Christoph aus tiefster metallener Seele und wünschte nur eines: Rache. Er strahlte den Gedanken aus; seine letzte Kraft legte er in dieses rot pulsierende Wort: Rache. Und die Autos der Welt hörten ihn.

»Alles aussteigen!«, sagte Bébé stolz. »Wir fahren mit der U-Bahn weiter.«

Der zerstörte Fahrkartenautomat gab ein klingelndes Geräusch von sich und begann, Kleingeld zu spucken.

»Wohin?«, fragte Gilead.

»Zu Kathrin!«, sagte Christoph. »Wir müssen sie warnen.«

Bébé lachte hohl.

»Das haben die Bullen sicher schon getan«, sagte er müde, »aber meinetwegen. Probieren kann man alles.«

In Don Fernando waren auch nach fünfhundert Jahren, von denen er zwanzig als Müllmann bei der städtischen Müllabfuhr gearbeitet hatte, die ritterlichen Instinkte noch nicht erstorben. Deshalb hätte er sich wahrscheinlich in dem Augenblick schützend auf Kathrin geworfen, als ein Teil der Schlafzimmerdecke zusammen mit einem grimmig aussehenden FBI-Agenten herunterbrach. Er tat es nur deshalb nicht, weil sich Kathrin vor einigen Minuten bereits auf ihn geworfen hatte und er deshalb nicht in der Lage war, sich irgendwohin zu werfen, ohne böse Schäden körperlicher und geistiger Art zu provozieren.

Andererseits war die Lage nicht hoffnungslos, so wie sie war. FBI-Agenten sind dafür bekannt, dass sie in nahezu jeder Situation kühl und überlegt reagieren. Johnson hätte sich durch zehn schwer bewaffnete Männer nicht davon abbringen lassen, die beiden gefangen zu nehmen oder wenigstens umzulegen. Er hätte auch angemessen reagiert, wenn er zufällig in ein Terrarium voller Baumvipern gefallen wäre oder wenn ihm plötzlich Dieter Bohlen gegenübergestanden wäre. All das hätte Johnson nicht an der Ausübung seines Berufes gehindert. Aber Johnson war nicht nur FBI-Agent, er war auch Amerikaner und demzufolge so prüde, wie es selbst eine 96-jährige europäische Nonne nie werden wird, egal, wie sehr sie sich anstrengt. Als Johnson Kathrin und Fernando im Bett erblickte, schloss er also für einen Moment die Augen und ließ seinen tragbaren Minenwerfer sinken. Verwirrung und Schamröte zeichneten sein Gesicht. In diesem Augenblick fühlte er sich in sein neuntes Lebensjahr zurückversetzt, als ihn seine Mami vor dem Spiegel in einem ihrer BHs erwischt hatte. Johnson war ein harter Mann. Waffen und Stiefel, schweißgetränkte, Wochen alte Socken, der Verzicht auf Eiscremesoda und andere Entbehrungen waren sein Leben. Aber mit Sex dieser Art kam er nicht klar. Nackte Frauen passten nicht in sein Weltbild. Schon gar keine nackten Frauen, die in abnormen, perversen, gotteslästerlichen Positionen mit nackten Männern in einem Bett lagen. Diese Frau lag *oben*! In seinem Heimatstaat wurde man für so etwas gehängt. Johnson hielt die Augen fest geschlossen. Er wollte nichts von diesem Schmutz sehen.

Das rettete Fernando und Kathrin das Leben. Denn als Johnson mit immer noch geschlossenen Augen ein »Sorry, Ma'am« murmelte, schlug Kathrin ihn mit einem Buch nieder und zerrte Fernando, der noch immer sein Leben vorbeiziehen sah, aus dem Schlafzimmer. Ohne sich der Mühe zu unterwerfen, in irgendwelche Kleider zu schlüpfen, raste sie, Fernando hinter sich herziehend, aus der Wohnung und die Treppe hinunter. Als sie aus der Tür brachen, liefen sie Bébé, Christoph und Gilead direkt in die Arme.

»Du hast recht gehabt, Bébé«, sagte Gilead gelassen, als er Kathrin auffing. »Sieht tatsächlich so aus, als hätten die Bullen die beiden schon gewarnt.«

Christophs Gesichtsausdruck war weit weniger gelassen, als er sich Fernando zuwandte und streng fragte: »Wieso seid ihr beide nackt?«

»Weißt du, Christoph«, antwortete Fernando, der sich Bébés Mütze geliehen hatte und nun versuchte, seine Blöße zu verdecken, »dass du gerade genau den gleichen Tonfall hattest wie der spanische Großinquisitor, als er mich vor dreihundert Jahren fragte: ›Wieso lebt Ihr noch, Don Fernando?‹«

Er machte eine kurze Pause und brüllte dann: »Weil es eben so ist, du Blödmann!«

»Was geht dich das überhaupt an, Christoph?«, mischte sich Kathrin mit spitzer Stimme ein und hielt sich dabei Fernandos Buch abwechselnd vor den Schoß und den Busen, als könne sie sich nicht entscheiden, welcher Anblick der gefährlichere sei.

»Das ist *meine* Wohnung und *mein* Bett, und ich lege in mein Bett, wer mir gefällt.«

»Das sehe ich überdeutlich!«, sagte Christoph hitzig. »Aber du kannst dir ja deine Freunde aussuchen, wo du willst, selbst beim Feind und sogar bei den Spaniern!«

Kathrin knallte ihm eine. Gilead reichte Kathrin seine Jacke und sagte dann sehr höflich: »Mich geht das ja alles nichts an, aber könnte es sein, Kathrin, dass ihr gerade unter Lebensgefahr aus deiner Wohnung geschossen seid, bevor diese weit wichtigere Sache dich in Anspruch genommen hat? Könnte es sein, dass gerade eine Meute sehr böser, sehr wütender Polizisten die Treppe herunterpoltert und uns töten will? Wenn das nämlich so ist«, sagte er und betrachtete gelassen seine Fingernägel, bevor er plötzlich losschrie: »dann möchte ich nämlich nicht mehr hier sein, wenn das geschieht!«

Im selben Augenblick flog die Haustür auf und es geschah. Die Anwohner, geweckt durch den Lärm der zwei Leopard-Panzer, die soeben in die Straße einbogen und Jagd auf die fünf machten, und durch das Wummern der leichten Artillerie, die der mittlerweile wütende Johnson bediente, konnten ein pittoreskes Schauspiel verfolgen: Drei angezogene und zwei nackte Menschen schlängeln sich in panischem Zickzack durch parkende Autos, wobei einer der bekleideten Männer dem unbekleideten ständig wüste Beschimpfungen an den Kopf wirft.

»Ich hoffe, eine von diesen Minen trifft dich, Fernando«, schrie Christoph hämisch hinüber, während er von Auto zu Auto huschte, »du alter geiler Bock!«

»Hast du Bock gesagt?«, schrie Fernando weiß vor Wut und blieb stehen, was klug war, denn die Leuchtspurmunition schlug dicht vor ihm in den Teer ein.

»Hast du wirklich Bock gesagt? Sobald wir hier raus sind, fordere ich dich zum Duell, du schwachbrüstiger Kakerlak!«

Christoph schnappte nach Luft, rannte weiter und schrie dann wieder: »Ich duelliere mich nicht für eine Schlampe – und Bock ist noch viel zu gut für dich!«

Der Mercedes, hinter den er sich eben noch geduckt hatte, wurde plötzlich zu einem rauchenden Cabriolet. Johnson schoss sich ein. Einer der Panzer schwenkte sein Kanonenrohr um hundertachtzig Grad, was völlig unnötig war, weil der andere Panzer das auch getan hatte und sich die beiden Rohre nun umeinander wickelten. Unter diesen Umständen soll man, wie jeder Panzerfahrer weiß, nicht feuern. Leider werden die Kanonen nicht von den Panzerfahrern, sondern von den Bordschützen bedient, die wiederum, wie auch jeder weiß, außer Kanonen nicht einmal Essen und Frauen im Kopf haben, weshalb die Straße zwei Sekunden später durch die qualmenden Ruinen zweier Panzer total blockiert wurde, was den Flüchtenden einen entscheidenden Vorsprung verschaffte. Der ehemals friedliche Stadtteil Johannis war jetzt weit davon entfernt, pittoresk zu wirken. Fassaden und Fenster waren zerstört worden. Viele Autos würden ihren Besitzern nie wieder Freude machen. In den ehemals glatt geteerten Straßen klafften hässliche Löcher. Die Anwohner, allesamt friedliche Bürger, beschlossen noch in derselben Nacht, dem Stadtrat eine Beschwerde zu schicken.

Christoph rannte hinter Gilead und Bébé her und bog um die Ecke in eine Nebenstraße, die am Johannisfriedhof vorbeiführte. Kurz darauf folgten ihm Fernando und Kathrin. Für den Augenblick waren sie aus der Feuerlinie.

»Hör zu, Christoph«, keuchte Fernando, als sie die Straße in zügigem Tempo hinabrannten, »Waffenstillstand, ja? Vielleicht überleben wir das hier gar nicht und alles klärt sich von allein.«

»Einverstanden!«, japste Christoph, der keine Luft mehr zum Fluchen übrig hatte.

»Wo rennt dieser Idiot hin?«, fügte er noch an, als er sah, dass Bébé um die nächste Ecke bog, die Straße überquerte und in Richtung Klinikum hetzte.

»Oh Gott, bergauf!«, schnappte Kathrin nach Luft, die aufgeholt hatte. Fernando und Kathrin, beide fast nackt, hätten den wenigen Autofahrern, die zu dieser Zeit noch auf der Straße waren, einen sensationellen Anblick geboten, wäre nicht Januar gewesen und die Hautfarbe der beiden unvorteilhaft blau. Sie rannten weiter den Berg hinauf hinter Bébé her. Der war mittlerweile am Klinikum angekommen und hatte ein Taxi gechartert. Als der Fahrer die vollständige Gruppe sah, sagte er in breitem Fränkisch:

»Pack ich's?«, und schlug die Türen seines Taxis wieder zu. »Fünf fahr ich nicht!«, schnappte er dann durch die halb heruntergekurbelte Scheibe.

»Komm schon«, verlegte Bébé sich aufs Bitten. »Wir zahlen dir das Doppelte!«

»Ey, Alter«, sagte der Fahrer, »ich darf das gar nicht!«

»Das Dreifache!«, sagte Fernando kühl bluffend. Dem Fahrer stieg die Gier in die Augen und verdrängte die sichtbare

Tatsache, dass Fernando gar nichts anhatte, aus dem er Geld hätte holen können.

»Super!«, nuschelte er und machte die Türen auf. Fernando, Kathrin, Gilead und Christoph stiegen ein. Bébé zögerte.

»Is was?«, fragte der Fahrer.

»Ach nee«, sagte Bébé, »ich hatte bloß gerade so ein komisches Gefühl. So, als würde mich jemand voller Hass anschauen.«

»Ach!«, sagte Christoph von innen. »Komisch. Das Gefühl hab ich schon den ganzen Abend. Kommt vielleicht daher, dass dauernd jemand auf mich schießt.«

»Nee«, sagte Bébé, »irgendwie anders. Egal!«

Er machte eine wegwerfende Handbewegung, setzte sich in das Taxi und schlug die Tür zu. Ein seltsames, rasend klickendes Geräusch ertönte plötzlich.

»Was ist das denn?«, fragte Gilead irritiert.

»Hört sich an wie ein Geigerzähler in einer Reaktorkammer«, sagte Christoph, der Physiker. Kathrins Augen richteten sich auf den Fahrer, der plötzlich sehr bleich war und auf seine Armaturen starrte.

»Da! Dadadada«, stotterte er.

Fernando beugte sich vor und sagte befehlend: »Guter Mann, wir sind etwas in Eile. Vielleicht fahren Sie mal los.«

»Dadadada!«, stammelte der Fahrer mit riesigen Augen und streckte einen zitternden Finger anklagend auf den Tachometer. Alle Augen folgten ihm. Das klickende Geräusch kam vom Tachometer, auf dem ständig neue, fantastische Zahlen erschienen. Die Tausenderziffer hatte sich schon zum dritten Mal verändert. In Christophs Gehirn schlich sich eine vage Erinnerung. Da war etwas mit einem Tachometer und einem Schraubenzieher gewesen. Da hatte jemand ein metaphysisches Gesetz mit brutaler Gewalt gebrochen. Da war einem Auto Schaden zugefügt worden. Seelischer und körperlicher

Schaden - von zwei Menschen, die nun wieder in einem Auto saßen. In Christoph verdichtete sich die Erinnerung zu einer bösen, bösen Ahnung.

Der Taxifahrer blickte paralysiert auf den Tachometer, dessen Ziffern nun so wirbelten, dass sie nicht mehr erkennbar waren. Es war sehr still. Plötzlich stoppte der Tachometer. Der Wagen war keinen Schritt bewegt worden.

»25.000 Kilometer!«, flüsterte der Fahrer fast ehrfürchtig. Und dann brach der Mercedes in die Knie, die Türen fielen aus den Angeln, der Kühler explodierte und aus dem Tank schlugen plötzlich meterhohe Flammen.

»O nein!«, sagte Bébé aus tiefster Seele. »O nein!«

Und dann warfen sie sich aus dem Taxi und rannten los.

»Halt!«, schrie ihnen ein verzweifelter Droschkenkutscher hinterher. »Ihr Drecksäcke schuldet mir 78.000 Euro Taxe! Halt!«

»Bezahl den Mann!«, rief Kathrin Fernando im Rennen sarkastisch zu. »Du hattest ihm doch das Dreifache geboten.«

»Halt die Klappe und renn«, sagte Fernando, während sie auf die nächtliche Bucher Straße einbogen.

»Ich scheine überhaupt nur noch zu rennen.«

»Besser als tot sein und nicht rennen«, bemerkte Gilead düster, der etwas zurückgefallen war, weil er Seitenstechen hatte.

»Aber ich wär lieber gefahren!«, schrie er Bébé an, der neben ihm rannte und ein schuldbewusstes Gesicht machte.

»Das nächste Mal fährst du allein!«

»Er wird nie wieder mit einem Auto fahren«, keuchte Christoph. »Die große Bruderschaft der Autos hat ihn zum Verfluchten erklärt.«

»Dann trennen wir uns besser von ihm«, meinte Gilead spöttisch. »Ich bezweifle, dass wir diesem Bullenbus da zu Fuß entkommen.«

Er deutete hinter sich. Aus der Richtung des Klinikums kam ein Mannschaftswagen mit hoher Geschwindigkeit auf sie zu.

»Auseinander!«, schrie Fernando. »Wir treffen uns auf der Burg!«

Die fünf spritzten in alle Richtungen auseinander, um auf Schleichwegen und unerkannt die Burg zu erreichen, die nur einige Hundert Meter von ihnen entfernt in den Nachthimmel aufragte.

Keiner machte sich Gedanken darüber, was sie ausgerechnet auf der Burg sollten und dass Fernando und Kathrin sich nur schwer unerkannt unters Volk mischen konnten. Aber wieder mal hatten sie gar keine andere Wahl. Und weil in dem Mannschaftswagen Nürnberger Polizisten saßen, die erst klären mussten, wer denn nun wen von welchen Flüchtigen verfolgen sollte, bekamen die Freunde den Hauch einer reellen Chance, die Burg lebend zu erreichen.

Es war still.

Ziemlich still.

Beängstigend still.

Die *USS Kill* hüllte sich in Schweigen, das nur ab und zu durch ein rhythmisches Dröhnen unterbrochen wurde, das sich anhörte, als schlüge jemand mit Riesenfäusten auf Metall ein. Und genau das war es auch, was Leif gerade tat. Leif wollte herausgelassen werden. Er und die Azteken befanden sich noch immer auf der gut verschlossenen Krankenstation des Schiffes; aber offensichtlich waren sie auch die einzigen, die noch an Bord waren. Leif hatte aus verschiedenen Indizien darauf geschlossen, dass sie in einem Hafen angelangt waren. Erstens hatte Quetzal schon am Tag zuvor aufgehört, sich zu übergeben, und zweitens hatte Leif als ehemaliger Seemann und gebürtiger Norweger die typischen Geräusche und Gerüche erkannt, die in jedem Hafen der Welt gleich sind. Deshalb war er Amerikaner geworden. Diese Geräusche und Gerüche waren meist schwer zu ertragen. Er hörte auf, an die Tür zu hämmern und wandte sich seinen Freunden zu. Mürrisch fragte er:

»Sagt mal, wollt ihr nicht raus? Ihr könntet mir ein bisschen helfen!«

»Ach«, sagte Huitzilipochtli gedehnt, während er angelegentlich seine Fingernägel betrachtete, »ich bin daran gewöhnt, eingesperrt zu sein. Mir gefällt es ganz gut hier.«

Er hatte das Fahrrad für das Belastungs-EKG entdeckt und erzielte schon seit Tagen Werte, die jeden Sportmediziner blass vor Neid hätten werden lassen. Seine abnorm muskulösen Unterschenkel taten ganze Arbeit und er hatte Quetzal sogar darum gebeten, eine provisorische Leitung zur Glühbirne zu verlegen – aus sentimentalen Gründen, wie er sagte. Titlichtlo lag auf einer der Liegen und schnarchte. Er war schon wieder am medizinischen Alkohol gewesen. Quetzal bastelte mit einigen Reagenzgläsern, dem Röntgenschirm und dem medizinischen Computer schon seit gestern an einer seltsamen Apparatur. Gerade hatte er eine Pinzette auseinandergenommen und umwickelte einen der Schenkel mit dem Kupferdraht, den er aus einem überflüssigen Lichtkabel isoliert hatte. Er sagte:

»Ach Leif, du hast uns doch erst hierher gebracht. Du und deine Wale!«

Leif machte ein schuldbewusstes Gesicht: »Ja, aber manchmal haben die Marines doch Delfine dabei. Delfine sind Wale, oder nicht?«

»Du hast aber nicht nach Delfinen gefragt«, sagte Quetzal immer noch etwas ärgerlich. »Du bist zur Brücke gestürmt, hast den Kapitän runtergezerrt und ihn angebrüllt, wo er seine Pottwale versteckt hat. Und als er brav geantwortet hat, hast du ihn mit dem Kopf in sein Radar gesteckt.«

»Mein Gott«, sagte Leif entschuldigend. »Wenn er einfach

gesagt hätte, dass er keine hat, wäre alles gut gewesen. Aber er wollte mir ja nicht mal ein mickriges Kaviarbrötchen überlassen!«

»Egal«, sagte Quetzal müde. Er hatte Kopfschmerzen, und es war auch mit einem nüchternen Leif nicht einfach zu diskutieren. »Ich will hier genauso wenig bleiben wie du. Ich war lange genug eingesperrt! Aber ich warte jetzt einfach, bis sie uns rauslassen.«

»Was baust du da eigentlich?«, fragte Leif halb interessiert.

Quetzal zuckte die Achseln: »Keine Ahnung. Meistens weiß ich erst, wenn ich einschalte, wozu es gut ist. So hab ich's immer gemacht.« Er musste grinsen.

»Einmal wäre es beinahe schiefgegangen. Ich hab gedacht, ich hätte eine Art Stift entwickelt, und hab mir das Teil erst einmal in die Brusttasche gesteckt, bis es sich von selbst anschaltete und ich merkte, dass es ein Stabmixer war.« Er klopfte stolz auf seine Brust: »Willst du die Narben sehen?«

Leif winkte ab. Quetzal fragte ihn neugierig: »Warum wolltest du eigentlich nach Europa?«

Leif zuckte auch mit den Achseln: »Keine Ahnung. Mir geht's wie dir. Wenn ich's gefunden hab, weiß ich, was es ist. Aber ich glaube, es hat mit Musik zu tun.« Er wurde plötzlich wieder sauer und drosch auf die Tür ein und brüllte: »Aber ich kann es erst finden, wenn ich hier draußen bin.«

»Eile mit Weile«, mahnte Hutzi von seinem Fahrrad herunter. »Hier gibt's doch alles, was der Mensch braucht: Fahrräder, Alkohol und Ruhe.«

»Klar, Hutzi«, sagte Leif verzweifelt. »Lass gut sein.«

Er setzte sich auf den Boden und begann nachzudenken, was er eigentlich in Europa wollte. Diese ganze Fahrt, wozu war sie eigentlich gut? War das so eine Art »Zurück zu den Wurzeln«-Reise? »Sentimental Journey«, oder wie? Der größte Rocksänger aller Zeiten auf dem Weg in die Alte Welt, um sich neue Inspirationen zu holen? Er seufzte, stand auf und hämmerte ein bisschen gegen die Tür, nur um nicht aus der Übung zu kommen.

»Sei still«, sagte Quetzal, der in seine Maschine vertieft war. »Ich will arbeiten. Sieht aus, als wäre das Teil hier bald fertig. Mal sehen«, murmelte er, »hat dieses Kabel Hochspannung oder nicht?«

Er hielt einen Finger dran. Es knallte und der ganze Raum roch plötzlich nach Ozon.

»Ah ja«, sagte Quetzal und steckte gedankenverloren den Finger in den Mund. »Dann war es doch das blaue Kabel.«

Leif seufzte tief und machte sich auf die Suche nach den Resten des medizinischen Alkohols.

›Scheiße!‹, dachte Bébé, der mit schmerzenden Lungen die Pirckheimerstraße entlang trabte. ›Was mache ich eigentlich hier? Seit Stunden wird auf mich geschossen, ich habe seit Jahren keine Zigarette mehr geraucht und außerdem ist hier sowieso kein Schwein. Wieso renn ich eigentlich?‹

Er blieb abrupt stehen und zog seinen Tabakbeutel aus der Innentasche. Nachdem sich sein Atem einigermaßen beruhigt hatte, steckte er sich die krumm gedrehte Kippe in den Mund und zündete sie an. Dann sah er sich in der Straße um. Die Beleuchtung war ausgefallen, aber sonst wirkte sie völlig normal. Etwas leer, aber das kam ihm vielleicht nur so vor, weil er in den letzten Stunden zu viele Autos, vornehmlich grün-weiße, und zu viele Menschen gesehen hatte. Viele dieser Menschen waren sehr unfreundlich zu ihm gewesen. Viele hatten auf ihn geschossen. Irgendwie kam ihm das erst jetzt recht zu Bewusstsein. Warum hatten diese Schweine eigentlich auf *ihn* geschossen? Er hatte doch mit dieser ganzen Sache nichts zu tun. Und jetzt sollte er auf die Burg kommen, damit der ganze Tanz wieder von vorne losging. Erbte *er* etwa Amerika?

War *er* etwa langlebig? War das hier etwa nicht *sein* Planet? Er wollte gar keinen anderen. Er wollte auch gar nicht mehr reich sein. Er war Rockmusiker. Für diesen irren Spanier und den verrückten Gilead hatte er ein Rockkonzert sausen lassen. Womöglich wäre endlich mal ein Plattenboss da gewesen und hätte ihn entdeckt. Er wollte doch gar nichts anderes vom Leben, als einfach nur Musik machen zu können. Er dachte an seinen Marshall-Turm und knirschte mit den Zähnen. An seine Plattensammlung wagte er gar nicht zu denken. O nein! Er hatte mit diesem ganzen Müll nichts zu tun. Er würde sich jetzt einfach in eine gute Kneipe setzen und ein Bier trinken. Und dann noch eins. Und dann noch eins. Und dann würde er in den Übungsraum gehen und ein Lied machen. Ein echt gutes Lied. Ein Lied, in dem keine Außerirdischen, keine Bullen, keine Spanier und keine Frauen vorkamen. Nur Alkohol würde darin vorkommen – Ströme, Flüsse, Meere von Alkohol. Er wanderte hinauf zum Burgring. Auch hier war die Straßenbeleuchtung ausgefallen, aber die Gegend wurde durch das flackernde Licht eines brennenden Streifenwagens erleuchtet.

›Ach‹, dachte Bébé, ›stimmt, hier sind wir ja vorhin entlang gefahren.‹ Er grinste zufrieden. Wenigstens hatte er sich beim Autofahren amüsiert. Aber als ihm die Erinnerung an sein Auto kam, verdüsterte sich seine Stimmung wieder. Und seine Depression nahm zu, als er nahe dem Egidienberg in Richtung Innenstadt hinunterwanderte. Mein Gott! Das mit Gisela war doch erst vor ein paar Tagen gewesen! Da war die Welt noch in Ordnung: Man schlug die Zeit über den Tag hinweg irgendwie tot, pumpte Bekannte an und machte ein bisschen Musik, abends ging man in die Kneipe, betrank sich sinnlos und wachte am nächsten Morgen mit rasenden Kopfschmerzen in einer wildfremden Wohnung auf.

›Das ist die Ordnung der Dinge‹, dachte Bébé. ›Daran

sollte einfach nicht gerüttelt werden.‹ Über seine Seele legte sich ein schwarzer Schleier, je mehr er über die vergangenen Tage nachdachte. Außerdem hatte er ein schlechtes Gewissen, weil er Christoph gerade im Stich ließ. Aber andererseits geschah es dem ganz recht. Mischte sich immer in Dinge ein, die ihn nichts angingen. Ach Gott.

In seine düsteren Gedanken versunken, war Bébé mittlerweile vor dem Café *Himmelsfrieden* angelangt, das auf halbem Wege den Berg hinunter lag. Er trat ein. Von Rauch und Alkoholgeruch gesättigte, warme Luft schlug ihm entgegen und heiterte ihn ein bisschen auf. Doch, das hier war das wahre Leben, nicht diese Verfolgungsjagden und Schießereien. Er setzte sich an die Theke und bestellte ein Bier, das schon nach zwanzig Minuten halbvoll vor ihn hingestellt wurde. Er lächelte still in sich hinein. Auch das gehörte zum Lauf der Welt: Bedienungen waren überall gleich. Mittlerweile war es schon spät nachts, aber das Café war immer noch sehr voll, und der Lärm beruhigte Bébé, während er sein Bier trank. Aber plötzlich erhob sich eine Stimme deutlich über die anderen Geräusche. Eine harte Stimme.

»Ich möchte *bitte* einen Espresso!«

Bébé grinste. Gott, war der Typ naiv – der Bedienung vom Tisch aus zuzurufen, wenn man schon an der Theke zwanzig Minuten warten musste. Der Ruf wiederholte sich in den nächsten zwei Stunden monoton, und Bébé begann er allmählich auf die Nerven zu gehen. Er machte sich einen Spaß daraus, die Unterhaltung der Bedienungen über die Impertinenz der Gäste mitzuhören. Andererseits konnte er es gar nicht vermeiden, denn sie wurde laut genug geführt, sodass die Hälfte des Publikums trotz der Musik jedes Wort verstehen konnte. Plötzlich tauchte an der Theke eine hochgewachsene Gestalt auf und sagte:

»Ich will einen Espresso. Jetzt!«

Die Bedienungen drehten sich ungläubig um. Da war doch tatsächlich jemand so frech …

»Esteban!«, jubelte Bébé, der den Spanier endlich erkannte. »Wo kommst du denn her?«

Die Bedienungen drehten ihnen wieder den Rücken zu und beschlossen, die Bestellung einfach nicht gehört zu haben. Vielleicht würde man dem Typen nachher aus Versehen ein Glas Bier über die Hose schütten, oder man schenkte ihm sein Bier aus der Abtropfschale ein.

Bébé und Esteban unterhielten sich angeregt und Bébé berichtete ihm über den bisherigen Verlauf des Abends.

»Aha«, meinte Esteban zum Schluss. »Und warum bist du jetzt nicht auf der Burg?«

Bébé wand sich.

»Ich wollte gerade gehen«, sagte er dann. »Aber ich hatte so Durst.«

Esteban nickte, dann fiel ihm etwas ein: »Okay«, sagte er, »wir gehen gleich. Aber erst will ich noch meinen Espresso!«

Er holte tief Luft und sagte dann mit gefährlich ruhiger, aber lauter Stimme: »Einen Espresso. Aber ein bisschen zack, zack, ja?«

Totale Verblüffung weitete die Augen der drei Bedienungen. Ungläubiges Staunen kroch über ihre offenen Münder in ihre Gehirne. Der zutiefst bösartige Ton dieser Bestellung fraß sich langsam durch ihre Gehörgänge und erzeugte, sobald er im Bewusstsein ankam, schieren, reinen Hass.

»Wie war das?«, fragte die Bedienung langsam und drehte sich zu Esteban um.

»Wie war das?«

Bébé grinste.

Quetzal fummelte an seiner Maschine herum, die vor ihm auf dem Tisch stand. Leif saß weiter sinnierend auf dem Boden.

»So!«, sagte Quetzal und richtete sich auf. »Jetzt wollen wir doch mal sehen.«

Er befestigte einen Draht an dem modifizierten Röntgenschirm und legte einen kleinen Schalter um. Der Röntgenschirm glühte auf, aber sonst geschah nichts. Quetzal war enttäuscht.

»Das passiert manchmal«, sagte er resigniert. »Es gibt Erfindungen, die tun gar nichts.«

»Ich weiß jetzt, was ich in Europa wollte«, sagte Leif zusammenhanglos. »Ich wollte den besten Rockgitarristen der Welt finden.«

Der Röntgenschirm glühte stärker. Quetzal fasste nach dem Schalter, als es plötzlich dunkel wurde.

»Du hast die Sicherung geschossen«, sagte Titlichtlo trunken in die Schwärze hinein. »Und es wird verdammt schnell kalt hier drin.«

Esteban wiederholte die Bestellung, womöglich noch bösartiger als beim ersten Mal.

»Gib mir einen Espresso, Schnecke, aber hurtig, ja?«

Der Kellner kam vor und legte die Hand auf Estebans Schulter, sah ihm kalt in die Augen und sagte: »Du bist Ägypter, oder? Ich mag keine Ägypter.«

Bébé sah, wie Carlos, José und der Rest der Spanier, die sich mittlerweile wieder zusammengefunden hatten, von ihrem Tisch aufstanden und zur Theke kamen.

›Oh, oh‹, dachte Bébé. ›Jetzt geht's schon wieder los. Ich hätte gleich auf die Burg gehen sollen.‹

In genau dem Augenblick, als Esteban dem Kellner klar machte, dass er Spanier sei, brach im Café *Himmelsfrieden* das bereits bekannte Chaos aus. Esteban variierte die Szene diesmal insofern, als er Bébé den Degen überließ und der ein so großes Loch in den Boden schnitt, dass Theke und Bedienungen in den Keller des Gebäudes krachten. Und dann mussten sich die Spanier noch mit den Intellektuellen auseinandersetzen, die in diesem Café zäher als sonst waren und aus druckfrischen Zeitungen und Cognac Molotowcocktails bastelten.

Als sie schließlich hoch befriedigt das komplett in Schutt und Asche gelegte Lokal verließen, rannte Bébé auf der noch immer stockdunklen Straße direkt in die Arme eines ziemlich großen Mannes. Bébé erstarrte. Der Mann schob ihn weg und sagte:

»Lass das, Quetzal, bring lieber den Strom in Ordnung.«

Man hörte jemanden in einer unverständlichen Sprache fluchen und dann, wie ein Fahrraddynamo zu surren anfing und sah, wie das Licht einer kleinen Glühbirne aufleuchtete. Mitten auf der Straße sahen Bébé und die verblüfften Spanier einen Hometrainer stehen, auf dem ein Mann mit ungewöhnlich muskulösen Beinen in einem weißen Kittel und einem Binsenröckchen saß und wie irre strampelte. Daneben standen noch einige weiß bekittelte Männer und der Mann, in dessen Arme Bébé vor einer Minute gerannt war. Die beiden Gruppen sahen sich *sehr* verblüfft an. Es herrschte tiefes Schweigen. Dann fragte einer der Kittel unsicher: »Das hier ist nicht die *USS Kill,* oder?«

»Nee!«, sagte Esteban stockend. »Das hier ist Nürnberg.«

Der rothaarige Mann war der einzige, den das alles offensichtlich unbeeindruckt ließ. Er fragte Bébé: »Bist du zufällig Gitarrist?«

Kathrin hastete durch den Burggraben, in dem vergeblichen Bemühen zu vergessen, dass sie bis auf ein Buch, das sie immer noch vor sich trug, splitternackt war. Es war schwer, das zu vergessen, die Januarnacht tat das ihrige, sie daran zu hindern. Außerdem war sie wütend. Sie schäumte richtiggehend. Diese Ratte Fernando hatte sie einfach weggeschubst und alleingelassen. Schöne Freunde suchte sie sich aus. Und wie sollte sie jetzt auf die Burg kommen? Sie war ja immer noch nackt, und außerdem standen oben am Eingang zur Burg einige Polizisten vor den Resten eines Hubschraubers und unterhielten sich aufgeregt, sahen aber in keinem Fall so aus, als würden sie heute Nacht noch irgendwelche Abweichungen von der Norm tolerieren. Man hatte ihnen die traurigen Reste des Hubschraubers gezeigt und ihnen eingeschärft, alles zu verhaften, was auch nur im Geringsten so aussah, als könnte es mit der allgemeinen Unordnung, die so überraschend von Nürnberg Besitz ergriffen hatte, etwas zu tun haben. Sie hatten erfreut zugehört, als ihnen geraten wurde, bei jeder Verhaftung unnötige Gewalt anzuwenden und die Schusswaffe fleißig zu gebrauchen. Kathrin sah keine großen Chancen für sich. Sie bemühte sich um positives Denken, aber sie konnte sich selbst einfach nicht in der Burg sehen. Unruhig sah sie zu der Brücke hinauf, die den Burggraben überspannte und auf der die Polizisten patrouillierten. Sie fror jämmerlich.

»Ja hallo«, sagte plötzlich eine schwebende Stimme aus dem Dämmerlicht. »Dasisabagutastoff.«

Kathrin war zusammengezuckt, aber jetzt sah sie, dass die Stimme zu einem von zwei jungen Männern gehörte, die trotz der Kälte im Burggraben auf einer Bank saßen und offensichtlich die Pillen geschluckt hatten, die einstmals in dem braunen Glas gewesen waren, das leer zwischen ihnen auf der Bank stand.

»Sehtollesachensehich!«, sagte der eine. »Supersachen, echt supersachen. Gutastoffdas.«

»Joa«, sagte der andere, der bei der Verteilung wohl das größere Stück erwischt hatte. »Joa, sehichauchdu. Sehichauch. Klassesachen, gutastoffdas. Seh nacktefrauensehich.«

Die beiden sahen Kathrin mit glasigen Augen an.

»Siehstunmädchen, echt?«

»Sehich«, bestätigte der andere. »Geilatrip.«

»Schadedassealle sin. Die pillenmeinich, aldä, die pillenmeinich.«

»Sin allediepillen, sagich, sinechtalle.«

Kathrin kam ein Gedanke. Sie ging auf die beiden zu und bemühte sich, so gut zu schweben, wie es ihre geschundenen Füße aushalten konnten.

»He, Jungs«, sagte sie.

Die beiden drehten ihre Köpfe in Zeitlupe und sahen sich an.

»Meintripredet, du. Derredetzumir, echt«, sagte der eine.

»Joa«, sagte der andere schwer.

»Jungs«, sagte Kathrin, der nun verdammt kalt wurde. »Ich weiß, wo es noch 'ne ganze Menge von den Pillen gibt. Einen Trip nach dem andern. Ihr kommt gar nicht mehr runter. Wochenlang nicht. Soll ich euch sagen, wo es die gibt? Umsonst, meine ich!«

Wieder drehten sich die Köpfe knirschend langsam und rasteten etwa in dem Winkel ein, in dem sie Kathrins Augen ungefähr erfassen konnten.

»Wodenn?«, fragte der eine.

»Pass auf«, sagte Kathrin. »Seht ihr die Jungs da oben auf der Brücke? Die haben die Pillen für euch. Verteilen sie heute an alle. Ihr müsst schnell machen, sonst sind sie weg.«

»Sehnauswiebullnfürmich«, sagte der eine zweifelnd und strich sich die Haare aus dem Gesicht, wofür er etwa drei Minuten brauchte.

»Na und?«, sagte Kathrin drängend. »Du siehst doch auch nackte Frauen. Aber ich bin völlig angezogen, sag ich dir. Das sind die Pillen. In Wirklichkeit sind das keine Bullen da oben. Die sind so drauf wie ihr. Das ist bloß euer Trip.«

»Wenndudassagst«, meinte der eine, »dannholichmirpilln.«

»Prima!«, sagte Kathrin mit geheuchelter Freundlichkeit.

»Äh, hör mal«, sagte sie dann nervös, als sich der junge Mann langsam erhob. »Kann ich deine Hosen haben?«

»Meinehosnkannstuham. Brauchichnichmehr. Dertrip isecht strejntsch.«

Er zog sich unendlich langsam die Hosen aus, und Kathrin streifte dem anderen, ohne sich vorher mit Fragen aufzuhalten, die Jacke ab. Dann half sie ihnen die Treppe hinauf und begleitete sie bis zur Brücke, wo sich die beiden sehr langsam bei ihr bedankten.

Zwei Minuten später huschte sie unbemerkt an sechs Polizisten vorbei, die im Kreis standen und voller Frustration auf etwas einprügelten, was dauernd sagte:

»Isecht strejntsch, dertrip. Ichglaubimmernochdassinbulln. Geilatrip. Siehstmassigsachen, die garnich sin. Abgefahrnaldä!«

»Joa!«, sagte die andere Stimme zufrieden. »Abermirisbisschenkalt, ismir. Ichgeh heimjetzt. Echt.«

Kathrin war in der Burg.

»Entschuldigung«, sagte Christoph am gegenüberliegenden Eingang der Burg zu einem von zwölf Polizisten, von denen die meisten lebhaft diskutierten, wer Kretschmer Meldung darüber machen müsste, dass heute Morgen einer von ihnen aus den Streifenwagen das gesamte Benzin für den Privatgebrauch abgepumpt hatte und dass sie jetzt mitten in der Altstadt, wo es keine einzige Tankstelle gab, auf dem Burgberg herumstünden. Einer der Polizisten – seine Arme waren ölverschmiert und er roch sanft nach Benzin – stand etwas abseits, beteiligte sich aus persönlichen Gründen nicht an der Diskussion und wandte sich nun Christoph zu.

»Ja?«, fragte er.

»Sind Sie Physiker?«, fragte Christoph zurück.

»Nein, warum?«, sagte der Polizist verblüfft.

»Na ja«, sagte Christoph. »Ich bin nämlich Physiker und

suche den Kongress der Homophonphysiker. Der soll auf der Burg sein, aber ich kann sie nicht finden. Sie wissen schon, wir Wissenschaftler sind immer ein bisschen verloren, wenn wir in der wirklichen Welt sind.«

Ein väterliches Grinsen breitete sich auf dem Gesicht des Polizisten aus.

»Sie können wahrscheinlich nicht mal ein Auto auseinandernehmen, hm?«, fragte er milde.

Christoph nickte beschämt.

»Aber Sie sind da sicher toll, oder?«

»Klar«, sagte der Polizist. »Ich hab mir erst kürzlich einen Streifenwagen umgebaut. Und Hubschrauber fliegen lerne ich jetzt auch.«

»Die Burg«, erinnerte ihn Christoph.

»Ach ja«, sagte der Polizist und grinste noch breiter. »Sie stehen genau davor. Hier ist der Eingang, da müssen Sie durch.«

Christoph bedankte sich und ging hinein, bevor er vor Lachen platzte.

Der Polizist grinste noch ein bisschen, aber im Verlauf der nächsten Viertelstunde versickerte das Grinsen allmählich in seinem nicht allzu cleveren Gesicht.

»Moment mal«, murmelte er unsicher. »Es ist zwei Uhr nachts. Da gibt's doch keinen Kongress mehr, oder?«

Er bedachte die Frage gründlich und kam dann zu dem Schluss, dass es vielleicht doch ganz gut wäre, Köberlein Bescheid zu sagen. Schließlich hatte er noch was gutzumachen wegen des Hubschraubers.

Zwei Minuten später rasten aus der ganzen Stadt, aus allen Himmelsrichtungen und durch alle Gassen der Altstadt die gesammelte Streitmacht der Nürnberger Polizei, einige Bundeswehreinheiten und das FBI in riesigen amerikanischen Straßenkreuzern mit amerikanischen Sirenen auf die Burg zu. Die Marines kamen zu Fuß. Im Laufschritt.

Von der Burg aus sah es sehr nett aus, wie all diese bunten Lichter, all diese netten Klänge so gleichmäßig von allen Seiten näherkamen. Oder sagen wir so: Es hätte nett ausgesehen, wenn man nicht ständig hätte denken müssen, dass sich all diese Lichter und Klänge genau dort treffen würden, wo man gerade stand.

Kathrin und Christoph saßen im Innenhof der Burg und sahen schaudernd hinunter auf die Stadt, als sich Gilead und Fernando einstellten. Fernando hatte eine Polizeiuniform an, aber er wollte nicht verraten, woher er sie hatte. Gilead war einfach über die Mauern geklettert. Und schließlich kamen die Spanier, zusammen mit Bébé, den Azteken und Leif. Diese Gruppe hatte sich mit purer Gewalt den Weg gebahnt, wobei Huitzilipochtlis Trittstärke mehrmals effektiv zum Einsatz gekommen war. Hutzi hatte seinen Hometrainer mitgebracht und wollte ihn eben im Hof der Burg aufstellen, als Fernando sagte:

»Wir ziehen uns in den Rittersaal zurück.«

»Hier ist nachts aber alles geschlossen«, wandte Christoph ein. Bébé lachte kurz auf und wies auf Estebans Degen. Und so zog diese seltsame Mischung aus Rittern, Azteken, Physikern und Journalistinnen, Norwegern und Rockgitarristen wie ein bunter Zug Wahnsinniger in die Nürnberger Burg ein – die erste Streitmacht in der Nürnberger Geschichte, der es gelungen war, die Burg zu erobern.

Im Rittersaal angelangt, machten sie es sich bequem. Christoph sah auf die Uhr.

»Es ist Montag«, sagte er zu Fernando, »Zeit, Erik anzurufen.«

Fernando nickte und sah sich zögernd um.

Ein seltsames Gefühl beschlich ihn.

Das Gefühl hatte einen Namen.

Es hieß: »Extreme, nicht überbietbare, historisch einmalige und typisch männliche Dämlichkeit!«

Dann fragte er unsicher: »Hat vielleicht zufällig jemand ein Telefon dabei?«

28

Erik tat alles, um seine Nerven zu beruhigen. Was er aus seinen geheimen Quellen aus dem Pentagon gehört hatte, war dazu nicht geeignet. Ganz im Gegenteil. Es war eher so, als säße man im Flugzeug und glaubte, man flöge mit *Qantas*, und in Wirklichkeit ist es eine russische Tupolev. Er häutete die Robbe fertig und bemerkte dabei, dass seine Hände zu zittern angefangen hatten. Und dann fasste er einen Entschluss und ging hinein, um einen seiner politischen Freunde im Außenministerium anzurufen, den er einmal bei einer peinlichen Drogensache, an der auch leichte Mädchen und eine DVD-Sammlung aller Staffeln von DSDS beteiligt gewesen waren, erfolgreich verteidigt hatte. Der Mann schuldete ihm noch etwas. Wie hieß er doch gleich? Erik sah in seinem Telefonbuch nach:

»Westerhold. Westermann. Wester– ah. Da steht's!«

Er nahm das Telefon heraus und wählte.

Vor der Burg sammelte sich die militärische und polizeiliche Elite Nürnbergs, Bayerns und Amerikas. In dieser Reihenfolge. Alle waren da: Kretschmer, der Bürgermeister, Köberlein, das FBI und der CIA.

»Sie sind also da drin, ja? Diese ganze Terroristenbande! Spanier, Arbeitslose und Musiker?«

In des Bürgermeisters Stimme lag so viel Hass, dass man eine mittlere Kleinstadt für ein Jahr damit hätte versorgen können.

»Ja!«, bestätigte Kretschmer militärisch knapp. »Wir holen sie jetzt da raus!«

»Wozu die Mühe?«, fragte der Bürgermeister hämisch. »Werft einfach eine Bombe durchs Fenster!«

»Äh, Augenblick mal«, meldete sich Köberlein, der das Gefühl hatte, es sei an der Zeit, an die Polizeimethoden der Gegenwart zu erinnern. »Normalerweise spricht man mit den Terroristen, bevor man sie angreift. Manchmal ergeben sie sich.«

»Halten Sie die Klappe, Köberlein«, sagten der Bürgermeister und Kretschmer gleichzeitig. Die Amerikaner sagten etwas, das Köberlein nicht verstand, dessen Ton ihm jedoch die Schamröte ins Gesicht trieb.

›Na gut‹, dachte er, ›dann geh *ich* eben zum Polizeipsychologen. *Die* brauchen ihn sowieso nicht. Vielleicht hat er ja ein Croissant bei sich.‹ Er zog sich verwirrt aus der vordersten Frontlinie zurück. Die anderen standen am Fuße der Burgmauer und sahen zum Turm hinauf.

»Nicht ganz einfach, da ranzukommen«, sagte Kretschmer. Johnson begann, ihm seine Strategie zu erklären. Sie beinhaltete den Einsatz einer taktischen Atomwaffe und wurde deshalb vom Bürgermeister abgelehnt, weil er eine gewisse Sentimentalität für die Burg als Gebäude hegte. Er schlug im Gegenzug vor, alle Kräfte zusammenzuziehen und die Burg einfach wie in alten Zeiten zu stürmen. Als den Mannschaften diese Idee vorgetragen wurde, stieß sie, außer bei den Marines, auf keine große Begeisterung. Alle diese Männer hatten schon eine Menge Ritterfilme gesehen. Sie hatten das dumpfe Gefühl, dass bei dem Kampf um eine Burg der eindeutig bessere Standort *oben* ist. Wenn man nämlich von unten kommt, werfen die Leute oben oft sehr unangenehme Sachen herunter. Plötzlich war von heißem Öl die Rede. Nur einer der Polizisten konnte sich dafür begeistern, und der war von der Gemeinschaft im Augenblick ausgeschlossen, weil er noch an Physiker glaubte.

Trotzdem setzte sich der Bürgermeister durch. Die Angreifer setzten sich in Marsch. Mittlerweile war es fünf Uhr morgens geworden. Es war kalt und dunkel, und als die Polizisten und Soldaten eng aneinandergedrängt den Weg zum Innenhof hinaufgingen, hatten sie alle ein mulmiges Gefühl. Das Burggebäude ragte massig vor ihnen in den dunklen Himmel auf, und der Eingang sah aus, als könnte man ihn von innen sehr gut verteidigen. Auch die Treppe an der Außenmauer war nicht breit genug, als dass man geschlossen hochgehen könnte. Und die Mauern sahen sehr massiv aus. Alles in allem waren die Angreifer – außer Kretschmer und dem Bürgermeister – nicht gerade in fröhlicher Stimmung. Als das Kommando zum Angriff fiel, begann die kleine Armee, aus allen Kräften in Richtung der Fenster zu feuern. Sie hatten keine Ahnung, was sonst von ihnen erwartet wurde, und deshalb schossen sie. Es beruhigte sie zu sehen, dass immerhin etwas geschah, auch wenn es nichts bewirkte. Bald war der Innenhof in Pulverdampf gehüllt und die Querschläger irrten kreischend im Hof umher. Kein Mensch hörte Kretschmer, der ständig »Aufhören« schrie.

»Man bräuchte einen Hubschrauber!«, rief der Bürgermeister.

»Wir haben aber keinen mehr!«, schrie Kretschmer zurück.

Allmählich hörte das Schießen auf, als die Angreifer merkten, dass sie nichts ausrichteten. In die Stille hinein öffneten sich plötzlich die Fenster und ein Hagel von Eichenstühlen prasselte auf die Polizisten nieder. Diese wichen ein Stück zurück und feuerten wieder, aber die Fenster lagen zu hoch.

»Okay«, murmelte Kretschmer, »versuchen wir's auf die weiche Tour.«

Er wandte sich an einen der Polizisten und sagte: »Holen Sie mir den Polizeipsychologen. Aber ein bisschen zackig, klar?«

Der Mann salutierte erschreckt und eilte ins Dunkel. Die Polizisten standen herum und froren. Der Bürgermeister scharrte enttäuscht mit dem Fuß im Kies. Bis jetzt hatte er noch kein Blut gesehen. Und außerdem musste er ständig an Spitzenhöschen denken und dafür hasste er Don Fernando noch mehr. Wenn Kretschmer wüsste, dass er selbst jetzt, unter diesem konservativen grauen Zweireiher, heimlich die Unterwäsche seiner Frau trug …

Der Polizist kam zurück. Ohne den Psychologen.

»Und?«, herrschte ihn Kretschmer an. »Haben Sie ihn nicht finden können?«

»Doch«, sagte der Polizist verlegen. »Der Chef ist bei ihm.«

»Na und?«, schrie Kretschmer.

»Na ja«, sagte der Polizist, »der Chef hat mit ihm über seine Probleme gesprochen, Sie wissen schon, und jetzt hat der Psychologe einen Weinkrampf und steht da vorne auf der Mauer und will in den Burggraben springen, wenn Köberlein nicht weggeht.«

»Oh Gott!«, stöhnte Kretschmer. »Diese Stadt macht mich fertig.«

Plötzlich schrie er los: »Dann holen Sie mir irgendjemanden, einen Psychiater, einen Pfarrer oder meinetwegen auch einen Sozialpädagogen. Irgendwen, der die Leute da oben rausholen kann. Wir können's jedenfalls nicht.«

Ein paar Polizisten verschwanden. Der Rest stand schweigend herum und fror. Kretschmer war deprimiert.

In der Burg war die Stimmung auch nicht das, was man heitere Ausgelassenheit nennt. Kathrin sprach ein ernstes Wörtchen mit Fernando.

»Warum hast du uns eigentlich auf die Burg gelotst, du Trottel? Das hier ist so ungefähr der schlechteste Ort, den man sich vorstellen kann. Dort unten stehen dreihundert Leute, von denen jeder Einzelne fest entschlossen ist, uns zu töten. Und wir haben nicht einmal ein Telefon!«

Napoleons Grande Armée, die Rote Armee und die gesamten NATO-Truppen hatten sich den Fallschirmjägern angeschlossen und jagten durch Fernandos Kopf auf der Suche nach seinem Selbstbewusstsein, das wie ein weißes Karnickel von Granattrichter zu Granattrichter hüpfte und darauf hoffte, dass sie nicht auf die Idee kämen, taktische Nuklearwaffen einzusetzen.

»Äääh«, sagte er, »ich bin eben irgendwie doch noch ein Ritter. Ich meine, Burgen kamen mir immer sehr sicher vor.«

»Sicher ist das richtige Wort«, warf Christoph ein. »Sicherer Tod wäre noch passender.«

Leif stand ungeduldig neben Bébé und versuchte, ihn in ein Gespräch über Musik zu ziehen. Er hatte schon ganz andere Dinge erlebt, als er mit den Indianern gegen General Custer gekämpft hatte. Irgendwann war es immer zu Ende, und dann konnte man wieder Musik machen. Bébé fehlte diese Erfahrung, das merkte man sehr deutlich. Genauer gesagt hatte er eine höllische Angst, wie schon so oft in dieser Nacht, und das gefiel ihm gar nicht. Er hätte von Anfang an in der Kneipe bleiben sollen.

»Also gut«, sagte Christoph, während sich Fernando noch immer unter Kathrins Redeschwall zusammenkrümmte. »Entweder wir ergeben uns oder wir kämpfen. Ich bin für Ergeben, nebenbei gesagt.«

Quetzal mischte sich ein: »Ich sage jetzt vielleicht etwas Dummes, aber sollten wir nicht noch ein bisschen abwarten? Vielleicht gehen diese Leute da draußen wieder weg. Ich meine, Cortés ist damals auch irgendwann wieder verschwunden. Mir macht es nichts aus, eine Zeit lang eingesperrt zu sein.«

Christoph starrte den Azteken an. Mit deutlichem Ekel fragte er: »Sie sind auch ein Langlebiger, oder?«

Quetzal nickte. Christoph fühlte sich einmal mehr schrecklich alt.

»Na ja«, sagte er müde. »Es ist nur so, dass ich mich schwer mit dem Gedanken an zwanzig oder dreißig Jahre Wartezeit abfinden kann. Dann gehe ich lieber ins Gefängnis, das ist mit läppischen fünfzehn Jahren abgetan.«

»Ach so«, sagte Quetzal erleichtert. »Dann bin ich auch für Ergeben.«

»Ich bin dagegen«, sagte Gilead düster. »Denn wenn wir uns ergeben, sind wir tot. Alle. Ohne Ausnahme. Aber Fernando wird am totesten sein.«

»Es gibt keine Steigerung zu tot«, sagte Kathrin automatisch.

»Für Fernando doch«, sagte Gilead, »denn seine Fetzen werden über ganz Nürnberg verteilt sein. Ich bin für Kämpfen.«

»Wir stimmen ab!«, sagte Christoph.

Das Ergebnis war pari, und Hutzis Stimme war nicht gezählt worden.

»Also gut«, sagte Christoph ergeben und setzte sich auf den Boden. »Dann warten wir eben.«

Plötzlich dröhnte eine megafonverstärkte Stimme durch den Burghof und die zerschossenen Fenster: »Hallo, ihr da drin!«

Die Polizisten hatten einen Pfarrer gefunden.

Christoph, Gilead und Bébé erbleichten.

»Hallo, Papa!«, sagte Christoph schwach und versank in gnädiger Ohnmacht.

»Gut!«, sagte Kretschmer aufgeregt zu dem Pfarrer. »Holen Sie die da raus!«

»Hört mal zu, Jungs«, sagte die gelassene Megafonstimme, »Gott liebt uns alle, egal, was wir getan haben. Man kann über alles reden, und nichts wird so heiß gegessen, wie es gekocht wird …«

Kretschmer rieb sich die Hände. Von diesem Mann ging eine unglaubliche Überzeugungskraft aus. Einige der Polizisten hatten die Waffen sinken lassen, andere falteten still die

Hände. Grau dämmerte der Morgen über Nürnberg herauf. Pfarrer Friedrich sprach weiter:

»Und ich möchte, dass ihr wisst, Jungs«, seine Stimme schraubte sich in beschwörenden Höhen, manch gläubiger Amerikaner sank in die Knie, »ihr alle, die ihr da drin seid, die ihr in einer aussichtslosen Lage seid«, noch einmal hob sich die Stimme und schlug alle in den Bann, »dass Gott alle liebt, außer diesen Scheißbullen hier – und dass ihr gefälligst drinbleibt und kämpft und sie alle macht – und lasst euch bloß nichts erzählen, die wollen euch kaltmachen und … lasst mich sofort los, ihr Ketzer! Fasst mich nicht …«

Die Stimme verstummte jäh, als dem Pfarrer das Megafon aus der Hand gerissen wurde.

»Toll!«, sagte Bébé nach einer kleinen Pause sarkastisch. »Vielen Dank, Herr Friedrich!« »Okay!«, seufzte Christoph, der wieder erwacht war und nun aufstand und zum Fenster ging. »Okay!«

Er lehnte sich aus dem Fenster und schrie nach unten: »Also gut! Wir ergeben uns!«

Erik war tief deprimiert, als er in seinen gepanzerten Wagen stieg, sich auf das Robbenfell des Fahrersitzes setzte und den Wagen startete. Sie hatten ihn nicht angerufen. Sie steckten bestenfalls in Schwierigkeiten, wahrscheinlich waren sie tot. Keine einzige Gruppe hatte ihn angerufen. Und er musste morgen vor Judge Calipsee treten und ihm sagen, dass er keinen Erben hatte, keinen Zeugen, keine Beweise und schließlich auch keinen Fall mehr. Es würde der erste Fall in Jahrhunderten sein, den die Anwaltskanzlei *Gierschlund & Raffke* verlor. Und es würde das Ende seiner Existenz als Anwalt sein. Und als Freund. Und wahrscheinlich als Mensch, denn es war nicht anzunehmen, dass Calipsee und seine Freunde im Weißen Haus ihm verzeihen würden, dass er versucht hatte, die Vereinigten Staaten aufzulösen.

Aber gut. Er würde Manns genug sein, vor diesen Richter zu treten und anständig zu verlieren. Schließlich war er immer noch ein Wikinger. Stolz reckte er den Kopf und trat aufs Gaspedal. Er hatte noch einen langen Weg vor sich.

Tiefes Schweigen lag über dem Innenhof der Burg. Eine immense Spannung hatte sich über alle Anwesenden gelegt. Die kleine Armee der Angreifer stand wieder ordentlich in Reih und Glied, die Maschinenpistolen im Anschlag. Die Marines hatten sich an strategisch günstigen Stellen postiert, was die Polizisten mit einer gewissen Unruhe sahen, denn sie hatten das Gefühl, manchen dieser amerikanischen Elitesoldaten genau in der Schusslinie zu stehen, und – was schlimmer war – diese Tatsache schien den Amerikanern nichts auszumachen. Die Mannschaften von FBI und CIA standen schweigend in ihre Mäntel gehüllt da; sie wirkten wie ein einziger, finsterer Skorpion, der nur darauf wartet, dass sich der Gegner bewegt, um zuzustechen. Kretschmer und der Bürgermeister hatten sich ein Stück hinter die vorderste Linie zurückgezogen und standen erhöht auf dem Burgbrunnen, um alles genau beobachten zu können. Jeder starrte gebannt auf die große Tür, die in die Burg führte.

Nichts rührte sich.

Von fern hörte man Sirenen von Feuerwehr und Krankenwagen. Die Bewohner der Stadt – soweit sie nicht schon vorher geweckt worden waren – betrachteten bestürzt den Trümmerhaufen, den diese Nacht hinterlassen hatte.

Die Polizisten wagten nicht, sich zu bewegen. Alles hielt den Atem an.

Auf einmal kam ein Geräusch aus der Burg. Man hörte, wie etwas gegen die Tür stieß. Finger krümmten sich um Abzüge. Gewehrkolben wurden an Schultern gehoben. Scharfe Augen visierten das Tor durch Zielfernrohre an. Minenwerfer wurden ein letztes Mal nachjustiert.

Plötzlich torkelten drei Männer über den Burghof und kamen auf den Bürgermeister zu. Einer brüllte in kehligem Deutsch: »Ah, Cherr Bürrrgerrrmeister. Spielt ihr immer noch Rritter?«

Der Bürgermeister starrte ihn mit einem Ausdruck totaler Verblüffung an. Der Betrunkene, der mittlerweile nah herangekommen war, reichte eine Hand herauf.

»Pawel Chruschtschow, Cherr Bürrrgerrmeister, errrinnerrn Sie sich nicht, die russische Delegation?«

Aus den Reihen der Marines ertönte ein angstvoller Schrei: »Das sind Russen! Schießt, Leute, schießt!«

»Nicht!«, schrie der Bürgermeister und duckte sich hinter Kretschmer, der sich seinerseits hinter dem Bürgermeister zu verstecken suchte. Die Russen brüllten vor Lachen. Die Marines, jahrzehntelang in wilder, animalischer Furcht vor den Russen geschult, begriffen nun, was psychologische Kriegsführung bedeutet. Diese Russen lachten. Sie schossen, was ihre Gewehre hergaben, und diese Russen lachten noch immer. Kalte Furcht vor der Fremdheit dieser Menschen schlich in ihr Herz und lähmte ihre Arme. Der Lärm der Schüsse wurde dünner. Chruschtschow, Weiß und Jenewgij klatschten begeistert in die Hände.

»Ihr Deutschen verrstäht zu schpielen!«, sagte Weiß bewundernd und stimmte wieder in das trunkene Gelächter seiner Freunde ein. »Und alles fürrr uns! Grroßarrrtig! Wirrr werrrden berrrichten dacheim!«

Noch lauter wurde das Lachen, und der erste Marine warf enerviert seine Waffe weg und kam mit erhobenen Händen aus der Reihe. Jenewgji erlitt einen Lachkrampf. Weiß wischte sich die Tränen aus dem Gesicht und Chruschtschow applaudierte begeistert, als nach und nach alle Marines mit erhobenen Händen vortraten.

Kretschmer erhob sich geistesgegenwärtig.

»Ihr Trottel!«, sagte er kalt. »Geht zurück auf eure Plätze!«

Sein Befehl verhallte ungehört. Die Marines starrten angstvoll auf die drei Russen, die sich lachend auf dem Boden wälzten, sich aneinanderklammerten und immer wieder in Lachen und Kichern ausbrachen.

In dem Augenblick öffnete sich das Tor und die Terroristen kamen heraus; Christoph an der Spitze.

»Ist ja gut«, murrte er. »Es reicht jetzt mit Schießen. Wir kommen schon«, und blickte dann völlig entgeistert auf eine Hundertschaft Marines, die mit erhobenen Händen vor ihm stand.

Pfarrer Friedrich bedeckte mit gefesselten Händen die Augen. Hinter Christoph kam Bébé, dann Gilead, dann kamen Fernando und Kathrin, die Spanier, die Azteken und schließlich, als einsamer Nachzügler, Hutzi, der seinen Hometrainer mit sich schleppte.

Wieder war Schweigen. Noch immer rührte sich keiner der Männer im Burghof.

Dann brüllte Kretschmer: »Zu den Waffen, aber sofort!«, und hundert Marines rannten, so schnell sie konnten, zu ihren Gewehren zurück. Chruschtschow, Weiß und Jenewgij hatten Kathrin entdeckt, kamen auf sie zu, schüttelten ihr, die völlig konsterniert dastand, begeistert die Hand und torkelten dann über den Burghof fort in den dünnen Nebel, um mit der zerstörten Stadt zu spielen.

»Und jetzt?«, fragte Christoph bemüht kühl. »Sollen wir uns irgendwie aufstellen?«

»An die Mauer!«, zischte der Bürgermeister böse. »Stellt euch alle an die Mauer. Mit dem Rücken zur Wand!«

Sie folgten dem Befehl schweigend.

»Okay«, sagte der Bürgermeister kalt. »Jetzt legen wir sie um!«

»Moment!«, schrie eine aufgeregte Stimme über den

Burghof. Es war Köberlein, der, mit einem Handy herumwedelnd, in den Hof gerannt kam.

»Ich hab eben einen Anruf vom Innenminister gekriegt. Das amerikanische Außenministerium will sie lebend! Hier!«, schrie Köberlein und drängte sich durch die schweigenden Polizisten zu Kretschmer. »Er will mit Ihnen sprechen.«

Köberlein reichte Kretschmer das Telefon hinauf. Kretschmer lächelte Köberlein kühl an, hob das Telefon ans Ohr und sagte mit verstellter Stimme in das Mikrofon:

»Tut mir leid, falsch verbunden!«, und schaltete das Telefon aus.

Dann grinste er böse und sah den Bürgermeister an. Der Bürgermeister sah Kretschmer an. Man hatte den Eindruck, als knisterte die Luft zwischen ihnen kalt.

»Knallt sie ab!«, sagte Kretschmer dann schnell und brutal.

Die Polizisten reagierten nicht sofort. Das war etwas stark, oder? Die hatten sich schließlich ergeben!

Die Gefangenen standen an der Wand und waren weiß vor Angst. Jeder klammerte sich an das, was er aus den Trümmern dieser Nacht gerettet hatte: Esteban an seinen Degen, Kathrin an ihr Buch, Hutzi an sein Fahrrad, Quetzal spielte nervös am Schalter seiner komischen Maschine, Bébé hielt sich an Leif und Esteban fest und Christoph an der Mauer.

»Was ist?«, schrie der Bürgermeister hasserfüllt. »Macht sie nieder! Legt sie um! Schlachtet sie!«

»Ich wünschte, wir wären bei Erik!«, sagte Christoph aus ganzem Herzen, schloss die Augen und hörte entsetzt, wie dreihundert Gewehre zu feuern begannen.

Nur wenige Menschen haben je ein gepanzertes Auto platzen sehen. Und wenn man den Hummerfischer Fredric Hunter danach befragt, wird er sagen, dass ein Erlebnis dieser Art weder reinigend auf die Seele noch wohltuend auf den Geist wirkt.

Es ist allerdings schwierig, ihn nach dieser Erfahrung zu befragen, weil die Nervenheilanstalt der Schwestern Carry und Liz Breckdoun Besucher nur nach nervenaufreibenden Formalitäten zulässt. Nichtsdestoweniger würde Hunter etwa Folgendes erzählen:

»Also, Leute, es war so. Ich steh da in meinem Boot und nehm die Hummerkästen aus, ihr wisst schon, da drüben bei Siltoe's Bay, ich bin also ganz nah an der Straße und ich nehm so die Hummerkästen aus und denk mir, da war doch Johnson schon wieder an meinen Hummerkästen, denk ich, da kommt so ein schwerer Wagen die Straße lang. Und ich denk mir, das ist aber mal ein teurer Wagen, Junge, Junge, muss wohl ein Buick sein, Spezialausführung oder so. Und ich seh so hin und seh, dass da ein Mann drin fährt. Einer, Jungs, nur einer! Und dann kuck ich auf die Hummerkästen, und als ich wieder hochschau, seh ich, wie der Wagen sich plötzlich ausbeult, wie so 'ne Konservendose, die schlecht geworden ist. Und der beult sich und beult sich und plötzlich, genau auf der Brücke, platzt er mit einem Knall und tausend Leute fallen aus dem Auto in die Bucht.

Na ja, vielleicht nicht tausend, aber zwei Dutzend auf alle Fälle. Und einer, mit so einem roten Bart, der steigt nicht ans Ufer oder so, obwohl das Wasser saukalt ist, der schwimmt auf mich zu und hält sich an meinem Boot fest und fragt: ›Sag mal, Alter, hast du Wale an Bord?‹, und von da an weiß ich nichts mehr und dann bin ich hier aufgewacht.«

So weit Hunter. Trotz seiner in den Details ungenauen Schilderung entspricht es den Tatsachen, dass Eriks Wagen deshalb platzte, weil auch in einen Buick zwanzig Leute, die sich aus dem Nichts in seinem Inneren materialisieren, niemals hineinpassen können. Der Wagen muss platzen. Schon allein deshalb, weil auch Bébé – Feind aller Automobile – darunter war, teilweise aber auch deshalb, weil der Wagen trotz

Missachtung aller möglichen Naturgesetze, die das Materialisieren von Personen betrifft, auf die Einhaltung der wesentlichsten physikalischen Gesetze achtete; vor allem auf dasjenige, das zwanzig Personen in einem Buick unmöglich macht. Verständlich war aber, dass die zwanzig Leute, da sie sich eben noch vor einem dreihundertköpfigen Erschießungskommando befunden hatten, nun in dem eiskalten Wasser fröhlich herumtollten, während Erik, frierend und nass am Ufer sitzend, eine Erklärung erwartete, die Quetzal schließlich geben konnte. Offensichtlich war seine Maschine doch zu etwas gut.

Als Leif zu Erik ans Ufer stieg, etwas enttäuscht, weil Hunter keine Wale vorweisen konnte, sagte er zu Erik: »Ich hab dir gesagt, Erik, Thor wollte nicht, dass wir dieses Land besiedeln!«

Erik grinste. »Ja«, sagte er fröhlich, »damals. Aber jetzt will er es offensichtlich!«

Und dann fuhren sie mit der Eisenbahn nach Washington, weil der Greyhoundbus, in den Bébé einstieg, plötzlich einen Vergaserbrand hatte.

29

Der Gerichtssaal III des High Court war gesteckt voll, weil jeder von Eriks Zeugen vier Leibwächter um sich hatte, die wieder von jeweils vier Polizisten misstrauisch beobachtet wurden. Fernsehgesellschaften aus aller Welt hatten sich eingestellt. Die gesamte politische Spitze Amerikas saß auf den Rängen (außer Bill, der auf die Kinder aufpassen musste); alle Wirtschaftsbosse und Industriekapitäne, die Chefs der Filmgesellschaften und die Düngemittelvertreter füllten den Raum. Die Gruppe Eriksen war die ganze Nacht durch gefahren und hatte keine Zeit gefunden, sich umzuziehen. Noch immer steckte Fernando in einer deutschen Polizeiuniform, noch immer war Kathrin lediglich mit Jacke und Hose bekleidet, noch immer trugen die Azteken ihre weißen Kittel über den Binsenröckchen. Und alle waren noch leicht feucht von ihrem Bad in der Bay. Ihre Kleider starrten vor Salz.

Als Judge Calipsee den Sitzungssaal betrat, traf ihn fast der Schlag. Er wurde gelb vor Zorn. Er hasste Menschen. Und er hasste es noch mehr, so viele davon in seinem Gerichtssaal zu sehen, wo er keinen davon zu lebenslangem Gefängnis verurteilen konnte. Er ging hinter den Richtertisch, setzte sich und stützte den Kopf in die Hände. Dann schnarrte er:

»Mr. Eriksen, es tut mir sehr, sehr leid, all diese Menschen hier in Freiheit zu sehen. Ich wünschte, ich wäre noch Friedensrichter in einem Provinzkaff und könnte Sie alle zum Tod verurteilen. Ich fordere Sie jetzt noch einmal auf, Ihre schwachsinnige Klage zurückzuziehen, sonst werden nämlich Sie alle hier einige sehr traurige Stunden erleben. Ist das klar?«

»Klar, Judge Calipsee, Euer Ehren, Sir«, sagte Erik und nahm ein Dokument aus seiner Robbenfelltasche.

»Aber ich habe hier das Dokument, das den Anspruch meines Klienten auf den Titel eines Vizekönigs von Amerika beweist. Und er hat seinen Anspruch niemals abgetreten. Die Revolution ist also illegal gewesen. Wir fordern Sie auf, die Vereinigten Staaten als eine illegale Vereinigung zu bestätigen und ihre Auflösung anzuordnen.«

Der Saal brach in ein wildes Toben aus. Vor den Toren des High Court hatte ein kleines Grüppchen Mescalero ein Transparent enthüllt: »Long Live Leif!«

Judge Calipsee hämmerte auf den Tisch und schrie: »Ruhe. Ich will Ruhe in diesem Gerichtssaal!«

Dann wandte er sich an Erik und sagte: »Ich nehme an, dass Sie den Erben als Zeugen aufrufen lassen wollen?«

»In der Tat«, sagte Erik. »Ich bitte darum.«

Judge Calipsee winkte mit der Hand und schloss angewidert die Augen. Der Gerichtsdiener las vor: »Don Fernando Colon!«

Fernando trat in den Zeugenstand. Judge Calipsee öffnete die Augen, japste und schloss sie schockiert wieder, nur um sie einen Augenblick später wütend wieder aufzureißen und Fernando anzustarren.

»Was ist dieses abscheuliche Überbleibsel eines von Alkohol und Drogen zerfressenen Tiers?«, fragte er Erik abgestoßen.

»Das«, sagte Erik, »ist der leibliche Sohn von Christoph Kolumbus!«

Wieder erhob ein Rauschen im Gerichtssaal. Der Lärm war ohrenbetäubend. Kameraleute schlugen ihre Kollegen im vergeblichen Bemühen nieder, eine Großaufnahme von Fernando in den Kasten zu kriegen. Journalisten krochen unter den Bänken durch, um nach vorne zu kommen.

»So, wie er aussieht, könnte man ihm sein Alter fast glauben«, schnaubte Calipsee. »Wieso stinkt er nach Fisch?«

»Er ist ins Wasser gefallen, Euer Ehren!«, sagte Erik.

»Wann?«, fragte Calipsee ungehalten. »Als er Amerika entdeckt hat?«

»Nicht ich!«, sagte Fernando. »Mein Vater!«

Calipsee wandte sich ihm mit Augen zu, die jede Klapperschlange vor Neid in einen tiefen Minderwertigkeitskomplex gestürzt hätte.

»Wenn ich will, dass Sie was sagen, lass ich's Sie wissen! Aber seien Sie dessen versichert: Ich werde es nie wollen!«

»Was?«, fragte Fernando.

»Wie?«, schrie Calipsee. »Na, dass Sie was sagen!«

»Aber das tu ich doch eben!«, sagte Fernando entrüstet. »Ich sag was!«

»Aber das will ich nicht!«, knirschte Calipsee mit seinen dritten Zähnen. »Ich will es ganz und gar nicht. Schwören Sie, dass Sie die Wahrheit sagen!«

Fernando wandte sich hilfesuchend an Erik: »Also, sag ich jetzt was oder nicht?«

»Nicht!«, antwortete Erik und fragte Calipsee: »Muss er nicht ›So wahr mir Gott helfe‹ sagen?«

»Kann er«, sagte Calipsee böse. »Aber es wird ihm nichts nützen. Das hier ist gottfreier Raum. Hier gibt es nur einen Gott.«

»Ah ja!«, sagte Erik zufrieden. »Wollen Sie ihm denn keine Fragen stellen?«

»Sicherlich nicht!«, sagte der Richter entschieden. »Wenn wahr ist, was dieser Mann sagt, ist er fünfhundert Jahre alt. Und weil kein Mensch fünfhundert Jahre alt wird, ist das also kein Mensch, sondern wahrscheinlich ein ekelerregendes Tier. Und ich rede nicht mit Tieren.«

»Die biologischen Analysen haben aber gezeigt, dass er die Wahrheit sagt«, meinte Erik sanft. »Dieser Mann ist der rechtmäßige Erbe von Kolumbus.«

»Vielleicht fragt mich endlich jemand was!«, sagte Fernando enerviert.

Calipsee wandte sich ihm zu. Seine Augen funkelten selbst durch die Sonnenbrille. »Sie wollen, dass ich Sie was frage? Wollen Sie das wirklich?«

»Och«, sagte Fernando, der es sich plötzlich anders überlegte, nachdem er in Calipsees Gesicht geblickt hatte. »Vielleicht doch nicht.«

»Ich will Sie jetzt aber was fragen!«, sagte Calipsee. »Sie beantragen die Auflösung der Vereinigten Staaten und die Wiederherstellung des Zustandes von vor vierhundertachtzig Jahren respektive eine Entschädigung, falls das nicht möglich ist.«

Er machte eine kleine Pause, nahm die Sonnenbrille ab und starrte Fernando voll an: »Wenn Sie das wirklich wollen, dann sagen Sie jetzt ›Ja‹!«

Fernando starrte in Calipsees Augen. Farbige Kreise begannen sich vor ihm zu drehen. Er hatte plötzlich das dringende Bedürfnis, ›Nein‹ zu sagen oder ›Ich verzichte dankend‹ oder ›Kann ich mal schnell aufs Klo?‹.

Erik erkannte die Gefahr und sagte zu Calipsee: »Die Verfassung schützt das Recht auf Eigentum. Dieser Mann verlangt bloß, der Verfassung gemäß behandelt zu werden und Amerika als Vizekönigtum zugesprochen zu bekommen!«

Calipsee drehte sich wütend um und kreischte: »Ich kenne die Verfassung! Ich bin Verfassungsrichter!«

»Kein guter«, sagte Erik unschuldig. »Wenn Sie nicht mal Ihre Verfassung ein bisschen herrichten können!«

»Was meinen Sie damit?«, schrie Calipsee. »Was ist mit meiner Verfassung? Sie ist völlig in Ordnung!«

»Hab nie was anderes behauptet«, sagte Erik. »Aber Sie könnten sie trotzdem mal richten. Vielleicht ist sie innen kaputt, und man sieht es von außen gar nicht.«

»Was?«, brüllte Calipsee. »Wollen Sie damit andeuten, dass ich nicht in der Verfassung bin, Richter zu sein?«

»Ich richte mich nur nach der äußeren Verfassung«, sagte Erik kühl. »Ich bin Anwalt. Ob die innere Verfassung verkehrt ist, interessiert mich nicht. Dic müssen Sie schon selbst richten.«

»Ich werde alles richten«, schrie Calipsee erbost, »und zwar hin! Ich verkehre keine Verfassungen. Macht mir keinen Spaß. Deuten Sie bloß nicht an, dass ich irgendwas verkehre!«

»Geht das schon wieder los«, seufzte Erik. »Letztes Mal haben Sie gesagt, dass Sie mit Männern verkehren. Diesmal mit Verfassungen. Ich frage mich, in was für einer Verfassung Sie sind. Ich finde das krank!«

Calipsee platzte fast, als er brüllte: »Ich bin krank, wenn ich Ihnen zuhöre. Sie verkehren alles!«

»Besser, als mit allem zu verkehren«, schlug Erik zurück. »Sie haben ein echtes Problem!«

»Ja!«, heulte Calipsee auf. »Sie!«

»Oh!«, sagte Erik schüchtern und errötete. »Wollen Sie sagen, dass Sie mit mir verkehren wollen?«

»Nein!«, brüllte Calipsee verzweifelt. »Ich will diesen Mann befragen, ohne dass Sie mich stören!«

»Er wird auch nicht mit Ihnen verkehren wollen«, murmelte Erik.

Calipsee wandte sich, innerlich tief erschüttert, an Fernando: »Die Verfassung sieht vor, das Recht des Einzelnen zu schützen. Sie wollen die Verfassung aber aufheben lassen, damit Sie Ihr Eigentum bekommen. Das ist ein Paradoxon! Sie können Ihre Rechte nur bekommen, wenn die Verfassung gültig ist, aber Ihr Anspruch schließt die Gültigkeit der Verfassung aus. Also können Sie sich gar nicht auf sie berufen«, schloss er triumphierend. »Geben Sie's auf!«

Fernando dachte nach. Dann sagte er schlicht: »Passen Sie auf, Euer Ehren, können wir diesen ganzen Verfassungskram nicht einfach abstellen? Ich meine, mit Verfassungen ist das so wie mit der Jungfräulichkeit: Solange sie da ist, wird ein Riesenwirbel darum gemacht und jeder hält sie für furchtbar kostbar, aber sobald sie weg ist, sind alle Beteiligten froh und denken sich, dass man das Ganze schon viel früher hätte machen sollen.«

Calipsee hielt sich entsetzt die Ohren zu und schrie Erik an: »Sagen Sie ihm, dass er damit aufhören soll! Pfui! Wie kann man nur so eine Sprache verwenden. Er zieht die Verfassung in den Schmutz.«

»In was für Schmutz?«, fragte Erik eifrig. »Ich hätte das gerne genauer, fürs Protokoll, verstehen Sie?«

»Was soll das heißen, in was für Schmutz. Woran denken Sie denn?«

»Ich weiß nicht«, antwortete Erik. »Ich stelle mir unter Schmutz immer Lehm vor. Nassen, gelben Lehm.«

»Lehm?«, schrie Calipsee. »Sie sind irre, wissen Sie das? Komplett irre!«

Er legte den Kopf auf die Arme und versuchte, sein Gleichgewicht wiederzugewinnen. Als er aufsah, weiteten sich seine Augen vor Schreck. Quetzal, den die Verhandlung langweilte, hatte angefangen, mit seiner Maschine herumzuspielen, und materialisierte in kurzen Abständen auf dem Kronleuchter, auf Bills Schoß, neben Fernando und im Gemälde von George Washington, aus dessen Augen nun Quetzals braune durchdringend starrten.

»Was ist das?«, flüsterte Calipsee entsetzt. »Sagt ihm, er soll damit aufhören. Das ist nicht gut für meine Verfassung.«

»Die der USA oder Ihre kaputte?«, fragte Erik teilnahmsvoll.

Calipsees Mund ging auf und zu, als Quetzal in rasender Geschwindigkeit abwechselnd am rechten und am linken Rand des Richtertisches materialisierte. Dann versuchte Quetzal, in Fernando zu materialisieren, was den etwas abstoßenden Effekt eines Menschen mit zwei Köpfen zur Folge hatte, die sich fragend anstarrten. Das war zu viel für Calipsee. Mit gebrochener Stimme befahl er Erik ins Richterzimmer.

Als sich die Tür zum Richterzimmer öffnete, steckte Hillary schnell das dicke Buch wieder in Calipsees Aktentasche, in dem sie eben noch geblättert hatte. Calipsee kam herein, gefolgt von Erik. Hillary bedeutete den Männern, sich zu setzen, und sah Erik lange an.

»Also«, sagte sie dann, »machen Sie einen Vorschlag!«

»Haben Sie einen Hammer?«, versuchte Erik zu fragen, aber Hillary schnitt ihm das Wort ab und schnappte:

»Sparen Sie sich das für Calipsee. Sie wissen genau, dass er Ihre Klage ohne Weiteres abweisen kann, auch wenn es vielleicht nicht ganz legal ist. Also sollten Sie besser einen Vorschlag machen, wenn Sie noch irgendetwas für Ihren Klienten rausholen wollen. Wie ich höre, ist Ihr Klient einige Hundert Jahre alt!«

»Ah«, sagte Erik, »daher weht der Wind. Sie und der Präsident wollen gerne ein bisschen unsterblich werden, ja?«

»Nicht der Präsident«, erwiderte Hillary kalt. »Aber im Gegenzug für gewisse Informationen wäre ich nicht abgeneigt, Judge Calipsee zu einem Kompromiss zu bewegen.«

Calipsee wurde bleich. Er hasste schon den Klang dieses Wortes. Er hatte in seinem ganzen Leben noch in keinen Kompromiss eingewilligt. Er verurteilte zum Tode, und der Angeklagte sagte: ›Danke, Sir.‹ So hatte die Welt auszusehen. Und nun kam diese Präsidentenschlampe und wollte ihm einen Kompromiss anhängen! Er hasste sie.

Erik dachte nach.

»Also gut«, sagte er. »Im Gegenzug für die Information, wo und wie die Unsterblichkeit zu erreichen ist, gewährleisten Sie mir Folgendes …«

»Niemals!«, schrie Calipsee und sprang auf. »Diese Ratte

von Rechtsanwalt gehört an den Strang! Lassen Sie mich ihn töten. Ich will, dass er stirbt.«

»Und ich«, sagte Hillary kühl, »will, dass Sie hinausgehen und folgendes Urteil sprechen ...«

»Nie!«, schäumte Calipsee, als er auf das Papier sah, das Erik und Hillary ausgehandelt hatten. »Niemals!«

»Sie möchten sicher nicht«, sagte Hillary eisig, fasste in Calipsees Aktentasche und fischte das dicke Buch hervor, »dass ich hinausgehe und den Kameras im Gerichtssaal diesen Katalog vorstelle, in dem einer der höchsten Verfassungsrichter für Spitzenunterwäsche Modell steht, oder?«

Eine halbe Stunde später, in der man sehr viel Geschrei und das Zersplittern vieler Möbel aus dem Richterzimmer gehört hatte, kam Erik fröhlich heraus.

»Er ist wie eine große Robbe«, sagte er zu seinen wartenden Freunden.

»Erst hat man Angst vor ihr, aber dann häutet man sie doch! Wir haben einen Vergleich geschlossen.«

Sie kehrten in den Gerichtssaal zurück, über den sich nun tiefes Schweigen legte. Nach einigen Minuten kehrten die Richter, an ihrer Spitze Judge Calipsee, in den Raum zurück. Man erhob sich. Calipsee blieb vor seinem Tisch stehen und verlas tonlos das Urteil:

»*In Anbetracht der drohenden Gefahr für den Fortbestand der USA, ihrer moralischen Werte und ihrer Verfassung, die durch den rechtlich einwandfreien Anspruch des Klägers bestand, und angesichts der bösartigen Wortklaubereien seines Anwalts hat das Hohe Gericht den beiden Parteien – den Vereinigten Staaten von Amerika und Don Fernando Colon – zu einem Vergleich geraten. Der Vergleich wurde von beiden Parteien angenommen. Don Fernando werden hiermit zwei Prozent der Nettoexporteinnahmen der Vereinigten Staaten seit 1776 zugesprochen.*«

»Bloß zwei Prozent!«, zischte Christoph empört. »Warum hast du eingeschlagen?«, fragte er Erik.

»Mein lieber Junge«, sagte Erik herablassend. »Wenn ich dich diese Zahl ausschreiben lasse, ist Calipsee vor dir mit der Urteilsbegründung fertig.«

»Oh!«, sagte Christoph überrascht und schwieg.

Calipsee kam zum Ende:

»Nachdem diese Gefahr für Amerika abgewendet wurde, hat das Hohe Gericht mit einer Mehrheit bis auf eine Stimme beschlossen«, Calipsee erstickte fast vor Wut, als er weiterlas, *»Klagen dieser Art nur noch unter dem Vorsitz eines anderen Richters als Judge Calipsee zuzulassen, damit die USA nicht an ihren vertrottelten Richtern pleitegeht!* Die Sitzung ist hiermit geschlossen.«

Und dann legte Calipsee seine Robe ab und stürzte sich als Privatperson schäumend und heulend auf Erik. Aber Quetzal materialisierte auf seinem Kopf und setzte ihn außer Gefecht. Und als Calipsee sich zischend und spuckend wünschte, er hielte lieber in einem Dorf von Idioten Gericht als noch einmal hier mit Erik, betätigte Quetzal gelassen den Schalter seines Geräts – und eine Menge Luft stürzte eilig dorthin, wo vor einer Millisekunde noch Calipsee gewesen war. Befriedigt drängte die Menge nach außen.

Erik hatte seinen Part der Abmachung ehrlich erfüllt und Hillary mitgeteilt, dass die Unsterblichkeit auf dem Planeten Siron zu erreichen war. In den USA sind Richtersprüche der höchsten Instanz auch dann nicht revidierbar, wenn man feststellt, dass das Sternsystem Beteigeuze so weit entfernt ist, dass es in einem Menschenleben nicht zu erreichen ist. Hillary musste für den Rest des Tages das Bett hüten.

Vor dem Tor des High Court hingegen stand die ganze Gruppe freudig erregt in der kalten Januarsonne und sah auf Washington hinab. Kathrin fiel Fernando um den Hals.

»Jetzt kannst du aber mal was von einer Klette erleben«,

sagte sie. »Ich wollte immer einen Millionär heiraten.«

»Gnagnagnagna!«, sagte Christoph sauer und wanderte hinüber zu Bébé, der sich gedankenvoll eine Zigarette angezündet und sich neben Leif auf die Stufen gesetzt hatte.

»Und was machen wir jetzt?«, fragte er Bébé.

»Ich weiß, was *ich* übermorgen mach«, sagte Bébé. »Ich spiele mit Leif in irgend so 'nem Club. Hab den Namen vergessen. Aber wir wollen mal sehen. Und du?«

»Ja«, sagte Christoph, »ich muss Gileads Problem noch lösen. Der Mann will immer noch nach Siron. Obwohl ich das nach den Ereignissen der letzten Tage gar nicht verstehen kann«, grinste er. »Spiel, Spaß, Chaos, Katastrophe!«

»Du bist ein Blödmann«, sagte Bébé sanft zu ihm. »Und du bist ein absolut mieser Physiker. Quetzal hat doch Gileads Problem längst gelöst. Der hat doch dieses Gerät!«

»Ha!«, lachte Christoph böse auf. »Dieses Scheißteil funktioniert nur auf 20.000 Kilometer. Hab ich längst mit Quetzal besprochen. Das ist so eine Art Schallgrenze für Transmission, sagt Quetzal. Kann man nicht überwinden. Quetzal meint, Gilead braucht ein Raumschiff.«

»Toll!«, sagte Bébé erfreut. »Baut doch eins!«

»Wie denn?«, fragte Christoph verzweifelt. »Mit einem aztekischen Irren, der Maschinen baut, bei denen er immer erst hinterher feststellt, wozu sie gut sind? Ich bin kein Langlebiger, so viel Zeit hab ich nicht! Quetzal sagt zwar, dass er irgendwann mal ein Raumschiff erfunden hat, aber er erinnert sich nicht an die Konstruktion. Und außerdem baut er nie irgendwas zweimal. Das geht irgendwie gegen seine Aztekenehre.«

»Dann gehen wir jetzt ins Hotel und betrinken uns alle«, schlug Bébé vor.

Es ist selten, dass ein so schlichter Vorschlag von einer Gruppe so verschiedener Menschen mit so einhelliger Begeisterung aufgenommen wird.

30

Noch nie hatte das *Washington Square Hotel* ein so rauschendes Fest gesehen, ein derart bacchantisches Besäufnis erlebt oder so viel unbeschwerte Fröhlichkeit in seinen Hallen beherbergt. Die ganze Gruppe war einmütig in die Hotelbar gezogen und hatte sich vier Kellner für den Abend gemietet. Esteban hatte ihnen eingeschärft – im wahrsten Sinne des Wortes und mit seinem Degen –, dass jede einzelne Bestellung in einer Minute ausgeführt sein muss. Und dann hatten sie sich Drinks kommen lassen. Große Drinks. Gläser, die normalerweise zur Aufbewahrung von Obst dienten, kamen appetitlich dekoriert und mit gefährlich duftenden Flüssigkeiten an die Tische. Quetzals angeborene Lust zum Experimentieren fand in Titlichtlo ein williges Opfer. Er trank alles, was Quetzal mischte, auch wenn es kurz vorher explodiert war. Fernando, Esteban, José, Kathrin, Christoph und Gilead saßen nahe bei Erik und ließen sich noch einmal – von norwegischem Erzähltalent in lichte Höhen getragen – die ganze Gerichtsszene vor Augen und Gehör bringen. Leif und Bébé hingegen hatten sich die Arme voller Flaschen packen lassen und waren zur Bühne hinübergewankt, wo sie die Countrykapelle nach einem kurzen Gefecht vertrieben und selbst unter viel Gekicher mühselig das Podest erklommen hatten. Bébés Augen fingen an zu sprühen, als er einen *Marshall*-Turm und eine Gibson erblickte.

»Ooooh!«, sagte er ehrfurchtsvoll, und noch einmal: »Ooooh!«

Und dann sagte er lange Zeit nichts mehr, weil er die Gitarre liebevoll aus der Halterung genommen hatte und sanft die

Saiten streichelte, bevor er anfing zu spielen. Leif sang. Seine in achthundert Jahren geschulte Stimme schlug alle sofort in ihren Bann. Leif improvisierte und setzte die ganze Geschichte, die hier ihren vorläufigen Abschluss gefunden hatte, in die schönste Rockballade um, die jemals gesungen worden war.

Kathrin lehnte sich an Fernando, Christoph setzte sich neben Quetzal und sah seinem Freund zu, wie er den besten Sänger der Welt begleitete. Selbst Gilead musste zugeben, dass es auf Siron so etwas nicht gab.

»Jedenfalls«, fügte er hinzu, »nicht zu der Zeit, als ich dort wegging!«

Als aber Christoph voller Hoffnung aufblickte, schüttelte Gilead sofort hastig den Kopf: »Oh nein«, sagte er schnell. »Das heißt nicht, dass ich hierbleiben will. Du hast immer noch ein Problem zu lösen, Christoph!«

Der seufzte. Aber als später Fernando wegging und mit einem Rolls-Royce wieder in die Bar gefahren kam, als Quetzal versuchte, in einem Martini zu materialisieren und als Hutzi völlig betrunken auf der Theke lag und mit den Beinen in der Luft strampelte, wurde er wieder etwas aufgeheitert.

»Wir sollten alle runter in den Pool gehen«, schlug er vor.

Die Begeisterung war groß. Alle stürmten nach unten. José warf sich angezogen ins Wasser und sank auf den Boden, wo er regungslos liegenblieb. Die anderen Badegäste waren zuerst erstaunt, dann alarmiert und holten den Bademeister, der auch sofort hineinsprang, um José zu retten. Die Badegäste wohnten nun dem enervierenden Schauspiel bei, wie sich ein Ertrunkener mit Händen und Füßen dagegen wehrte, gerettet zu werden, und, sobald der Bademeister von ihm abließ, sich zur Seite drehte und offensichtlich einschlief. Nach diesem Vorfall hatte die Gruppe den Pool ziemlich für sich allein – bis auf einen ehemaligen Obersten der US-Armee, der unbeirrt seine Runden drehte.

Alles planschte vergnügt im Wasser herum, und es tat der Fröhlichkeit keinen Abbruch, dass es diesmal kein Salzwasser war.

Leif spielte Wal und zog seine Bahnen unter Wasser, nur um ab und zu aufzutauchen und einen hohen Wasserstrahl zu speien.

»Wal, da bläst er!«, schrie er dann und tauchte wieder unter, nur um fünf Minuten später wieder aufzutauchen und zu behaupten, er hätte jetzt Appetit auf ein Kaviarbrötchen.

Hutzi trat Wasser und bot den grotesken Anblick eines Mannes, der sich in dem schäumenden Wirbeln seiner Füße bis zu den Knien aus dem Wasser hob. Erik hatte sich ein Seil um die Füße gebunden, das er am Sprungturm festgemacht hatte und exakt so lang war, dass lediglich sein Kopf ins Wasser tauchte, während der Körper frei über der Wasseroberfläche hing. Das sei sehr entspannend, versicherte er der konsternierten Kathrin, die den Anblick abstoßend fand. Schließlich gab Erik diese Technik wieder auf und verlegte sich auf schlichtes Schwimmen.

Quetzal untersuchte interessiert einen Rettungsring und legte ihn aufs Wasser. Er ging nicht unter.

»Seltsam«, murmelte er, zu dessen wenigen nicht erfundenen Materialien Styropor gehörte, und rief in die Runde: »Hat jemand etwas Schweres?«

»Hier!«, sagte Kathrin fröhlich und reichte ihm Fernandos Buch.

»Danke«, sagte Quetzal und legte es auf den Rettungsring, der nun endlich sank.

»Äh, Moment mal«, sagte er dann plötzlich, sprang dem Rettungsring hinterher und rettete ihn samt dem Buch. Dann tauchte er wieder auf, setzte sich auf den Beckenrand und blätterte gedankenverloren in den dünnen goldenen Seiten, die er vor vielen Hundert Jahren beschrieben hatte.

»Christoph!«, rief er dann hinüber zum Whirlpool. »Komm doch mal her!«

Und Christoph kam.

Sah.

Und siegte.

31

Zwei Tage später kaufte Fernando eine der größten Filmgesellschaften Amerikas. Ein Mann namens Spielberg wurde verpflichtet, die aztekische Höhle originalgetreu nachzubauen, weil Quetzal plötzlich einen kurzen Anfall von Sentimentalität hatte und behauptete, nur in der Höhle die Rakete für Gilead bauen zu können. Bis die Höhle allerdings fertig war, hatte Quetzal das schon wieder vergessen und sich so an die kleine Werkstatt im Washingtoner Industrieviertel gewöhnt, dass er von der Höhle nichts mehr wissen wollte.

In dieser Werkstatt wuschen sich Christoph und Esteban gerade die Hände. Esteban hatte Christoph gezeigt, wie man monomolekularen Stahl herstellt, den Christoph für die Rakete verwenden wollte. Quetzal saß an einem alten Holztisch und brütete fluchend über seinen Aufzeichnungen, die er nicht mehr verstand. Titlichtlo hatte sich die Zeit mit der Herstellung von Papierschnaps vertrieben, und Hutzi war nicht da, weil er einen Vertrag für ein Achttagerennen in Berlin unterzeichnet hatte und nun glücklich in den Alpen auf einem Rennrad trainierte.

Bébé und Leif saßen gemeinsam in der Badewanne und quälten Stinky Miller mit ihren Fragen über den Club, in dem sie heute Abend spielen würden. Aber Stinky Miller tat sehr geheimnisvoll und verriet gar nichts.

Kathrin und Fernando lagen auch in der Badewanne.

Und Erik hatte Kopfschmerzen. Vom Swimmingpool.

»Bill!«, schrie eine Stimme durch die Zimmer. »Bist du bald fertig?«

»Gleich, Schatz!«, antwortete der eilfertig. »Ich zieh mich nur noch an.«

Hillary seufzte und sah auf die Uhr. Sie mussten in zehn Minuten vor dem Weißen Haus sein und den Abend eröffnen. Sie ging ungeduldig ins Ankleidezimmer ihres Mannes und erstarrte in der Tür.

»Nein!«, sagte sie fest. »Das nicht!«

»Aber Schatz«, sagte Bill, der leicht errötete, »es sieht doch keiner. Ich hab den Anzug drüber an.«

Hillary schloss die Augen und hielt sich am Türrahmen fest. Dann atmete sie tief durch.

»Leg es zurück«, sagte sie eisig, »und zieh deine eigenen Unterhosen an!«

Fünf Minuten später verließen sie das Haus.

In Nürnberg leerten sich die Straßen trotz des Samstagvormittags pünktlich gegen neun Uhr. Alle Welt zog sich ins Wohnzimmer zurück, holte einen ausreichenden Vorrat Bier aus dem Kühlschrank, öffnete Chipstüten und alarmierte für alle Fälle den Fernsehnotdienst, falls das Ding ausfallen sollte.

Kretschmer und der Bürgermeister saßen düster im Büro des Rathauses und starrten auf den kleinen Schwarz-Weiß-Fernseher, der auf dem Schreibtisch stand.

»Wenn Sie nicht so voreilig gewesen wären«, grollte der Bürgermeister, »müsste ich jetzt nicht hier sitzen, während alle anderen das *Get Lost*-Konzert sehen. Die Wahlprognosen werden vernichtend sein. Und dann werde ich auch vernichtend sein, Kretschmer, verlassen Sie sich darauf. Ich werde Sie degradieren. Ins Passamt versetzen – oder ins Fundbüro.«

»Bitte!«, sagte Kretschmer beschwörend. »Bitte! Ich habe mich ja nicht entführen lassen. Ich wollte bloß helfen.«

»Helfen Sie mir nie wieder, Kretschmer«, sagte der Bürgermeister und justierte den Fernseher.

»Scheiße! Ich kriege hier nicht mal MTV rein.«

Der Bürgermeister war extrem sauer. *Get Lost* war seine Lieblingsband. Kretschmer hingegen war nicht mehr sein Lieblingssekretär. Selbst wenn er die Wahl gewinnen würde, dachte der Bürgermeister, würde er Kretschmer irgendwie loswerden.

Nicht, dass ein Sieg wahrscheinlich gewesen wäre. Dafür war er allzu oft in Spitzenhöschen in den Medien gewesen. Er seufzte. An allem war Fernando schuld. Er hätte niemals nach Nürnberg kommen sollen. Und jetzt könnte er die Stadt wahrscheinlich kaufen, wenn ihm danach wäre. Man hätte ihn vielleicht freundlicher behandeln sollen.

Na ja. Zu spät.

Köberlein, ehemaliger Polizeichef der Nürnberger Polizei, lag auf einem riesigen Sofa vor einer Fernsehwand, neben sich ein Blech mit frischen Croissants.

Der Mann war auf dringendes Anraten der Hinterbliebenen des Polizeipsychologen vorzeitig pensioniert worden.

Der Mann ging nun seiner eigentlichen, geheimen Leidenschaft nach.

Der Mann hatte sich im Hobbykeller eine Backstube eingerichtet.

Der Mann war glücklich.

Bébé stimmte nervös seine Gitarre. Er und Leif standen hinter dem Vorhang auf irgendeiner Bühne in Washington. Bébé wusste nicht, wo. Er hoffte nur, dass es kein allzu großer Club war. Er wurde immer nervös, wenn das Publikum allzu groß war. Und außerdem spielte er das erste Mal in Amerika.

»Bist du auch so nervös, Leif?«, fragte er.

Es war eine überflüssige Frage. Leif aß einen Halsbonbon nach dem anderen und zog ab und zu das Thermometer aus seiner Achselhöhle, um zu sehen, ob das Fieber heruntergegangen war.

»Hast du schon mal vor viel Publikum gesungen«, fragte Bébé ihn, »ich meine, so vor drei-, vierhundert Leuten?«

Leif starrte ins Leere und antwortete nicht, nickte bloß hektisch. Stinky Miller stürzte hinter die Bühne.

»Es geht los«, rief er. »Stellt euch hin!«

»Wie heißt der Club?«, rief ihm Bébé nach, aber Stinky Miller war schon fort. Sie standen auf und betraten die Bühne. Bébé hing sich die Gitarre um. Leif klopfte nervös aufs Mikrofon.

Und dann ging der Vorhang auf und zehntausend Stimmen von zehntausend Personen auf dem Platz vor dem Weißen Haus fingen an, »*Get Lost*« zu schreien.

»Du …«, Bébé schluckte vor Angst, »du … bist *Get Lost*?«

»Ja!«, sagte Leif leise. »Scheiße, oder?«

Bébé setzte sich einfach auf die Bühne, weil seine Beine wegknickten.

»Das ist nicht wahr!«, sagte er panisch. »Sag, dass es nicht wahr ist!«

Leif sah ihn an.

»Okay!«, sagte er dann. »Schließlich bin ich immer noch Wikinger!«

Und dann trat er ans Mikrofon und sagte: »Mr President, Don Fernando, Ladies and Gentlemen, we proudly present the *Bébé Blues Band*!«

Und dann begann das beste Konzert der Rockgeschichte.

»Und jetzt?«, fragte ein erschöpfter, aber glücklicher Bébé die gesamte Runde in der Künstlergarderobe.

»Was geschieht jetzt?«

»Ja«, sagte Fernando etwas verlegen. »Wir haben uns besprochen. Wir Langlebigen, meine ich. Und wir haben beschlossen, dass es irgendwie besser wäre, wenn wir zusammen mit Gilead nach Siron fliegen würden. Ich meine, die Erde ist einfach nicht für uns eingerichtet. Es ist unnormal.«

»Ach?«, sagte Kathrin, die auf einmal sehr bleich war, spitz. »Ihr habt euch also besprochen, ihr Langlebigen, ja? Und was ist mit uns? Hm? Was ist mit mir, Fernando? Eintagsfliegen, was? Gut genug, um dir zu deinem Erbe zu verhelfen, aber dann? Ex und hopp! Ich hasse dich, du Scheißspanier!«, schrie sie und rannte aus dem Raum.

»Hoppla!«, sagte Gilead zu Fernando. »Ich denke, du wolltest sie fragen, ob sie mitkommt.«

»Man kommt ja nicht zu Wort!«, sagte Fernando erbost.

»Kenn ich!«, bemerkte Christoph lakonisch. »Und was ist mit dir, Leif? Willst du auch weg?«

Bébé sah gespannt hoch.

»Ich weiß nicht recht«, sagte Leif. »Gibt es Wale auf Siron?«

»Keine Ahnung«, sagte Gilead. »Ich denke schon.«

»Hey!«, sagte Leif zu Bébé und legte ihm den Arm um die Schulter. »Du bist doch jetzt berühmt. Du brauchst mich gar nicht mehr!«

Bébé nickte schwach; er war nicht überzeugt.

»Ich möchte das lieber morgen besprechen, ja?«, sagte er dann und ging mit Christoph aufs Zimmer. Der Abend fand ein jähes Ende.

32

Zwei Wochen später standen Christoph und Bébé auf der Raketenbasis von Cape Canaveral und nahmen Abschied von ihren Freunden.

»Hier!«, sagte Fernando und reichte Christoph eine Urkunde. »Bewahr das für mich auf.«

»Was ist das?«, fragte Christoph argwöhnisch.

»Die Abtretungsurkunde der amerikanischen Regierung über zwei Prozent ihres Nettoausfuhrgewinns an mich. Bewahr es auf, falls ich mal zurückkommen sollte.«

Christoph grinste breit: »Ich bring's ins Archiv, okay?«

Fernando musste lachen und zog Kathrin fester an sich.

»Mach's gut, Christoph«, sagte sie mühsam. »Im nächsten Leben, ja?«

»Haha!«, machte Bébé trocken. »Das dauert für euch noch ein Weilchen!«

»Nicht für mich«, sagte Kathrin leise. »Ich bin ja nicht unsterblich«, und stieg mit Fernando in die Rakete. Esteban drehte sich noch einmal um und warf Bébé ein längliches Paket zu.

»Da!«, rief er. »Mein Degen!«

»Danke!«, schrie Bébé zurück, aber Esteban war schon fort. Die Tür schloss sich. Dann öffnete sie sich wieder und Quetzal schaute heraus.

»Da fehlt noch einer«, sagte er, aber da kam Hutzi schon auf seinem Rennrad über den weiten Platz gerast. Er hatte jemanden auf dem Gepäckständer.

»Komme direkt aus Europa«, sagte er ruhig atmend. »Aber ich habe mich bisschen in der Zeit verschätzt, weil ich jemanden mitgenommen habe.«

»Mrs. President!«, murmelten Bébé und Christoph und verneigten sich leicht vor Hillary, die eilig die Stufen hochkletterte. Hutzi nahm sein Fahrrad auseinander und stieg ebenfalls zur Luke hoch.

»Tschüs!«, sagte er und verschwand.

Die Luke schloss sich. Bébé und Christoph wichen in einen nahen Unterstand zurück. Dann zündeten die Triebwerke, und die Rakete war in einem Nu fort. Nur noch ein weißer Kondensstreifen hielt sich lange am blauen Himmel.

»Hey!«, sagte Bébé und stieß Christoph in die Seite. »Gehen wir Kaffee trinken?«

»Immer, Alter«, sagte Christoph tapfer.

33

Vier Wochen später kamen Christoph und Bébé – zurück in Nürnberg – deprimiert von einem weiteren erfolglosen Versuch eines Autokaufs heim. Der Wagen, ein Mercedes, hatte sich plötzlich und ohne Fremdeinwirkung auf den Rücken gelegt und war einfach langsam geschmolzen. Mittlerweile hasste Bébé die U-Bahn aus ganzem Herzen. Als sie die Treppe hochstiegen, hörten sie Lärm aus ihrer Wohnung.

»Wie?«, schrie jemand. »Ich hab das wohl falsch verstanden! Du hast diesen Wein *nicht* bei Aldi gekauft, oder? Wir sind die reichsten Spanier der Welt, Mann!«

»Madre de Dios!«, kam eine Stimme zurück. »Lass mich in Ruhe!«

Bébé und Christoph sahen einander an. Ein breites Grinsen zog ihre Mundwinkel unwiderstehlich auseinander.

»Hähä!«, sagte Bébé fröhlich.

Christoph nickte eifrig. Und dann schlossen sie die Tür auf und erfuhren von einer Menge aufgeregter Azteken und Spanier, dass Siron ein todlangweiliger Planet sei, auf dem es nicht einmal Wale gab. Sogar Gilead war wieder mit zurückgekommen. Hillary hingegen war geblieben, was kein Verlust war, wie neben ihrem Mann auch die anderen fanden. Es sah nun ganz danach aus, als würde Nürnberg in den nächsten zehntausend Jahren eine Menge Spaß haben.

Und sie fingen gleich mit dem Spaß an. Zu sehr später Stunde klingelte es an der Türe. Esteban ging hin.

»Ja?«, fragte er höflich.

»Hey, Spaghetti«, sagte die fettige Stimme des Exbürgermeisters. »Ist das euer Raumschiff da in der Einfahrt?«

Das perfekte Buch für den Urlaub

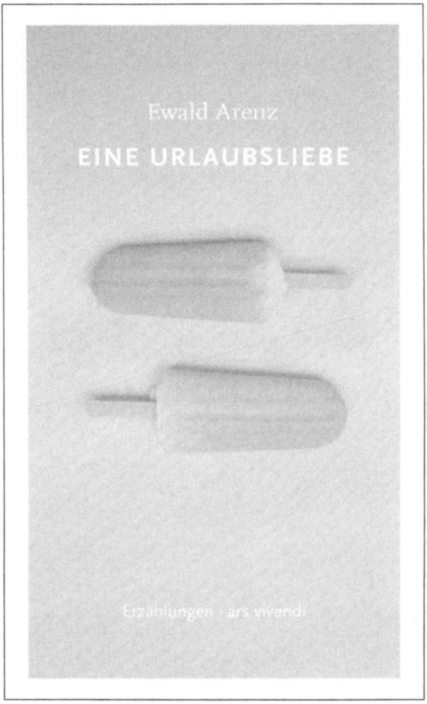

Ewald Arenz
Eine Urlaubsliebe
Erzählungen, Hardcover
248 Seiten
ISBN 978-3-7472-0109-1

»Nicht nur im Urlaub lesenswert«
Nürnberger Nachrichten

Mit Witz, Charme und Hormonen

Die bittersüße Melodie der Sehnsucht

Ewald Arenz
Ein Lied über der Stadt
Roman, Hardcover
330 Seiten
ISBN 978-3-7472-0467-2

»Ein Roman wie ein melancholischer Sommertraum, der seine volle Wirkung entfaltet, wenn man den Blick vom Buch direkt in den blauen Himmel richten kann. Aber nur kurz. Für lange Abschweifungen ist die Geschichte viel zu spannend.«
Brigitte